社会学视角下的区域经济发展及其管理创新策略

孙 娟 著

中国纺织出版社有限公司

内容提要

本书从社会学角度讲述区域经济的发展及其管理创新的一系列举措。全书一共七章，主要讲述了社会学视角下的区域经济发展、中国区域经济发展模式的演化、新时期我国区域经济发展格局变化的总体特征、区域经济发展模式的适用性研究、区域经济发展战略与区域规划、区域经济发展顶层设计与地方实践和21世纪区域经济发展的“一带一路”创新模式。

本书可作为区域经济研究与开发人员的研究参考书，还可以供不同层次的经济与行政管理人员和企事业单位的有关领导与管理人员使用。

图书在版编目（CIP）数据

社会学视角下的区域经济发展及其管理创新策略 / 孙娟著．-- 北京：中国纺织出版社有限公司，2020.7

ISBN 978-7-5180-7361-0

Ⅰ．①社…　Ⅱ．①孙…　Ⅲ．①区域经济发展—研究—中国　Ⅳ．①F127

中国版本图书馆 CIP 数据核字（2020）第 075979 号

策划编辑：韩　阳　　　责任编辑：朱健桦
责任校对：高　涵　　　责任印制：储志伟

中国纺织出版社有限公司出版发行
地址：北京市朝阳区百子湾东里 A407 号楼　邮政编码：100124
销售电话：010—67004422　传真：010—87155801
http://www.c-textilep.com
中国纺织出版社天猫旗舰店
官方微博 http://weibo.com/2119887771
北京新华印刷有限公司印刷　各地新华书店经销
2020 年 7 月第 1 版第 1 次印刷
开本：710×1000　1/16　印张：13.75
字数：242 千字　定价：55.00 元

前言

社会的进步、社会物质财富的增长、人民生活水平的提高，基础在于发展。在全面建成小康社会的前进道路上，面对人民日益增长的美好生活需要和不平衡、不充分的发展之间的矛盾，国家确立了“乡村振兴战略”“区域协调发展战略”，把工作的着力点放在社会关切、群众关心的民生问题上，放在解决区域经济发展不平衡问题上，向着实现更高质量、更有效率、更加公平、更可持续的发展方向努力，我国区域经济发展迈入协调发展的新阶段。

本书共七章，第一章详细介绍了在社会学视角下的区域经济发展的相关理论。第二章讲述了中国区域经济发展模式的演化。第三章简要介绍了我国区域经济发展格局变化的总体特征。第四章介绍了区域经济发展模式的适用性研究。第五章对区域经济发展战略与区域规划进行了分析，其中以黑龙江省县域经济发展战略与规划为案例，阐明黑龙江省县域经济的发展基础、发展潜力、主要挑战、发展机遇、总体要求、发展目标、主要任务和保障措施等。第六章介绍了区域经济发展顶层设计与地方实践，对泛珠三角区、福建区域和西北地区的经济发展实践进行探索研究。第七章主要讲述了21世纪区域经济发展的创新模式——“一带一路”，介绍了“一带一路”的相关理论和典型案例。

本书编写力求体现以下特色：

第一，在内容安排上，强调基础知识、基本理论，同时充分吸收国内外优秀作品的优点，定位明确，体系科学，概念准确，深入浅出。

第二，加入现实经济生活中的案例、新闻素材等内容，使本书能够与当前中国经济现实结合起来，可读性更强。

由于作者水平有限，书中难免有不足之处，敬请广大读者批评指正。

作　者

2019年4月

目录

第一章 社会学视角下的区域经济发展

人类区域开发的历史源远流长，人口、资源、环境因素与区域开发密切相关。马克思曾经指出："各种经济时代的区别，不在于生产什么，而在于怎样生产，用什么劳动资料生产。劳动资料不仅是人类劳动力发展的测量器，而且是劳动借以进行的社会关系的指示器。"人类历史的变迁，区域开发的推进，实际就是政府治理能力、人口增殖、人口流动、土地垦殖变化、科技水平、生产手段、劳动生产力水平等因素综合影响的结果。纵观历史时期区域经济的演变发展过程，人类的经济活动大致经历了采集农业阶段、种植农业阶段、农业工商业并立发展阶段、近现代产业发展阶段，以及国际关联一体化发展阶段。

第一节 各历史时期人类经济活动的地理分区

在原始社会，人类的生产力水平极其低下，石器和棍棒代表了当时的生产力水平，石器棍棒既是当时主要的生产工具也是不可缺少的防卫武器。那时，经济活动是分散的，人们认识和支配自然的能力极其有限，几乎完全依靠自然条件，如温暖的气候带、肥沃的平原土地、原始森林以及河流湖泊等。因此，温暖的气候、肥沃的土地、原始森林以及河流湖泊等自然因素成为划分经济活动区域的界线。那时，人类主要分布在旧大陆，大体上分布在今天的亚洲、欧洲和非洲的暖热地带，从事着集体的采集和渔猎活动，这些活动后来逐步发展成为原始畜牧业和原始农业，并经历了畜牧业和手工业从农业中分离的社会分工。正如"在亚洲，他们发现了可以驯服并且在驯服后可以繁殖的动物"，"游牧部落从其余的野蛮人群中分离出来——这是第一次社会大分工"，"织布业、金属加工业以及其他一切彼此日益分离的手工业，显示出生产的日益多样化和生产技术的日益改进；农业现在除了提供谷物、豆科植物和水果以外，也提供植物油和葡萄酒，这些东西人们已经学会了制造。如此多样的活动，已经不能由同一个人来进行了；于是发生了第二次大分工：手工业和农业分离了"。

科学考察证明，最早的人类是“直立猿人”，它的出现与地理分布的扩大紧密联系。在欧洲，大约公元前3000年，人类已完成了对南欧和西欧的垦殖，欧洲大陆的人口达到200多万人，欧洲地中海沿岸国家构成了最主要的经济区域。在非洲，撒哈拉沙漠以南，按部族群落划分成四个极不相同的区域，即西部的灌木和森林地带、撒哈拉沙漠以南丛林地带、刚果河流域的热带雨林地带、东非和南非地区这四个区域。再加上北非地中海沿岸地区，古代非洲的人口分布和经济区域大体上由这样五大区域所构成。在亚洲，直至公元前400年，人口还主要分布在中国、印度、中东三大区域，这里成为亚洲经济文化发展的中心区域。

人类进入第一个有阶级社会——奴隶社会，它是伴随着金属工具——青铜器和铁器的应用，在生产力水平相对提高的条件下出现的。那时，人类对自然条件的依赖仍然很大；尤其是农业的发展，对于便于灌溉和航行的河流的依赖性特别大。因此，温暖的大河流域成为人类的发祥地。两河流域的古巴比伦、欧洲的爱琴海沿岸地区、尼罗河流域的古埃及、印度河流域、中国的黄河中下游地区，这些区域成为最早建立奴隶制国家的区域，也是当时最主要的生产力布局区。灌溉农业、手工业，尤其是纺织业、金属冶炼业、制陶业得到较大发展。对外经济联系也有了一定的发展。这一时期经济区域有了更明确的界限。

公元前5世纪的亚洲和公元5世纪的欧洲分别进入了封建社会。在封建社会里，冶金业有了进一步发展，人们普遍使用了铁制农具和畜力，耕作技术得到提高。由于航海技术的发展，人们对河流、湖泊、海洋的利用程度同样得到了提高。在陆地上建立了亚欧大陆之间的“丝绸之路”，经由海上开辟了“香料之路”“海上丝绸之路”，沟通了欧亚非大陆间的贸易，世界上出现了一大批著名的海滨商业城市，如意大利的威尼斯、米兰、佛罗伦萨，法国的马塞，英国的伦敦，中国的广州、泉州等。因此，在区域经济的发展上，开始依托某些中心城市——交通要冲、滨海商业市镇、政治文化中心，或者是围绕某种优势资源及优势产业，形成若干经济区域。尤其是在资本主义生产方式萌芽以后，在商业贸易的推动下形成了众多商业性的经济区域。比如，14—15世纪，在南欧一些国家，手工业和商业贸易有了相当程度的发展，地中海沿岸一些城市已出现了资本主义生产方式的最初萌芽，中国长江下游地区的平原河网地带也出现了资本主义生产方式的萌芽，正是在这些地区形成了有别于其他区域的经济发展类型。

随着资本主义生产方式的萌芽，扩大商业贸易活动范围被提上日程，境外市场开始拓展。从15世纪下半叶，横渡大洋的探险航行全面展开。1487—1488年，葡萄牙人到达了南非好望角。1497年7月，葡萄牙人达伽马等人从里斯本出发，绕过好望角横渡印度洋；1498年5月，到达印度西海岸，次年满载东方香料、丝绸、宝石等商品返回葡萄牙港口里斯本。1492年8月，意大利人哥伦布成功横渡大西洋。1519年9月，葡萄牙人麦哲伦率船队做环球航行，先西行横渡大西洋，到达中美洲，再南行绕过南美洲进入太平洋；1521年3月，抵达菲律宾群岛，麦哲伦在该群岛被土著杀死；其他成员于1522年9月返回西班牙，完成了人类首次环球航行。这一系列远洋航行的成功，推动了东西方贸易的开展，一定程度上促进了生产力水平的提高。此后近百年间，世界酝酿着一场新的变革。1640年11月，英国发生资产阶级革命，世界历史开启了近代历程。伴随新的世界历史时期的到来，不论是区域经济的发展还是生产要素的空间流动，正迎接新的历史大棋局。

我国地域辽阔，在漫长的文明进程中，人类的经济活动同样经历了区域空间结构大调整、经济中心大转移的变化过程。地区之间自然资源条件各异：中原地区，自然条件优越，人口密集，经济发展水平较高；边远地区，多高山荒漠，气候干燥少雨，人口稀少，经济发展水平低下。早期文明主要集中在黄河流域，这里成为重要的经济区域。比如，奴隶制时期的井田制，后世学者分析认为，主要就分布在中原地区土地广阔、灌溉便利的黄河流域。人类在这里繁衍生息，他们认识自然、开发利用自然，创造了灿烂的文化。西晋以降，经济重心逐渐东移，经济发展的中心区域开始由黄河流域向东偏移。盛唐之后的经济重心已经转移到了东南地区。此后，江南地区一直是我国最主要的经济中心区域。

我国最早的地理书籍《尚书·禹贡》，记载了我国古代王权统治所及：天下共分九州——冀、兖、青、徐、扬、荆、豫、雍、梁，其地理区位相当于黄河流域和长江中下游地区，说明这些地区较早纳入王朝管辖范围，开发也早。这可以看作最早的经济区划格局。战国时期，形成的韩、赵、魏、齐、楚、燕、秦，史称战国“七雄”，这“七雄”之地，实际上可以看作七大经济政治板块。至于边远地区，尤其是边疆地区的开发，长期以来一直是伴随着中央王朝的政治影响力以及多民族融合的程度、边疆地区治理的稳固程度逐步推进的，它与中央王朝政权的稳固、政区设置、政府政策法令的实施有着密切的关系。汉代开始的边镇屯田，与巩固边防有关，此后这种屯垦方式历代不衰，反映出边疆政治统治和经济开发的深入。在很长的时间里，边疆地区遵循着自身的发展轨迹不断向前推进，形成了各自的发展特点。随着国家的统一稳定，边疆日益巩固，边疆与内地的差别也逐步缩小。其中，起关键作用的是政府对边疆地区的治理、人口迁移、经济文化交流的密切、土地资源的开发，生产力水平的逐步提高。

随着中央王朝行政管辖范围的扩大，区域内各种自然条件、地理环境构成因素更为复杂多样，各地区人口分布、农耕条件、经济活动差异也更加突出，经济活动的区域性特征也更为明显。司马迁《史记·货殖列传》依据秦汉时期我国的自然及人文状况，将全国划分为四大经济区域，这被后世公认为我国最早完全意义上的经济区划。当时，司马迁所划定的四大经济区域包括：太行山以西的三秦地区、太行山以东的黄淮平原地区、长城内外的北方地区，以及长江流域以南的广大江南地区。即所谓山东、山西传统农业地区；开发起步相对晚的江南地区和龙门碣石以北传统畜牧业或半农半牧区。书中写道："夫山西饶材、竹、榖、䝁、旄、玉石；山东多鱼、盐、漆、丝、声色；江南出楠、梓、姜、桂、金、锡、连(铅)、丹砂、犀、玳瑁、珠玑、齿革；龙门、碣石北多马、牛、羊、毡裘、筋角；铜、铁则千里往往山出棊置(亦作棋置)。此其大较也。"在四大区域范围内，又划分为若干次级经济区以及若干经济都会。韦苇在《司马迁经济思想研究》中认为，《史记》划分的二级经济区有 13 个，即西部区("山西")的关中、巴蜀、陇西 3 个经济小区；东部区("山东")的三河、中山、赵燕、齐鲁、梁宋以及颍南 6 个经济小区；江南区的东楚、西楚、南楚、岭南 4 个经济小区。吴宏岐在《说(史记·货殖列传)中经济小区的数目》文中，根据《史记·货殖列传》4 个一级经济区划的归属关系，认为当时的二级经济区有 18 个。其中山西经济区，可分出关中(中心区)、巴蜀、关中外围 3 个次级经济区；山东经济区可分出河南、河东、河内、赵—中山、齐、邹—鲁、梁—宋、郑—卫、颍川—南阳 9 个次级经济区；江南经济区可分出西楚、东楚、南楚、岭南 4 个次级经济区；龙门碣石之北的经济区可分出种—代、燕—涿 2 个次级经济区。蓝勇认为，从秦汉开始，中国已有较为明显的经济区域了。根据《史记·货殖列传》的记载，当时，在全国 4 个一级经济区基础上，划分为 18 个二级经济区。其中，山西地区有关中、巴蜀、关中外围3 个二级经济区；山东地区有河南、河东、河内、种—代、赵—中山、郑—卫、燕—涿、齐、邹—鲁、梁—宋、南阳—颍川 11 个二级经济区；江南地区有西楚、东楚、南楚、岭南4个二级经济区。

在各个经济区域内又形成了若干有代表性的经济中心区，即经济都会。蓝勇《中国历史地理学》第十章描述过这方面的情况：“《史记・货殖列传》记载了27处经济都会，其中山西7处，山东15处，江南5处。它们是山西的雍（凤翔县）、栎阳（临潼北）、咸阳（咸阳市东）、扬（洪洞县）、平阳、巴（重庆）、蜀（成都），山东的蓟（北京）、温（温县）、轵（济源市东南）、荥阳（荥阳东北）、濮阳（濮阳县南）、睢阳（商丘市南）、阳翟（禹县）、陈（淮阳县）、宛（南阳市）、雒阳（洛阳）、涿（涿州市）、邯郸（邯郸市）、临淄（临淄）、陶（定陶区）、彭城，江南的寿百（寿县）、合肥（合肥市）、吴（苏州）、郢（江陵县）、番禺（广州市）。”著名历史地理学家史念海在《河山集》第9集中，将《史记・货殖列传》经济都会划分为两个等级：第一等级是文中明确提到的9处经济都会，即邯郸、燕、临淄、陶（今山东定陶区西北）、睢阳（今河南商丘市南）、吴、寿春（今安徽寿县）、番禺和宛（今河南南阳市）；第二等级是文中描述的12处地位稍次的经济都会，即雍、栎阳（今陕西西安市临潼区渭水之北）、咸阳（今陕西咸阳市东）、长安（今陕西西安市西北）、杨（今山西洪洞县东南）、平阳（今山西临汾市西南汾水之西）、温（今河南温县西）、轵（今河南济源市南）、洛阳（今河南洛阳市东）、江陵、陈、合肥（今安徽合肥市）。

太行山以西和秦岭以北的“山西”地区，包括关中平原和晋西南丘陵以及秦岭山地，相当于黄河中游一带。该地区面积、人口数量居中，秦汉时期为我国经济、政治、文化活动的中心区域，是中华文明的发祥中心，其政治、经济、文化的重要性和影响力位居各区之首，在漫长的历史进程中，一直作为中央王朝的政治统治中心而存在。直到汉代以后，其优势的经济地位才逐渐为“山东”区域所取代。

地处黄淮大平原的“山东”地区，早在战国时代就已经开始了一定规模的开发。《汉书・沟洫志》记载：“堤防之作，近起战国，雍防百川，各以自利。齐与赵、魏，以河为竟。赵、魏濒山，齐地卑下，作堤去河25里。河水东抵齐堤，则西泛赵、魏，赵、魏亦为堤去河25里。虽非其正，水尚有所游荡。时至而去，则填淤肥美，民耕田之。”秦统一之后，因耕作制度的改进和农耕技术的改良，农民利用自然的能力有所增强，黄淮大平原的开发渐次进入高潮。据说，当时农民不仅临时对离河25里开外的河滩地“民耕田之”，而且“或久无害，稍筑室宅，遂成聚落”；不仅一道道筑起堤防，以至于“今堤防狭者去水数百步，远者数里”，而且排干湖泽，辟为农田。所谓“又内黄界中有泽，方数十里，环之有堤，往十余岁太守以赋民，民今起庐舍其中”；“东郡白马故大堤亦复数重，民皆居其间。从黎阳北尽魏界，故大堤去河远者数十里，内亦数重，此皆前世所排也”。这样一来，黄淮平原地区得到大规模开发，人口也因此急剧增加，呈现地狭人稠局面，户数和人口均占全国一半以上，表明该区域是当时全国农耕经济的重心所在，春秋战国时期诸侯争霸亦多发生于此。

长城沿线一带的高原、山地、草原地区被称为“北方”区，它西起甘肃临洮东到辽东，是一个适宜畜牧业的区域。据说，西周春秋时期气候曾发生干凉转变，这一高原地区不断向中原内地输送人口，因此留在当地的人口不多。秦汉以后，耕作制度变化和生产工具进步，特别是灌溉技术的发展，使得干凉的北方通过改善灌溉条件，实现农牧业经营。时人记述：在朔方、西河、河西、酒泉皆引河及川谷以灌田，其中朔方郡的灌溉工程曾动用数万民工费时两三年方成。该区域先秦时期地广人稀，秦以后情况发生较大变化，秦汉王朝推行“实边”政策，移民屯垦，经济有所发展，政区设置也不断强化。秦代已设置了陇西、北地、上、九原、云中、雁门、代、上谷、渔阳、右北平、辽东、辽西 12 郡，汉代增设金城、安定、武威、张掖、酒泉、敦煌、朔方、西河、五原、定襄、玄菟、乐浪 12 郡，总计 24 郡，这一政区设置的变化从某种程度上说明，该区域不论是政治地位还是经济发展都出现了新的局面，其重要性也进一步增强。总体而言，该区域面积仅次于“南方”，而户数、人口最少，属于游牧半游牧经济区，因受自然环境及生存条件的限制，经济发展水平远不及其他几个区域。

从区域划分来看，江淮以南的广大“南方”区是当时面积最为广阔的区域，而户数、人口相对较少。这说明，秦汉时期，江南一带开发程度较低，明显表现为地广人稀。按司马迁的说法：“楚越之地，地广人稀，饭稻羹鱼，或火耕而水耨，果隋蠃蛤，不待贾而足，地势饶食，无饥馑之患，以故呰窳偷生，无积聚而多贫。是故江淮以南，无冻饿之人，亦无千金之家。”

在“南方”区域中，东南地区作为一个相对独特的地理单元，可以被看作一片特殊的区域。这一区域，主要是在各民族群众由渔猎到定居生活，进而走向农牧化过程中发展起来的，也是经年累月中原移民迁入，融入当地百姓，共同推动了当地的开发。从考古发掘情况来看，先秦时期已经开始出现农事活动，土地资源的开发利用也由此展开。河谷低地、平原坝区无疑是最先开发的区域。

这种开发活动始终与人口的增长及迁徙紧密联系在一起。汉、唐、明、清是该地区土地开发利用的几个兴盛阶段，尤其是唐代以后，随着生齿日繁，内地民众大量涌入，引发了新一轮的土地垦殖热潮。土地垦殖，一方面是农民为生计自发地开垦荒地，另一方面是政府有组织地进行开垦。

沿海地区以福建为例，作为东南沿海一个重要区域单元，其开发历史十分久远。这方面的情况可以从文献记载和考古发掘中得到证明。20 世纪 60 年代前，经文物考察，福建区域发现古文化遗存 1 100 多处。依据这些遗址，新石器时代福建先民主要生活在闽江下游和闽南一带，该地区得到最早开发。到了青铜时代，福建先民的足迹遍及全省各地，青铜遗址大都集中在沿江、沿河两岸谷地及沿海附近地区小丘之上，大致可以分为六大区域：闽江下游地区、闽江上游地区、河江流域、晋江及木兰溪流域的闽中地区、九龙江流域的闽南地区、滨海流域的闽东地区。早期南方各省份的开发也大抵遵循这样一条发展路径。

第二节　经济发展过程中的人地关系

在人类生存发展进程中，最早利用的是动植物资源，随着生产生活经验的积累，人类进而逐渐学会了开发利用矿产资源。

（一）资源开发的历史演进

自古以来，人类的发展史便是一部认识自然、开发利用自然的历史。早期人类的渔猎活动，以及后来有目的的种养业的兴起，都与自然资源的开发利用紧密联系在一起。实际上，人类的生产活动也主要是从对动植物资源的利用开始的。在这过程中，地理气候条件对动植物生长状况和早期人类的食物来源影响巨大，早期人类的足迹分布与此有着密切关系。

从世界历史发展的轨迹来看，在新石器时期之前，人类经历了采集植物、追逐动物足迹、奔波于植物果实分布区的发展历程。但是，随着人口分布和气候因素的变化，单纯采集食物的生活方式难以完全满足生活的需要，这一需要的实现被认为是从人类种植作物开始的，这一因素的出现被称作“新石器革命”，或称为“农业革命”，即通过自身的生产来保证全年的食物来源。这种变化还被认为是由多中心同时进行的，这也许反映出当时全球地理气候条件完全提供了可以不加干预就能够进行植物生产的条件，人类从不同的地域角度共同向前发展，地球在不同的区域得到开发。

根据考古发现和历史文献的记载，在距今5000年前，我国北方地区的气候显然要比现在同纬度区域温暖湿润得多。当时，包括黑龙江等在内的北方地区广泛分布着南方地区常见的阔叶林，从河南仰韶文化遗址中发掘出许多喜温动物的遗骸，比如孔雀、猕猴、大熊猫、苏门犀、亚洲象、水鹿、轴鹿等。由于历史上北方气候比现在温暖，动植物资源丰富的黄河流域便成为中华民族的发祥地，这里成为开发最早、最充分，经济活动最密集的区域。

早在先秦时期，我国先民就已经学会了种植稻、麦等作物，各地考古发掘中发现，稻穗、麦穗、稗穗等作物的种植历史很早就已经开始了。家禽家畜的养殖也早已开始，畜养的动物有牛、马、羊、猪等。总体上，东南沿海地区是我国气候条件最为优越的区域，无论是自然生长的生物资源还是人工驯养的家禽家畜以及种植的各类作物，种类都十分丰富。长期以来，种植、养殖成为当地经济活动的主要内容。有关生物资源开发利用的情况，历代地方志书都有详细介绍，为我们认识古代人类开发利用自然资源留下了十分珍贵的历史资料。

近代，随着对外贸易的发展，生物资源的开发步伐加快，药材资源、动物资源被大量开发，从各地海关统计的出口商品名录中可以看出，开发出口的野生药材资源包括茯苓、五倍子，大黄、人参、麝香、神香、樟脑、红花、紫草、西藏鹿茸、贝母、知了、虫草、橄榄等。我国野生动植物资源最为丰富的是四川，仅此一省就有60个县市开发出口药材资源，开发的野生动物资源有貂皮、水獭皮毛、狐狸皮等。此外，木材、毛竹、藤条、生漆、靛青、香菌、桐油等资源也被大量开发利用，并被当作出口贸易的重要商品物资。

随着各类动植物资源的采集利用领域的扩大，许多深山密箐得到开发，与此同时，伴随伐木采掘、深山密箐的开发又进一步推动了人们生产活动地域范围的扩大。

（二）农业生产经营方式的变化

我国农业发展的历史悠久，历朝历代高度重视农业生产的发展。我国种养业的历史十分悠久，无论是从考古发现还是从历史文献记载的内容来看，人类的生产活动都是与种养业的进步紧密联系在一起的。卜辞中出现的谷物名称包括禾、麦、秜(稻)等。黍、稷适宜在黄河流域生长，是被广泛种植的作物，而牛、马、猪、羊、鸡、犬等是大量被养殖的家畜家禽。《史记》对这方面的情况有着具体的描述，《史记·货殖列传》载："故曰陆地牧马二百蹄，牛蹄角千，千足羊，泽中千足彘，水居千石鱼陂，山居千章之材。安邑千树枣；燕、秦千树栗；汉、江陵千树橘；淮北、常山已(以)南，河济之间千树萩；陈、夏千亩漆；齐、鲁千亩桑麻；渭、川千亩竹。"这反映出当时全国以经济作物种植为特征的区域性生产经营形态已经形成。另据《四民月令》记载，在东汉时期的田庄里，不仅种植小麦、大麦等粮食作物，而且大量种植瓜果菜蔬、药材、林木等经济作物，如葵花籽、胡麻、牡麻、兰、瓜、葱、韭、蒜、姜、松、柏、榆、柳.竹、杏、桃、枣、术、艾、附子等，还养有马、牛、猪、羊等家畜，以及养鱼、发展蚕桑等。此后，在漫长的岁月中，农业种养业不断发展，成为推动封建经济向前发展的基本经济因素。我国东南地区，自然地理环境独特，气候类型复杂多样，适合不同种类农作物的生长发育和家禽家畜的养殖，随着唐代中国经济重心南移，江南地区农业种植业迅速发展起来，形成政治北方、经济南方的新的基本区域格局。

关中地区是最早开发的地区之一，据考古资料证明，属仰韶文化的半坡遗址出土农具700多件，还有粟米和菜籽的遗存，其先民过着定居生活，社会经济以农业为主，同时也饲养家禽，兼营渔猎等。周代这里已经较普遍地种植粟、黍、稷、麦、豆以及水稻。汉代关中水利设施发达，为大片农田提供了良好的灌溉，为农业生产提供了重要条件。由秦汉至隋唐，关中都是全国的政治中心，这也得益于关中具有发展经济的条件和雄厚的物质基础。

华北平原地区，当时包括河北、豫北、鲁西地区，被《史记·货殖列传》称为"天下之中"。殷墟出土的甲骨文中已有黍、禾、麦等农作物。东汉王充《论衡》卷二《率性》第八描述战国时代，魏国引漳河灌溉，使河北临漳县西南邺城附近土地，"成为膏腴，则亩收一钟"。西汉时，魏郡是人口最密集的数郡之一。东汉末曹操定都于邺，这里继续保持着农业的繁荣。晋代左思《魏都赋》描述当时邺都附近地区的农业"水澍粳稻，陆莳稷黍，黝黝桑柘，油油麻纻。均田划畴，藩庐错列"。《齐民要术》反映北魏时期河北平原种植的作物达20多种。此后，在很长的历史时期，这里仍然是最重要的农业经济区之一。

西南地区，四川开发最早，经济发展水平远高于西南其他地区。《华阳国志·巴蜀志》载：土植五谷，牲具六畜，桑、蚕、麻、苎；其山林泽鱼，园同瓜果，一派繁荣景象，故有天府之国之称。唐宋时期，四川农村种养业发展繁荣程度更甚，成为商品经济最发达的区域之一。除粮食生产外，经济作物获得较大发展，大面积种植茶、果、桑、麻。宋代四川茶叶产区分布在25个州路，其中，成都府路11个，利州路4个，梓州路和夔州路各5个。随着茶叶种植区域的扩大，茶叶产量也有较大增长。另外，四川的桑、麻、药材生产在经济生活中也占有十分重要的地位。

西南地区的云南，早在秦汉时期，在一些平原坝区也已开始了牛耕技术，进行水稻种植。后经历代发展，到唐代农业生产发生了更大变化，唐梁建芳《西洱河风土记》载："其西洱河从巂州西，千五百里，其地有数十百部落，……其土有稻、麦、粟、豆，种获亦与中夏同，而以十二月为岁首。菜则葱、韭、蒜、菁，果则桃、梅、李、奈。有丝麻蚕织之事，出施绢、丝、布、麻，幅广七寸以下，染色有绯皂；早蚕以正月生，二月熟。畜则有牛、马、猪、羊、鸡、犬。"唐人樊绰对当时的情况有过这样的记述："从曲靖州以南，滇池以西，土俗惟业水田，种麻、豆、黍、稷，不过町疃。水田每年一熟，从八月获稻，至十一月十二月之交，便于稻田种大麦，三四月即熟。收大麦后，还种粳稻。小麦即于冈陵种之，十二月下旬已抽节如三月，小麦与大麦同时收割。"这些都说明，古代西南地区农业种养业的发展已有相当的规模。除粮食作物外，经济作物的种植相当普遍。所谓银生城界诸山出茶，蒙舍蛮以椒姜桂和烹而饮之；永昌、丽水、长傍、金山出产荔枝、槟榔、河黎勒、核桃；大厘城出产柑橘；丽水城、永昌还出产波罗蜜果，大者如甜瓜，小者如橙柚，所反映的就是这样一种情形。畜牧业在经济生活中所占的地位十分重要。除了大量养殖猪、羊、猫、犬、兔、鹅、鸭等畜禽外，也有许多家庭饲养役用的马、牛、驴、骡、象等大家畜。《蛮书》载："马出越赕川东面一带，……有泉地美草，宜马。……藤充及申赕亦出马，次赕、滇池尤佳。东乌蛮中亦有马，比于越赕皆少。一切野放，不置槽枥。唯阳苴咩及大厘、澄川各有槽枥、喂马数百匹。"又说："云南及西爨故地并生沙牛，俱缘地多瘴，草深肥，牛更蕃生犊子。天宝中，一家便有数十头。通海以南多野水牛，或一千二千为群，弥诺江以西出牦牛，开南以南养象，大于水牛。一家数头养之，代牛耕也。"

东南地区，开发较晚，汉初以前，大部分地区还是地广人稀，饭稻羹鱼，火耕水耨。三国以后北来人口渐增，耕地垦殖，农业开始发展起来。隋唐以后，江南地区发展加速，到两宋时，苏、常、湖、秀（嘉县）四州成为全国的粮仓。此后，东南地区一直是我国经济的中心，成为政府物资供应、财税来源的主要区域。

近代，各地区粮食作物种类更多，除了水稻、玉米、大麦、小麦、燕麦等主粮之外，尚有豆类、薯类等杂粮；经济作物种类也有明显增加，仅提供出口的经济作物就有棉花、花生、烟叶、花卉、油菜籽、各种豆类、茶叶、红黄麻、桐油、蚕丝，以及桃、李、梨、柑橘、核桃等果物蔬菜等数十种。养殖业有了较大发展，牛、马、山羊、绵羊、猪、驴、骡以及其他家畜成为农业生产的重要组成部分。

（三）矿产资源的开发与利用

我国矿产资源种类丰富，门类齐全，尤其是有色金属储量丰富，开采历史久远。考古发掘中发现，人们很早就已经使用打制的犁、锄等农具进行生产劳动。春秋、战国时期，青铜器已经出现，金属工具也在生产中使用。从各地区对先秦墓葬发掘情况来看，发现了大量的青铜用具，其中包括铜锄、铜斧、铜凿以及其他兵器，说明铜矿资源的利用时间很早。从文献记载及考古发掘材料来看，锡、锑、钨、铜、锌、铅、煤、金、瓷土、矿盐等矿产得到较早开采。尤其是云南的锡、铜矿，四川自贡盐矿，贵州的铁、锑矿，广西的锡、铝矿，江西的铜矿等，生产规模大，产量高，开发利用早。到了近代，我国工业发展中，采矿业是最早采用机械生产的部门之一。随着各种矿产资源的大量开采，冶炼工业迅速发展起来，形成了一批工矿经济区，这对当地经济发展产生了重大影响。

我国最早开采的金属矿产是铜矿。《左传·宣公三年》说："夏之方有德也，远方图物，贡金九牧，铸鼎象物，百物而为之备。"《墨子》上也说："夏后开使蜚廉采金于山川，而陶铸于昆吾。"我国铜矿资源主要分布在江西及西南地区一带，据史料记载，汉晋时期，巴蜀、南中各地均已开始了冶炼生产。从江川李家山、晋宁石寨山、楚雄万家坝、祥云大波那等处古墓发掘的大量青铜可知，云南早在春秋时期已有了青铜业，西汉时期青铜制造业已经是盛况空前。东汉时期云南青铜制造业以朱提堂琅及其附近最为发达。堂琅即现今滇东北的东川、会泽一带。从这一地区出土的朱提堂琅洗来看，铜器不唯贵族所专有，已然作为一种商品，按一定的规格为市场成批生产。这本身就说明，东汉云南青铜业进入了大发展时期。更重要的是，东汉以后还出现了白铜。《华阳国志·南中志》就讲到堂琅县"出银、铅、白铜、铜"。这一合金，国外直到 1751 年才由瑞典人康郎士达（A. F. Cronstedt，1722—1756）提炼成功。17—18 世纪欧洲人记载中国白铜的书中时常提到中国白铜系云南所产，经广州出口的，他们有时径称为“云南白铜”。

随着青铜制造业的发展，青铜制品源源不断流向市场，除在当地销售外，亦有大量青铜制品销往外地。在贵州平坝金银乡出土东汉铜洗、四川宜宾南广乡发现东汉建初四年(79)朱提造铜洗和延平元年(106)堂琅造铜洗，四川彭山县发现铜锭一块，据考证亦为朱提堂狼造，甚至在陕西勉县红庙也发现汉晋堂狼铜洗。云南青铜制造技术对越南的影响也很大，青铜制品甚至在战国时期就已经输入越南。《越南历史》一书写道：“晋宁(云南)文化的影响南下到了越南的西北地区。战国时期的一些铜器(剑、戈、丈量器等)进入了欧雒国。”云南铜矿业的发展，直到明清时期生产规模都还很大。据记载，康熙四十五年(1706)，全省各种矿税总收入合银 81 428 两，比康熙二十四年(1685)增加 20 倍。这期间经常开采的矿场也有 18 个。康熙四十四年(1705)以后曾一度推行“放本收铜”政策，矿户所受剥削日重，矿冶业陷于衰落。雍正即位后，对矿冶政策做了逐步调整，适当考虑了矿户的利益，矿户生产积极性有了提高。以铜为例，政策调整后的第二年，全省产铜 100 多万斤，第四年 215 万斤，第五年上升到 300 多万斤。此后，矿政不断调整，生产也不断发展。经常开采的矿场，雍正二年(1724)到乾隆八年(1743)有 20 余个，乾隆九年(1744)以后有 30 多个，乾隆三十七年(1772)多达 46 个。产量也相当可观，乾隆八至二十七年(1743—1762)，全省平均年产铜材 1 088 667 斤；乾隆二十八至四十七年(1763—1782)，年均产铜 12 572 148 斤；乾隆四十八年至嘉庆七年(1783—1802)，产量略有下降，但年产仍在 1 000 万斤以上，平均为 10 935 284 斤。这些铜材，有的运往京城，有的供外省采买，一部分留本省铸钱。滇铜京运自雍正五年(1727)开始，起初每年京运二三百万斤，乾隆四年(1739)起，每年京运 6 331 440 斤，并成定制。外省采买滇铜数量也很大，从乾隆五年到嘉庆十六年(1740—1811)，合计采买滇铜 92 172 838 斤，采办次数达 274 次。本省铸钱耗铜，从雍正元年到嘉庆七年(1723—1802)的 79 年间合计 1 366 余万斤。由此可见，云南铜矿业产量之巨，影响之大，都是前所未有的。银、锡、铅、锌及其他矿产开采也有所发展。以银为例，康熙四十六年(1707)，仅个旧银厂课税额就达 36 613 两。乾隆七年(1742)，鲁甸乐马厂课税额更高，达 42 531 两。至于吴尚贤开办的茂隆银厂规模更大。故檀萃《滇海虞衡志》说：“中国银币，尽出于滇，……昔滇银盛时，内则昭通之乐马，外则永昌之茂隆，岁出银不赀，故南中富足，且利及天下。”值得一提的是，铜矿产品用量最大的是作为铸钱原料，尤其是清代，全国各铸造所需铜料均取自云南，辗转运输，行程数千公里。

有关我国矿产资源开采的详情，司马迁《史记·货殖列传》有大量记载：巴蜀沃野，“地饶卮、姜、丹砂、石、铜、铁、竹、木之器”。一些有头脑的商人因冶铁鼓铸，一举成为富裕之户，最典型的要算蜀卓氏在临邛“即铁山鼓铸，运筹策，倾滇、蜀之民，富至僮千人”；临邛的程郑“亦冶铸，贾椎髻之民，富埒卓氏，俱居临邛”；“宛孔氏之先，梁人也，用铁冶为业……家致富数千金，故南阳行贾尽法孔氏之雍容”；“鲁人俗俭啬，而曹邴氏尤甚，以铁冶起，富至巨万”。这样的例子很多，其生产的铁器远销岭南各地。蜀地西南边区产铁最丰，因此，西汉在临邛、南安、武阳等地设置铁官，与民分利。东汉时，云南的冶铁业也有了较快发展。《汉书·地理志》说：“滇池出铁”，“不韦出铁”。汉晋时期，冶铁业在巴蜀、南中的定作、台登、卑水、南安、临邛、会无、宕渠、广都、武阳、不韦、滇池等广大地区均有分布，其生产量很大。随着冶铁业的发展，铁制品贸易也随之兴盛起来，据考古发掘的情况报告，我国铁器不唯在境内及岭南广大地区销售，还远销印度及中亚等国家和地区。

历史上，铁制农具是最重要的生产工具，犁、锄、镰刀、铁耙、刀又是最主要的农业生产用具。同样，生活当中也离不开铁制器具。制造铁制生产生活用具需要大量生铁，冶铁业便兴旺起来。据史料记载，明清时期，福建七府所属闽清、安溪、诏安、永安、崇安、上杭、霞浦等28县及龙岩直隶州等都产铁货。康熙《永定县志·土产志》载，当地制造铁锅及锄头出售。长汀也产铁锅器具，江西商人多来贩卖。广东则冶铁和铁器制造都很发达，有成千上万的农民到炉场做工。

近代以来，随着生产技术的发展进步，矿产资源开采的种类，生产的规模化及其利用水平也逐步提高。由于相继引进近代采掘加工机械，生产工具变革，给生产带来革命性变化，生产规模效益明显提高，矿产资源的开发生产对地区经济发展的影响力也进一步增强。通过开发利用矿产资源，广大山区发展成为重要的经济区域，在地区经济发展格局中成为重要的一环。不仅矿区经济得到发展，也使偏僻的山村成为著名的矿业城市，而且还极大地带动了周边区域的发展。矿产资源开发利用范围的扩大，对区域发展起着连带效应，一些深山密箐的开发因此得以展开。

（四）商品经济的发展及影响

在历史进程中，农业生产的发展以及农村中广泛开展的多种经营活动，成为孕育商品经济不可缺少的条件。列宁曾指出："社会分工是商品经济的基础。加工工业与采掘工业分离开来，它们各自再分为一些小的和更小的部门，这些部门以商品形式生产专门的产品，并用以同其他一切生产部门进行交换。这样，商品经济的发展使单独的和独立的生产部门的数量增加。"我国很早就出现了社会分工，出现了铜铁制造、纺纱织布、采矿、制陶、榨油、酿酒、印刷、制糖、造船、农具制造、其他日用品制造等分工。不过，由于古代生产力水平低下，剩余产品较少，农产品商品化率的总体水平较低。近代以来，随着生产力水平的提高，农村市场化程度发展加快，城镇规模逐步扩大，商品流通获得发展。伴随着市场体系的逐步建立，市场交易的商品也日渐增加，主要有农副产品、手工业品，在水陆交通发达的地区同时也有大量的进口商品，所有这些都与农业生产商品化的提高有着直接或者是间接的关系。

在商品化发展过程中，由于各地区经济发展水平的差异，商品化率不同。关中地区、成都平原，唐宋以后的太湖流域等地区商品化发展水平最高。进入封建社会末期，大约在明朝中叶以后，资本主义开始在中国萌芽，农业手工业有较大发展，一些地区出现生产的专业化区域，如江南的茶叶专业区、棉花专业区、蔗糖专业区、蚕桑专业区，还有一些专门生产手工业产品的城市中心，如景德镇瓷都，广州、泉州、温州等海港城市，同时也有一批古老的政治经济中心城市如西安、成都、南京、杭州等。这些都表明，商品经济的发展带来了一系列新的区域性生产变革。近代以来，则长江三角洲、珠江三角洲、四川平原、东南沿海地区等，商品生产水平都得到了较大的发展。四川、广东、江浙等地的生丝、茶叶、蔗糖、药材等农产品生产量巨大，商品化水平很高，近代出口商品中的生丝及其丝织品所占比重较大，也都与这些地区蚕桑业的发展密切相关。当时，在江浙、广东、四川等地都设有蚕丝加工厂，进行出口商品加工制造，其原料就来自四川、广东、浙江、江苏、山东、两湖、江西等地。从近代西南地区出口商品统计情况看，在五大类出口商品中，四类与农业生产有关。即未加工农林产品类，如粮食、豆类、油料作物籽实、瓜果菜蔬、苎麻、烟草及姜蒜等调料品；初加工农林副产品类，如植物油、干咸菜、生丝、木竹器具、土纸、土杂、干果等；畜禽及副产品类，如牛、马、猪、仔猪、羊、猪鬃、猪牛羊皮、动物骨、鸡鸭毛等；特种山货土产、各类药材等。就连偏僻的西南地区西藏、云南，其商品化水平也有较大提高。据有关资料记载，西藏以绵羊、毛牛皮、羊皮、羊毛及麝香等农副产品产量最大，商品化率最高，也成为最主要的出口商品。云南农产品生产中以生丝、皮革、茶叶、猪鬃、药材、植物染料等为大宗，最高年份合计出口占出口总额的20%以上。20世纪二三十年代，广西大宗出口商品中就包括香菌、木耳、植物油、瓜子、烟草、药材、牲畜、米、纸张、皮货、木料、柴炭等，其中植物油比重最大，曾占出口总量的第一位，牲畜及其产品次之、柴炭又次之，三项合计占出口总量的60%以上。贵州出口贸易中也以农副产品为大宗，仅桐油出口就高达数百万斤，此外还有茶油、牛皮、药材、木材等的出口，其中，仅黔南地区的榕江县年产桐油500万斤、五倍子5万余斤、木材10万余方。黎平水口年产茶叶数十万斤，榕江县森林局年出口木材60万～70万元。四川方面，农副产品中的山货、药材、桐油、赤枯糖、干菜、猪肠、棕类、黄白丝等成为大宗商品。仅1933—1936年，山货出口就达189 796万元国币，占同期出口总额的30%；药材出口166 427万元国币，占同期出口总额的26%；桐油出口62 435万元国币，占同期出口总额的10%；干菜、猪肠的出口也在亿元以上。至于东南地区，其商品生产水平远远高于这些地区。

随着农业商品化水平的提高，农村产业结构发生重大变化，形成了新的产业格局，区域经济发展出现新情况。近代工业、交通运输业、农业商品化生产区，都集中在东部沿海一带；内陆仅在铁路延伸区域以及有大型水运干线的地方出现了一些矿区和工业部门。东北的沈阳、鞍山、大连、本溪、抚顺等城市及其周边地区；华北以北京、天津为中心的地带；华东以上海为中心，包括无锡、镇江、南京、南通、杭州；华南的广州及其周边地区；内陆的武汉、重庆、西安、昆明等；山西、湖南、江西、黑龙江等的一些采掘工矿场地带，商品经济都比较发达。农业方面，东南部地区以种植业为主，西部以畜牧业为主；经济作物主要集中在长江三角洲、珠江三角洲地区；茶叶主要分布在江南、四川等省山区。这种地域分布本身也为商品经济的发展创造了条件。

第三节　地区开发与对外区际联系的建立

(一)陆地为主的开发进展

秦灭六国,建立了多民族、大一统、中央集权的封建制国家。此后,建立大一统国家成为历代统治者所共同追求的目标,也是百姓的愿望,这样不仅能够避免战火蹂躏,实现国家的安定,促进各地区经济开发,利于百姓生产劳动、安居生活,更有利于地区之间的经济联系,商品流通,促进中外经贸联系及文化交流。

秦统一后,实行郡县制,兴交通,建驿道,对地方实行较为有效的治理,各地区的开发得到强力推进。中原地区在稳步发展的基础上,加强了与南方各地区的联系。秦汉时期,通过开疆拓土,在边疆地区设置郡县,巩固了国家的大一统,加强了中原地区与边疆地区之间的政治、经济联系和文化交流。秦汉大力推进移民戍边,一定程度上改变了西部特别是西北地区人烟稀少的状况,有利于边疆的保卫和西部地区的开发。边疆开发,沟通了中外交通,促进了中外交流,开拓了闻名古今的丝绸之路。汉武帝时,张骞两通西域,使西汉王朝认识了当时的西方世界。古代丝绸之路的开通及日趋繁荣,与中央对边疆地方尤其是对西北地区的开发有着密切关系,通过丝绸之路,发展了中外经济、文化交流,促进了中华文化的共同提高和发展。与此同时,西南地区在中央王朝边疆治理过程中,通过生产技术的引入,人力物力的投入,加快了该地区的经济发展步伐。至西汉中、晚期,巴蜀地区成为全国十大经济区之一,成都则发展成为当时全国六大都市之一,临邛、广汉则成为全国著名的工业城市。巴蜀跃居为全国先进的经济区。

秦汉魏晋南北朝时期,南方地区随着人口迁移、水利设施的建设和农业生产技术的推广传播,也在一定程度上推动了农业生产的发展。根据《汉书·地理志》西汉平帝元始二年(2)户数、人口以及《后汉书·郡国志》东汉顺帝永和五年(140)户数、人口统计,西汉全国总户数1 223.3612万户、总人口5 767.14万人;东汉全国总户数1 305.6625万户,总人口4 789.24万人。

魏晋南北朝时期,北方战乱不断,南方相对安宁,大量人口南迁,带来了劳动力和生产技术，南方经济得到较快发展，这一时期，全国经济的发展，从当时各地区农作物生产种植情况可见一斑。这一变化，为隋唐以后南方地区经济的大规模开发和发展、中国经济重心向南方转移奠定了基础。

唐以前，我国的经济中心在黄河流域的北方，直至唐初，生产发展的重心仍然在北方。安史之乱后，以太湖流域为中心的江南地区生产力逐步超越北方，经济中心也从此南移。随着北方流民大量南下，南方人口与北方人口的比例发生了显著变化。西汉元始二年(2)，北方人口数为 4 471.1426 万人，南方人口数为 1 295.9975 万人，南方人口数占全国 22.47%；东汉永和五年(140)，北方人口数为 2 893.1451 万人，南方人口数为 1 896.0962 万人，南方人口数占全国 39.59%；西晋太康初年(280)，北方户数为 149.3737 万户，南方户数为 100.8388万户，南方户数占全国户数的 40.11%；唐朝贞观十三年(639)，北方人口数为 586.337 万人，南方人口数为 648.8311 万人，南方人口数占全国人口数的 52.53%，已经超过了北方。

(二)从陆地向海洋的推进

宋元明清四朝，南方地区无论人口规模、经济影响力、对外开放程度，都远远超过北方地区，如果说唐以前中国经济的对外联系还主要是陆地对陆地，即主要由北方地区通过“陆上丝绸之路”实现的，那么，宋以后各代，我国对外经贸联系更多的是通过海洋进行的，也就是通过今天重放异彩的“海上丝绸之路”这一路径实现的。南方地区经济的繁荣，除了得益于北方人口大量南迁推动了农业发展外，更重要的是南方经济的多样化发展，多种经营活动的开展，对外经贸联系的日益频繁，创造了更多的社会财富，除农业之外，包括手工业、商业、对外贸易、城市的发展等，都使得经济繁荣有了保障。

近代以来，南方地区经济远胜北方的总体格局得到强化，沿海、沿江、沿边地区对外经贸联系更加紧密，这一方面是商品经济发展使然，另一方面也是受外部力量推动的结果。鸦片战争之后，基于《南京条约》规定的开港通商、划定租界，首批开放的有广州、厦门、福州、宁波和上海，即所谓的五口通商。第二次鸦片战争以后，华北及长江沿岸的主要港口均宣告对外开放。中法战争前后，根据与英法两国所订立的条约，除了在华南、华北与长江沿岸开辟了十余处新的通商口岸，西南地区也有 6 个内陆城市被辟为商埠，使西南内陆地区也同外国资本主义世界发生了直接的商业联系。到20世纪初，东北又开辟了9个通商口岸。这样近代中国先后有48个沿海、沿江及内陆城市因不平等条约规定被辟为通商口岸。其中，华东和华南海口有16个，上海、广州、汕头、琼州、杭州、九龙、江门、厦门、福州、拱北、三都澳、宁波、北海、温州、梧州、三水；华北海口有4个，天津、芝罘、胶州、秦皇岛；长江有11个，汉口、南京、镇江、重庆、沙市、苏州、岳州、长沙、宜昌、九江、芜湖；西南内陆有6个，龙州、南宁、蒙自、思茅、腾越、亚东；东北有11个，牛庄、绥芬河、大连、安东(丹东)、哈尔滨、瑷珲、珲春、龙井村、满洲里、三姓(依兰)、大东沟。在48个口岸中，1942年开辟5个，1858—1880年开辟14个，1891—1900年开辟18个，1901—1913年开辟11个，梧州、三水属华南内河港，亚东于1912年关闭。随着这些通商口岸的开辟，也形成了一系列与之相联系的工商业城镇，成为通商口岸与广大内地城乡联系的桥梁。近代对外贸易，主要就是经过这些通商口岸以及其他城市网络，把海外市场与内地市场紧密联系起来的。

中国在近代贸易过程中，大量出口农副产品、矿产原料，大量输入机器制造的生产生活用品。据各地海关出口贸易的不完全统计，货物大体可以划分为四大类数百个品种，具体如下。

未加工农林产品类：大麦、小麦、燕麦、青豆、绿豆、黄豆、白豆、豆饼、花生、棉花、山薯、红茶、绿茶、各类种子仁、野蚕丝、烟叶、烟梗、核桃、核桃仁、水靛、栗子、大麻、各类杂粮、未列名干果蜜饯、未列名鲜果、木耳、蒜、蜂蜜、香菌、各种植物油、梨、橘子、花卉小树、瓜子、红枣、黑枣、棕麻。

初加工农林产品类：豆饼、花生油、香料油、烟丝、雪茄烟、大头菜、萝卜干、未列名鲜干卤菜、粉丝、通心粉、他种植物油、柿饼、染料、茶末、干鱼、咸鱼、乳腐、桐油、竹木器、家具类、酒类、成衣鞋帽、地毯、纸伞、布匹、土布、各种袋包、书籍、黄丝、丝绣货、绸缎、酱油、石料、赤糖、白糖、冰糖、漆、白蜡、黄蜡、杂货、各种绳索、染料、上等纸、次等纸、锡箔、各种丝类、杂货、玻璃器皿、地毯。

畜禽产品类：牛、马、山羊、绵羊、猪鬃、鲜咸等蛋、鸡鸭等毛、他类兽毛、头发、火腿、牛角、猪油、牛油、牛皮胶、熟皮、熟皮器、干肉、咸肉、生牛皮、未硝山羊皮、已硝山羊皮、狐狸皮、生马驴骡皮、生绵羊皮、动物骨。

药材资源类：土药、茯苓、药材、五倍子、大黄、人参、麝香、神香、樟脑、黑白香、肉桂、紫草、细辛、知母、贝母、虫草、红花。

进口贸易中，随着先进生产技术、设备的进口和大量机器制品的输入，各省相继建立起一批近代工矿企业，而传统手工业的生存发展面临严峻考验，引发重大变革。经过运用先进生产技术，在一定程度上推动了工业的发展，成为促进地区经济社会发展的重要力量。传统手工业在国外机器工业的竞争压力下，出现了改造、更新与衰落的变化，为了生存必须更密切地与城乡市场相联系，更贴近农村消费群体。

对于众多的手工业生产部门，按其生产的用途划分，可分为生产生产资料的手工业部门和生产生活资料的手工业部门；按地域划分，有城市手工业和农村家庭手工业等不同类型。生产生产资料的手工业，其生产制造品包括农业生产所需的各种用具、城乡手工业生产本身所需要的各类工具以及城市居民生活用具等。比如，农业生产上所需要的铁制农具——犁、锄、镰刀、耙、砍刀、马掌、铁链及镐头等，非铁制农具——土箕、筛、箩筐、其他竹木器具等。城乡手工业生产所需的工具，如加工金属制品所需的刀、凿、钻、刨、车及破碎等工具，榨糖、制茶、磨坊所需用具、皮革加工、烟丝制作所需生产工具以及纺纱、织布、珠宝玉石加工等所需用具。而所有这些用具都非各自所能完全独立制造的，无不依赖专业生产部门进行加工生产。生产生活资料的手工业门类更多，这是由人民日常生活需求的多样性所决定的。大凡人们的衣、食、住、行、生、老、病、死所需要的物品，除了农产品外，其余都由手工业进行加工制造。不言而喻，哪怕是加工制造一件最简陋的器物也需要有某种生产工具.而生产生产资料的手工业部门就是提供这一生产母机的要素部门。

城市手工业门类一般比较齐全，除了生产人民日常生活所必需的日用消费品外，也承担生产工具的制造任务，而且是这方面的主要生产者。城市手工业主要集中在中心城市及交通枢纽，各地的中心城市是手工业最集中的地区。据时人调查，城市手工业包括金箔业、皮革业、黄烟业、棉絮业、铅铁业、打铁业、丝织业、梳篦业、刺绣业、爆竹业、榨油业、铜器业、棉织业、棉线业、绸布业、针织业、毡业、裱画业、皮鞍业、斗笠业、染纸业、牙雕业、帽业、鞋业、肥皂业、糕饼业、印染业、首饰加工业、铁钉业、木器业、刊刻业、金业、竹器业、饴糖业、木箱业、打锡业、玉石业、造像业、玻璃业等50 多种行业，一些交通枢纽、沿江沿海地区的发展也比较快。不过，就总体水平而言，手工业生产的规模都比较小，一般都在 10 人以内，10 人以上的极少。至于农村手工业，主要还停留在家庭手工业生产阶段，规模甚小。主要包括木匠、石匠、泥瓦匠、竹篾匠、家庭纺织、衣物鞋帽、编织、烧炭、制烟、爆竹、造纸、酿酒、弹棉花等行业。农村集市交易的商品，除了农产品及洋货之外，大体也就是这些家庭手工业制品。

与此形成鲜明对照的是，近代工矿业诞生和发展起来。从19世纪60年代开始，逐渐在通都大邑诞生了一批近代工业。机器缫丝、棉纺织业、食品、面粉加工、冶金、火柴、造纸、轻工、煤炭、化工、机械、电力等部门先后采用了近代先进生产技术，成为较早进行近代化生产的部门。近代工业分为官办和民办，至甲午战争爆发时，政府控制的军工企业有19家，民用工业有27家。1895—1920年，民族工业增长23倍，官僚资本企业增长2.7倍。此后，外国资本企业、官僚资本企业以较快速度发展起来。就连边远的西南地区各省也建立起了一批近代工业。

据有关资料记载，云南在20世纪最初的10年间，建立了20余家近代工业企业，生产部门包括采矿、玻璃、制茶、制革、鞋帽、机具、公用事业等，到30年代，近代工业增加了一倍，扩展到电力、化工、机械、水泥、钢铁等部门。四川从19世纪七八十年代开始发展近代工业，到20世纪30年代进入大发展时期。尤其是抗战爆发后，随着东部工业的西迁转移，四川成为我国工业最集中的地区之一，产业涉及水电能源类、冶炼、金属加工制造、机器设备制造、电器制造、木材加工、化学、食品、纺织、服装等行业。这些近代工业的发展，不仅对当时地方经济发展产生了重大影响，而且对中华人民共和国成立后西南地区工业企业的布局发展也产生了影响。在广西，最早出现的近代工业是造船、航运、印刷及采矿业，自19世纪末到20世纪30年代，全省建立各类民营近代工业有77家。

20世纪30年代和40年代初，西南地区工业经济的发展步伐加快。一方面，当地地方政府加大了对工业的投资，比如，在广西，南宁机械厂、南宁染织厂、广西陶瓷厂、广西糖业指导所和糖厂、广西制革厂、广西印刷厂、广西火柴厂、广西制药厂及自来水厂相继建立或恢复生产；在云南，云南五金器具制造厂，电器制铜厂，昆明火电厂，个旧、蒙自、河口、昭通等火电厂，个旧锡钨矿，可保村、小龙潭煤矿，以及纺织、制革、火柴、玻璃等工厂相继建成投产；重庆电灯公司、自来水公司、重庆钢铁厂、綦阳铁厂等也建成投产。另一方面，国民政府针对抗战时期的特殊形势，从政治、军事、经济、国防安全的需要出发，加大了在西部地区的工业建设步伐，筹划开发西部事宜。根据中国第二历史档案馆公布的抗战期间国民政府有关西南、西北以及江南三区轻工业开发计划的有关史料，其项目包括轻纺、农副产品加工、食品生产等建设内容。

纵观我国区域经济格局的演化，在漫长的岁月中，经济重心的转移受到多种因素的影响制约，政治中心的变迁、交通运输条件的改善、农牧耕作制度的发展、生产工具的改良、自然气候条件的变化以及国际局势的变化等，都对其产生过深远影响。特别是近代科学技术的出现，使区域资源开发、区域经济发展演变提高到了一个新的水平。近代以来，交通运输条件的改善、先进生产技术的运用、对外贸易的不断发展，加速了区域资源的大规模开发。随着土地资源大规模开垦，农业种植业迅速发展起来，农产品商品化水平也有明显提高。以山货土产为主的生物资源，在出口贸易的带动下得以大范围地采集利用，发挥了应有的经济价值。矿产资源作为重要的出口产品，官方、民间资本相继投入生产，贵州煤炭、冶铁、锑、铅锌、锰矿，云南锡、煤、铜、钨矿，四川的金、煤、铜、铁、铅矿，江西铜、煤矿等，经政府及民间资本投资而被大量开采出来，成为重要的出口商品，借此换取外汇或进口必要的商品。近代工业主要包括制造业、采矿业和农副产品加工业，这些行业大都以资源的采掘加工为基础，因此，近代工业的发展是与资源的开发利用紧密联系在一起的，资源开发在区域发展中的地位和作用也早已凸显出来。值得一提的是，随着对外贸易的发展，经济活动空间不断拓展。

第四节　社会人群结构对区域经济的影响

根据人口的自然、社会、地域结构划分，并结合本文研究对象，此外也结合新疆的情况，分别从人口的性别结构、年龄结构、城乡结构、从业人员结构、素质结构、民族结构等方面来阐述其对区域经济发展的影响。

(1)一个地区的性别结构对社会的婚姻状态和妇女的生育率具有主要作用。由于工种的区别，不同的行业、部门、职位需要不同性别的适龄劳动力，通常情况下男性劳动者从事重力劳作，女性劳动者从事轻型工作，因此就决定劳动力中男女劳动者的去向。因此一个区域如何发展、如何布置产业格局往往受到当地适龄劳动力人口性别比的影响，所以倘若一个地区的适龄劳动人口性别比失调将会对经济发展产生深远的影响。近年来，新疆人口性别结构趋于合理，根据联合国出版的《用于总体估计的基本数据质量鉴定方法》让你口性别比通常的值域为102～107。从2000年至2010年，新疆的人口性别比由107.24降至106.87，虽然个别地区不在合理范围之外，但总体趋于合理。性别比变化表现出来的就是社会更加稳定，闲置人口不断减少，三产发展比较顺利。

（2）人口年龄构成是指有不同年龄段的人群构成的，通常情况下主要用适龄劳动力人口指标来体现。保持适度的适龄劳动人口可以保障人口与经济发展的协调性，而适龄劳动人口不能过多也不能太少。人作为社会生产资料的主要对象，其不仅要负责生产，还要担负着赡养老人和抚养孩子，用指标表示的话就是抚养比。当总抚养比比较高时，会直接导致劳动人口负担的增加，从而会导致消费增加，投资和积累减少，不利于经济的快速发展，反之则有利于经济的快速发展，因此适龄劳动人口与生产资料之间的比例变动及与之相对应的人口就业，是人口与经济、社会可持续发展的核心问题。从2000年到2010年新疆的抚养比在不断降低，由46.93%降至36.86%，表明新疆的劳动适龄人口在增加，对经济的发展起到一定的促进作用。适龄劳动人口增加可以确保为新疆的经济发展提供人口保障，为新疆地区的经济发展提供人口动力输出。新疆其他年龄段的人口比重也发生了很大的变化，0～14岁人口比重由27.27%降至20.45%，而65岁以上人口由4.67%增至6.48%。老年人口不断增多，社会在不断步入老龄化阶段，会增大消耗其发展资源对经济的发展起到抑制作用，同时少青代的比重降低对新疆经济的后续发展不利，长期下去新疆将失去劳动力后备资源丰富的优势。

（3）人口城乡结构通常用城市化水平指标来表示。如果城市化水平严重滞后于经济发展，就会对区域可持续发展产生许多不利的影响。一个地区人口城乡结构的变化关系着地区社会结构的变迁，一个地区产业结构和城乡结构的转换过程需要经历一个农业人口向非农业人口、农民向工人的转化过程，如此就可以直接促进城区人口城乡结构的优化，加快地区城镇化的进程。近年来新疆的城镇化水平整体不断提高，但内部各地区仍然存在差异，北疆地区高于东疆和南疆地区。人口的城镇化有利于经济社会中的各种资源的有效聚集，可以有效带动新疆地区经济的快速发展。新疆的地理环境比较特殊，属于半干旱地区，生态环境的可承载能力比较低，人口的城镇化一方面可以将人聚集起来有利于管理，另一方面可以缓解生态环境的压力。在带动经济的同时，保护生态环境，也可以提高各种资源的利用率。

(4)人口的产业结构反映的是一个地区产业中人口就业分布的情况，其直接关系到该地区的经济发展类型，在国家倡导产业结构调整的关键时期，政府应将优化人口产业结构作为地区产业调整的重点和突破口，正确引导人口由第一产业向第二、第三产业转移，在提高在岗员工业务能力的同时，也应提高农村劳动力技能、加强培训力度，使其加快适应产业结构的发展需要，促进地区的经济增长。新疆是资源和农业大省，生态环境比较脆弱不宜发展重工业，可以重点向第三产业发展。在2000年第一产业的人口就业比例为55.94%，第二产业的人口就业比例为14.07%，第三产业的人口就业比例为29.99%；到2010年三次产业的就业人口比例分别为46.17%、15.16%、38.67%。虽然变化不是很大，但近年来已经发生了改变，这与新疆的生产方式、民族构成和人口文化素质密切相关，产业结构的转换和升级将是一个长期与艰巨的过程，人口就业结构的优化有利于新疆产业间资源的有效配置，减小区域内的经济发展差异。

(5)人口的文化结构状况会影响地区经济发展，从而影响政府部门教育的投入力度。通常情况下，低文化程度人口所占比例大往往会给经济的可持续发展带来沉重的负担；高文化程度人口所占比例大会将对教育的不断投资所带来的效益可以直接应用到社会经济发展的各个领域，加快第三产业的发展，这样的良性循环必然会优化产业布局，为地区经济发展带来原动力。新疆地区人口受教育程度的结构差异相当大，造成经济发展所需的人力资本供给困难，而且可能与民族宗教问题交织在一起。此外，民族间的受教育程度差异也很大，因此提高全疆地区的受教育程度势在必行，其不仅能助推新疆的经济发展，而且有助于新疆的社会稳定。

第五节 区域经济中的社会网络分析

一、社会网络分析的总体进展

社会网络分析(Social Network Analysis，简称SNA)也可称为社会网络理论或社会网络科学(The Science of Social Network)，最早是由社会学家在大约100年前最早创立并发展起来的。经过多年发展，它已成为社会科学领域和统计物理学、信息科学等自然科学领域的核心概念之一。

在20世纪90年代后期以前，社会网络分析主要是社会科学（主要是社会学、人类学和经济社会学等交叉学科）的研究领域。其中，代表性研究成果包括麦克尼尔（Macneil，1978）的“关系契约”论，怀特（White，1981）的“市场网络”论，新经济社会学代表人物格兰诺维特（Granovetter，1985）的“嵌入性”（embeddedness）理论，科尔曼（Coleman，1988）、普特南（Putnam，1994）等一批社会学家主张的“社会资本”论，伯特（Burt，1992）的结构洞（Structural Holes）理论。

但是，在20世纪90年代后期以来，以上情形发生了根本性变化。这种变化在学术圈主要与统计物理学等自然科学领域的学者的开创性论文有关，这两篇分别发表于著名期刊《自然》（*Nature*）和《科学》（*Science*）上的短文引发了来自各个领域尤其是自然科学领域对于社会网络问题的高度关注和深入探讨。与此同时，这一潮流也在事实上导致了社会网络研究范式的“分野”：一种研究范式仍然以社会学、人类学为基础（更倾向于使用的术语是“社会网络”），重视较小规模的样本与深度访谈，主要通过质性研究方法与相对简单的定量研究方法，仍然是典型的“社会科学”研究，其文献数量每年都呈稳步增长态势。另一种研究范式（更倾向于使用的术语是“复杂网络”，其中也包括对社会网络的研究）则直接继承了以上两篇著名短论的物理学或自然科学“基因”，以统计物理学和比较复杂的数学手段为基础，重视大样本和海量数据，主要通过量化研究和比较复杂的定量研究方法，是典型的“自然科学”研究，其文献数量每年呈指数化爆发增长态势。其中一些经典论文的影响力更是不容忽视。

曾经有一段时期，分别遵循这两种研究范式的学者都“自说自话”，几乎互不引用。不过，近年来，这两种研究范式有一定程度的融合趋势，出现了统计物理学、计算科学、信息科学、医学、心理学等自然科学领域的学者开始大量引用社会科学领域的文献的情形，与此同时，社会科学领域的学者也开始越来越多的引用自然科学领域的文献。不仅如此，还出现了两个原属不同研究领域的学者的联合发表的论文。总趋势是，社会网络分析的“硬科学”特征似乎在逐渐强化，至少正在成为一门既不属于纯粹的社会科学，也不属于纯粹的自然科学的典型的跨学科领域。

正是基于以上两种研究范式的共同发展，社会网络分析的研究范围不断扩展，其广度、深度、复杂度都令人惊诧。著名学者J. Scott和P. J. Carrington编辑的《Sage社会网络分析手册》（2011），对于社会网络理论与应用进行了非常全面的综述性研究。

近年来，伴随着社会网络理论的迅速发展，一大批专用分析软件被开发出来。根据著名社会网络分析学者 Huisman&Van Duijn(2011)的综述性论文，知名的 SNA(即社会网络分析)软件有 56 种，其中最常用的超过 10 种。近 10 年来，由于物理学、数学、计算科学、信息科学、医学等自然科学领域的学者大规模进入社会网络分析领域，导致该领域发生了革命性的变化，其中一个非常重要的表现就是定量化水平在不断提高，与此密切相关的是基于不同操作系统的 SNA 专用软件不断涌现，原有的软件不断改版升级。这些软件大多可以免费下载。其中最常用的包括 UCINET，Pajek. NetMiner，MultiNet，近年来日益流行的软件还有 DyNet 和 ORA 等。

伴随着社会网络分析的快速发展，还出现了大量专业学会与专业期刊。在专业学会中，最著名的当数社会网络分析国际联合会(The International Network for Social Network Aanlysts，简称 IN－SNA)，该学会由多伦多大学教授 Barry Wellman 在 1977 创办，现在已发展成为一个包括 175 个理事和超过 1300 个会员的学术组织，该学会(网络)不仅包括大量的社会学家，还包括了大量来自人类学、传播学、计算科学、教育学、经济学、管理科学、医学、政治科学、公共卫生、心理学和其他学科的学者。该学会的年会每年吸引超过 500 人参加，在欧洲和北美的东西海岸之间轮流举行。创刊于 1979 年并由著名学者林登・弗里曼(Linton Freeman)主编的《社会网络》期刊，如今已经成为社会学领域影响因子排名前 10 的期刊(据 SSCI 影响因子排序)。另外还有两本著名的网络期刊《链接》(*Connections*)和《社会结构期刊》(*Journal of Social Structure*)。另外，与社会网络分析密切相关的专业学术期刊还包括《网络经济学评论》(*Review of Network Economics*)与《网络心理学、行为与社会网络》(*Cyberpsychology，Behavior&Social Networking*)，后两者均为 SSCI 收录。

二、社会网络分析应用于经济学领域的历程

(一)主流经济学曾长期忽视社会网络

社会网络的经济学分析虽可追溯到美国经济学家凡勃伦(Veblen，1899)关于"炫耀性消费"、杜森贝利(Dussenbery，1944)关于"相对性消费"的理论以及舒尔茨等学者对劳动市场的研究(Myers&Shultz，1951)。然而，直到 1980 年

代，大多数经济学家仍然严重忽视社会关系与人际联系的角色。

主流经济学流行的是个体主义的方法论，从而经济分析的主体应该是个体。价格被认为是协调个体的基本机制，市场上的交易被认为是匿名的，价格据说由一个瓦尔拉斯意义上的虚拟的拍卖人来制定。一般均衡理论就是这种理论范式的缩影。对于这种情形，Granovetter 题为《经济行为与社会结构：嵌入性问题》(1985)的经典论文有一段很到位的评论："(虽然)人类行为与制度如何受到社会关系的影响是社会理论中的经典问题之一……，(但是)，功利主义的传统，包括古典经济学与新古典经济学，均假定理性的、自利的行为基本上不受社会关系的影响。"

以科斯与威廉姆森为代表并先后获得诺贝尔经济学奖的新制度经济学家似乎在很大程度上偏离了主流经济学的以上传统，正视经济系统内部的"摩擦"即交易成本问题，并开始不断深入探究经济系统内部的制度"黑箱"。然而，即便是作为新制度经济学集大成者威廉姆森而言，在市场与科层之间，仍然是典型的"二分法"：当作为购买者的厂商与作为销售者的厂商不得不面临高昂的交易成本时，市场交易将被买卖双方的纵向一体化(即所谓科层制)的治理方式所取代。

不过在 Granovetter(1985)看来，许多交易成本高昂的复杂交易仍然通过市场方式得以持续进行。理解这一事实的关键，在于买卖双方均嵌入在一种长期商业关系网络中，即买卖双方都不愿意失去他们已经在相互的市场交易中已经建立起来的信任，因为滥用交易权力将会导致其他市场交易的损失。Granovetter(1985)进一步指出，那种认为一旦被整合到一个纵向一体化的企业内工作，买卖双方就可以很好地协调其经济利益的想法，无疑是天真的。作为社会学家的 Granovetter 并未否定经济学中关于理性、利己行为的基本假设。恰恰相反，他认为，一旦将嵌入各利益主体的各种社会关系考虑进来，那种看似"非理性"的行为就变得非常理性了。因此，古典经济学和新古典经济学的真正问题不在于关于"理性"的简单假设，而在于"忽略了社会结构"。显然，Granovetter(1985)建议的是一种既考虑嵌入利益主体的社会关系又遵从理性行为范式的理论路径。

(二)主流经济学中纳入社会网络分析的困难

在相当长的时期内，经济学均对社会网络领域缺乏"兴趣"，原因大致在于两个方面:第一,关于社会结构(也包括社会网络)的数据难以获得。因为典型的社会结构与社会网络数据往往被限制在几十个或几百个观察者范围内,这种数据往往比较适合分析社会网络的微观性质。第二,关于社会结构(包括社会网络)的理论与模型方面也存在一些困难。主要体现在如何对那些难以量化的社会网络因素进行量化分析。但是,如上困难正在被克服。

第一,随着现代信息技术的不断进步和电子数据库的不断普及,数据难以获得的瓶颈被逐渐克服,尤其是在某些社会网络方面,比如论文合作网络等。另外,很多国家层面和国际层面的大规模社会例行调查都涵盖了不少社会网络方面的问题,比如美国在 1985 年开展的总体社会调查搜集了社会网络方面的数据,这些数据后来支撑了大量社会科学方面的文献发表;美国从 1994 年到 2002 年所展开的三次全国青少年健康状况纵向调研,也搜集了大量社会网络方面的数据;在新千年来临之际,欧洲的研究人员开展了“首轮欧洲生活品质调查:家庭、工作与社会网络”。这些大规模调查所提供的大样本数据,显然为更为科学化的社会科学研究提供了数据前提。

第二,近 10 年来,一大批来自数学、物理学、生理学、医学、信息科学和计算科学等自然科学领域的学者大量进入社会网络领域,在推动该领域不断壮大的同时也大大提高了该领域的“科学化”水平与“技术含量”,一个直接的后果就是大量理论模型不断涌现,所使用的数学方法与理论工具也不断创新,从而使得社会网络的分析工具、理论与模型的科学化水平在不断增长。正如布里斯托尔大学举办的“社会网络经济学”研讨会的会议主办方所言,“社会与经济网络无所不在,在各种经济决策中扮演着非常重要的角色,且对经济效率与福利有着复杂和长期的影响。近年来,有关社会网络的经济分析飞速发展,不仅克服了诸多理论上的挑战,也克服了诸多数据方面的困扰。”

实际上,忽视社会关系、社会结构的情形,从 Granovetter(1985)发表《经济行为与社会结构:嵌入性问题》之后已经有了微妙变化。《经济行为与社会结构:嵌入性问题》(Granovetter,1985)不愧为真正的经典文献,不仅对于社会学自身产生了不容低估的革命性影响,对经济学以及经济学、社会学之外的其他学科也产生了不容忽视的影响。《经济行为与社会结构:嵌入性问题》(Granovetter,1985)揭开了包括社会学在内的社会科学日益重视社会结构尤其是社会网络的潮流的序幕。*SoCial Capital Human Capital*(Coleman,1988)、《结构洞:竞争的社会结构》(Burt,1992)和《信任:社会美德与创造经济繁荣》(Fukuyama,1996)关于社会资本、结构洞、信任等重要问题的经典文献,其被引用次数均超过1万次。Powell(1990)和Uzzi(1997)关于网络与组织的经典论文,也被学界广泛引用。以上经典文献无疑对社会网络的经济分析产生了重要影响。

(三)社会网络分析在经济学领域的总体情况

进入20世纪90年代以后,随着社会资本、网络理论、新经济社会学的迅速兴起,随着新制度经济学的不断渗透,社会关系与非正式制度已经开始登上经济学的中心舞台。通过检索全球经济学类最顶尖的《计量经济学期刊》《美国经济评论》《政治经济学期刊》《经济学文献期刊》《经济学季刊》《经济学展望期刊》《经济研究评论》《经济理论期刊》,不难发现,与社会关系、社会网络相关的论文,从20世纪90年代中后期以来呈加速增长之态势。国外一流大学活跃着不少专门研究社会网络的经济学家,如斯坦福大学的Matthew O. Jackson教授,剑桥大学的Sanjeev Goyal教授,美国西北大学凯洛格商学院的Brian Uzzi教授,原哥伦比亚大学教授Duncan J. Watts,欧洲大学研究院的Fernando Vega Redondo教授。麻省理工学院的著名经济学教授阿西莫格鲁也正式从2009年开始讲授社会网络课程。不难发现,这些学者大多数与著名的圣达菲研究所有非常密切的交往,是典型的学术圈“社会网络”。这些大学还培养了一批专门从事社会经济网络分析的经济学博士。

除了一些顶尖大学投入大量人力资本研究社会网络外,一些跨学科的高水平研究机构也组建起来。早在1987年,分别由诺贝尔经济学奖获得者阿罗和自然科学家安德森邀请的10位经济学家和10位自然科学家(分别来自物理学、生物学和计算科学领域),在著名的圣达菲研究所专题研讨会上,就以“作为演化的、复杂体系的经济”为主题,展开过长达10天的跨学科深度研讨。

“经济学帝国主义”曾经受到诸多批评。但是,在社会网络领域,以“帝国主义”面目出现的经济学,俨然成为“物理学帝国主义”或者“数学帝国主义”的受害者(当然更有可能是“受益者”)。近年来,随着一批数学家、物理学家进入社会网络分析领域,各种复杂的数学模型、证明、推导几乎主宰着社会网络分析,其技术性、工具性的成分越来越强,在很大程度上忽略了文化与社会结构等难以定量的因素,甚至出现了“经济物理学”这样看起来很奇怪的专用名词(其实类似现象并非只是出现在经济学领域，在社会学、金融学领域，均出现了类似现象，因为有了诸如社会物理学、金融物理学等专用名词）。国外不仅出现了大量相关论文，甚至还出现了经济物理学方面的专著，且还为数不少。物理学的主流期刊上，甚至还出现题为《经济学将成为下一个物理科学吗？》的论文。

国内对社会网络分析（以及密切相关的社会资本理论）的关注大致起源于20世纪90年代，且以译介为主。在这个阶段，林南、边燕杰等美籍华裔学者做出了非常重要的启蒙性质的贡献，加上刘军、罗家德、张文宏等中国学者的推动，国内当前出现了一股翻译社会网络及相关理论书籍的热潮，包括斯科特、巴拉巴西、弗里曼、伯特、格兰诺维特、怀特、戈伊尔、杰克逊、瓦茨等在内的一批国外顶尖学者的社会网络分析专著都被翻译成中文出版。除此之外，刘军、林聚任、罗家德等国内学者也出版了大量介绍性专著。总体而言，社会网络分析在国内社会学界的认同度远高于其他社会科学领域。在社会学界，不仅出现了一大批规范的研究性论文，还出版了一批非常扎实的高水平专著。另外，社会网络分析在工商管理、创新管理、管理科学与工程等领域却得到越来越多的运用。而社会网络分析在国内经济学界鲜有响应，张闯、夏春玉、梁守砚（2009），钱锡红、杨永福、徐万里（2010），马光荣、杨恩艳（2011），杨汝岱、陈斌开、朱诗娥（2011）虽然利用社会网络分析研究了国内的现实经济问题，但在经济学圈内的引用率却不高。这至少表明，社会网络分析范式与思想，仍未得到国内经济学界应有的重视。

三、社会网络分析在经济学领域的应用进展

（一）社会网络的经济分析：纯理论研究

社会网络分析在经济学领域的应用，就纯理论研究而言，主要围绕三个基本问题：第一，社会网络具有哪些重要的结构属性？第二，社会网络结构如何影响经济决策？第三，经济激励在社会网络结构的形成中扮演着何种角色？第一个问题往往被归结为所谓的“网络结构”（network structure）问题。这是一个典型的具有经验性质（empirical nature）的问题，其目标在于给出社会网络结构的“经验性事实”（stylized facts），正是这些经验性事实奠定了回答后面两个问题从而更好地理解社会网络与经济决策之间相互关系的基础。第二个问题往往

被归结为所谓的“网络效应”(network effect)问题。第三个问题往往被归结为所谓的“网络形成”(network formation)问题。显然,后两个问题旨在探究社会网络与经济决策之间的相互因果关系:第二个问题旨在探究社会网络如何构成了经济决策的“因”;而第三个问题则恰恰相反,旨在探究经济激励如何成为社会网络结构形成的“因”。后两个问题的深入探讨必然导向对社会网络结构本身的再剖析,从而必须回到第一个问题。这样,基于上述问题的分析显然构成了一个典型的“分析环”(analytical cycle)。借助于上述三个基本问题的分析环,有助于更好地理解经济中社会网络的角色。

1. 网络结构:社会网络的结构属性

社会网络具有“小网络距离”“高聚集性”与“链接的不平等分布”等特性。Jackson(2008)的总结比较类似,他将社会网络的基本特性总结为:小世界、高聚集与幂律分布。

(1)“小网络距离”或小世界网络。“小网络距离”或小世界网络,也称“小世界效应”。这一思想至少可追溯到诺贝尔奖获得者马可尼(Marconi,1909)基于他在20世纪早期的无线电研究并在其获得诺贝尔奖的演说中提出的天才猜想。这一猜想启发了匈牙利学者Frigyes Karinthy在20年之后(1929年)提出了类似后来被称为“小世界”或“六度分割”(Six Degrees of Separation)的思想,这一思想或许是最早的“六度分割”概念和探究“小世界问题”答案的努力。数学家Manfred Kochen于20世纪50年代早期在巴黎大学工作期间,与政治科学家Poollthiel de Sola合著了一篇数学手稿《联系与影响》(*Contacts&Influences*),其中明确研究了“六度分割”。不过这篇数学手稿在学界流传了20多年才正式发表(PooI&Kochen,1978)。正是在20世纪50年代早期,米尔格拉姆在巴黎大学访问并与他们展开过合作研究。从这个角度而言,那种认为“六度分割理论”是哈佛大学心理学教授斯坦利·米尔格拉姆在其经典文献(Milgram,1967)中明确提出的看法可能是有失公允的。根据Milgram(1967)的著名的连锁信实验推论,世界上所有互不相识的人只需要很少中间人就能建立起联系(Milgram的实验证明平均只需六个人就可以联系任何两个互不相识的美国人)。这一理论后来为Kochen(1989)和Watts(1999)进一步阐发,而且著名的连锁信实验由Dodds,Muhamad&Watts(2003)通过电子邮件信息,在一个大得多的样本规模下重做了一遍。这篇发表于著名期刊*Science*上的论文发现,链条的平均长度的确也大约是六人。近年来，雅虎公司甚至还发起了一项名为“小世界实验”，专门招募网络志愿者，同时开通荷兰语、英语、德语、西班牙语、法语、葡萄牙语、俄语、伊斯兰语、繁体中文、简体中文、日语、韩语界面，通过了解整个5亿多Facebook用户的社交图谱以严格地验证六度分割理论假说的正确性。

(2)“高聚集性”。所谓的聚集性关注的是与关系传递相关的方面。如果节点i连接到j，节点j连接到k，那么i也连接到k。这种传递被称为聚集性，且可以通过多种方式衡量。社会网络的聚集度非常高，比如朋友往往通过现在的朋友认识新的朋友。Watts&Strogatz(1998)与Newman(2003)阐述并解释了“高聚集性”或“高聚集系数”这一特征化事实。如果链接是随机形式，在一个有n个结点、平均度为k的网络中，聚集程度大致为k/n。但现实社会中的链接并非是随机网络，因而聚集系数必然远高于该数值。

(3)链接的不平等分布或幂律分布。Newman(2003)与Albert，Jeong&Barabasi(1999)有非常清晰的阐释。Barabasi&Albert(1999)称为“优先连接”(Preferential Attachment)，即拥有更多财富或信誉的个体将优先得到财富或信誉。这一概念是Yule于1925年最早使用的，最先从严格意义上考虑了优先连接过程，并用这一理论解释了物种进化过程的出现的幂律分布现象，因此，“优先连接过程”有时也会被称为“Yule过程”。网络中存在的链接的不平等分配现象的一项经典综述由Newman(2003)完成。根据Albert，Jeong&Barabasi(1999)对美国圣母大学校园网的一项研究，82%的网页只有不到4个与其他网页的链接，而少数网页却有超过1000个链接。Goyal，Leij&Gonzalez(2006)通过对全球范围内经济学家合作网络的考察发现，在20世纪90年代，经济学家的平均合作者不到2人，但也有极少数经济学家有多得多的合作者，有些经济学家的合作者甚至超过50人。

2. 网络效应：社会网络结构如何影响经济决策

所谓“网络效应”(network effect)，即社会网络结构如何影响经济决策。经济学家往往会关注诸如社会网络在工作信息传播中的作用，社会网络影响工资、就业的机理，社会网络对教育与人力资本决策的影响、网络结构如何影响交易条件等重要问题。网络效应是理解很多重要的经济现象的关键，自然构成了近年来经济研究的热门领域，国外顶级的经济学期刊，包括计量经济学期刊、美国经济评论、政治经济学期刊、经济学季刊等，近年来每年都有相当数量的相关论文发表。而该领域的早期研究,可追溯到Boorman(1975)和Myerson(1991)。

经济学中一般将网络效应看成一个博弈过程:局中人的战略是某种努力或者投资水平,而局中人的获益会伴随着他自己的努力水平的提高而增长,但同时也取决于他所在网络中的直接邻居的努力水平。这样就会存在两种不同性质的网络,分别可称为“局部战略性互补网络”和“局部战略性互替网络”。前者指局中人自身努力的边际获益伴随着邻居的努力而增长,换而言之,邻居的努力对局中人自身的获益具有正外部性;后者指局中人自身努力的边际获益伴随着邻居的努力而下降,换而言之,邻居的努力对局中人自身的获益具有负外部性。在战略性互补性博弈中,参与人的偏好是一致的;而在战略性互替博弈中,相互作用和动态变化更复杂,从而使得均衡的计算也更有挑战性。Bramoulle&Kranton(2007)分析了这类博弈,发现网络结构的轻微变化可以导致均衡结构的动态变化。Jackson&Watts(2002),Goyal&Vega Redondo(2005)提出的协调博弈对网络和行为的共同演化建立了模型,研究当网络随行动共同演化,出现的行动如何不同于确定网络的行动。

社会网络可以通过促进价格信息和市场行情的传播,可以借以提供贸易信用,可以预防和处理契约分歧,可以促进风险分担(Fafchamps&Minten,1999)。在社会网络结构中,非常重要的方面就是个体在社会网络中的位置,对经济决策往往有重要影响。即结点的位置部分地决定其面临的机遇与约束,因而结点的位置对结果有重要影响。这是隐藏在社会资本之后的网络机理,即个人在人力资本(他们的知识、技巧、能力等)上投资的回报率取决于他们的社会资本(如他们在网络中的位置)(Burt,2005)。又如,求职者往往从他们的朋友那里获得有关职位空缺的信息,科学家往往从其同事那里获知一些最新发表的论文(Leij,2006)。在很多国家的农业实践中,农民也往往从其邻居或亲戚那里获得一些关键信息和关键技术、诀窍。网络效应除了关注某人所处的网络位置对其战略行为的影响外,同时也关注如下问题:若将社会视为一个整体,社会福利如何受社会网络结构的影响,也就是说,一个社会的福祉在拥有更多链接或更短距离的情况下是否会变得更好些?

3. 网络形成:经济激励影响社会网络结构形成的机理

网络形成问题或许是社会网络的经济分析中最有技术含量、最具理论原创性、最前沿也最有前途的领域。很多一流学者在这个领域进行了大量深入研究。网络形成的研究方法主要有四种。第一种方法起源于随机图理论，主要是研究网络形成的过程。这种模型源于 Erdos&Renyi(1959;1960)的系列经典文献，研究了网络中一些可观察的特征(如肥尾度分布、高聚集性等)如何与网络结构的形成过程相关。第二种方法基于社会网络数据建立统计模型，这种方法构建的模型在估计方面是多功能的。也就是说，这些模型是可以估算社会网络数据中各种特征的相关性和形式。第三种方法是基于经济基本原理，假定个人根据收益(作为网络的一个函数)来选择他们的关系，这样建模并结合博弈论，可以说明某些结构为什么会出现。基于 Bala&Goyal(2000)和 Jackson&Wolinsky(1996)的开创性工作，国外学界提出了大量网络形成博弈模型，代表性文献包括 Calvo Armengol&Zenou(2004)，Ballester，Calvo-Armengol&Zenou(2006)，Galeotti et al(2006)，Bramoulle&Kranton(2007)。显然，这些方法源于非常不同的观点和目标，以及他们对社会网络形成有不同的见解(Jackson，2011)。第四种方法是通过实验的方法来研究网络形成，代表性文献包括 Callendar&Plott(2005)，Pantz&Zeigelmeyer(2003)以及 Charness&Jackson(2007)。

网络形成的理论解释路径可以分为两大类:基于机会的理论诠释(opportunity-based antecedents)和基于利益的理论诠释(benefit-based antecedents)。基于机会的解释关注两个节点进行联系的可能性——这样的因素包括地理的邻近，比如物理上的邻近最容易产生相互作用(Festinger et al，1950);社会的邻近，如拥有共同的朋友往往会增加见面的可能性，以及相对的团体规模(Blau，1977)。基于利益的解释则通常通过某些效用/不适、最大化/最小化等概念以解释关系的形成，例如，关于同质性的一个解释是，有相似背景的参与人之间的沟通更容易也更有效(McPherson et al，2001)。又如，拥有资源的节点更容易同缺乏资源的节点之间形成连接(Burt，1983)。

(二)社会网络的经济分析:应用研究

1. 在劳动经济学中的应用

在经济学领域，社会网络分析在劳动经济学中的应用最早，发展也最为成熟。基于对纺织业工人的访谈，Myers&Shultz(1951)发现，社会关系在寻找工作的过程中发挥着极为关键的作用。遵循 Myers&Shultz(1951)开创的研究路线，Rees(1966)发表于《美国经济评论》上的经典论文和 Rees&Shultz(1970)在芝加哥大学出版社出版的著作，对劳动市场中的信息网络与社会契约问题进行了更为深入的研究（有效样本总量高达2162个）。Rees&Shultz（1970）已经发现，Myers&Shultz（1951）所提供的数字并非纺织业工人的特有现象，而是非常广泛地存在于各个行业。Granovetter（1974）利用马萨诸塞州Newton居民的样本（有效样本容量为282个）也有类似的发现。Corcoran，Datcher&Duncan（1980）利用美国家庭的大样本数据（其样本总量高达3 759个）进一步确认了以上发现。Pellizzari（2004）的研究则发现，这种现象普遍存在于不同国家。

Montgomery（1991）解释的基本问题是：为什么那些拥有良好社会网络的工人能够找到收入更高的工作？为什么那些通过引荐雇佣工人的厂商能够赚取更高的利润？这一模型的创新之处在于：不仅解释了雇员收入与社会网络的相互关系，还解释了雇主利润与社会网络的关系。该模型进一步预测，社会结构的变化有可能改变整个社会的收入分配状况：社会连接密度的增长或在能力方面的社会分层将产生更大的工资差异。Arrow&Borzekowski（2004）也指出，社会网络对工作机会造成的扭曲将内在地加剧不平等，这与Montgomery（1991）的雇佣模型是一致的。然而，Pellizzari（2004）针对欧洲和美国的经验研究表明，通过社会网络找工作的方式与求职者的收入间的关系并不确定：在奥地利、比利时和荷兰，这种关系是正向的；而在希腊、意大利、葡萄牙和英国，这种关系则是负向的；在其他欧洲国家和美国，没有发现显著的收入差异。

朋友与亲属关系是否真的有助于获得一份好的工作（薪水更丰厚）？对于这一问题似乎还无法得到确定的回答。一个重要原因可能是“声誉”机制：那些在某个机构拥有工作的举荐人往往倾向于推荐那些暂时没有工作但潜在能力相对较强的人来求职，因为事关其今后的声誉，而那些能力较差者将很难在第一时间被举荐；而且由于类似的原因，一旦被举荐人被录用，举荐人将会监督其工作，从而使被举荐人生产率更高。

2. 在产业组织与组织经济学中的应用

社会网络分析在产业经济学尤其是产业组织领域得到广泛应用。除在金融业、高科技产业、国际贸易等领域进行了广泛的应用研究外，在农村与农业组织中的应用研究也非常充分。Akerlof（1970）研究了印度农村中地方放债人作用。Weisbuch，Kirman&Herreiner（2000）研究了马赛的鱼市场重复性交互作用并讨论了社会网络结构的重要性。Fafchamps&Minten（2001）研究了农产品

贸易与社会网络的关系。Fafchamps&Lund(2003)的研究证明,社会网络对于理解菲律宾农业的风险分担至关重要。De Weerdt(2004)研究了社会网络在非洲风险分担中的作用。

另外,社会网络分析在交易与谈判、学习与相邻效应、传播、创新、互动与网络博弈等方面也得到非常广泛的应用。

第二章 中国区域经济发展模式的演化

当代区域经济学家强调区域经济发展是一个演化的过程。由于区域经济发展条件的可变性，区域经济发展模式也根据经济发展条件和资源结构的变化而不断进行调整和转换，在各种推力和阻力的矛盾统一作用下，实现区域发展模式的螺旋上升与递进创新。区域经济发展模式的演化具有趋同和趋异两个方向。通过对中国16种典型模式的分析发现，1987年以来，中国各区域经济发展模式的趋同演化特征十分明显。趋同一般分为发展水平趋同和发展特征趋同两方面，其中：发展水平趋同在区域经济增长趋同中得到广泛运用，而发展特征趋同主要是分析各区域经济发展模式所表现出的特征趋同；同时，趋同也包含时间趋同和空间趋同两方面，即从时间序列或经济发展阶段上分析模式趋同，以及不同地理空间的模式趋同。本章将从以上视角对中国各区域经济发展模式的演化动力机制以及从水平趋同、特征趋同进行分析，并从时间趋同、空间趋同的角度对各区域经济发展模式所表现出的特征进行分析。

第一节 区域经济发展模式演化的动力机制

一、区域经济发展模式演化的动力机制

（一）动力体系

动力机制是指推动事物发展的动力要素以及这些要素在事物发展过程中如何发挥作用（贾式科，2009）。区域经济发展模式演化的动力是一种系统，各种动力之间相互支持和配合，进而推动区域经济发展的演化，为此，需要研究区域经济发展演化动力的作用机制。动力机制指动力传导机制，或动力要素发生的过程与规律；区域经济发展模式动力传递需要一定的媒介，区域经济就是在

一定的环境条件和要素基础的推动作用下而发展的。如图 2-1 反映了如何使动力资源体系在一定条件下转化成现实动力而推动区域经济的发展，这个过程不仅需要建立在特定的自然环境、社会文化和历史基础之上，还依赖于政策环境和全球化的外部环境支撑，同时还依赖于本地或外地的资本、技术、人力资本、制度等要素。在各种要素、环境的共同作用下，形成良好的动力体系运作状态，进而推动区域经济发展模式的演化升级。

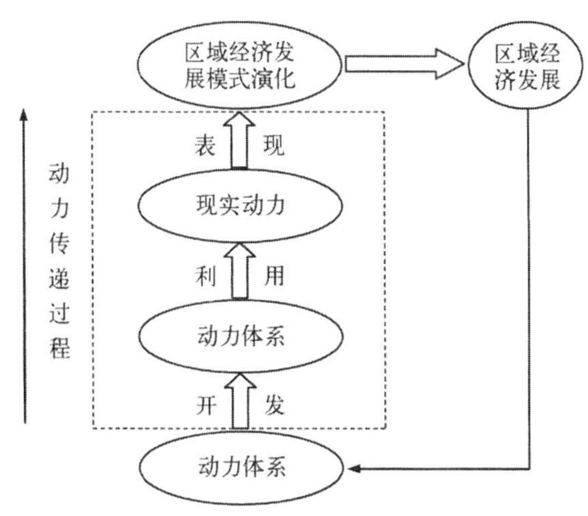

图 2-1　区域经济发展模式动力机制传递过程

在动力体系中，各种环境或要素均可能是动力或者阻力。当动力大于阻力时，区域经济发展模式便趋向于更优的模式演化；当动力等于阻力时，区域经济发展模式便会停留在某一阶段；当动力小于阻力时，区域经济发展模式便会走向衰退甚至消亡，进而在推力和阻力的共同作用下实现区域经济发展模式的演化升级（图 2-2）。

依据要素制度—关系的分析框架，区域经济发展模式演化也受要素创新动力、制度创新动力和关系创新动力的共同作用，各系统之间是开放的系统，系统之间存在着相互作用关系，各子系统通过相互协作与耦合。

形成各子系统之间、子系统与其他单一动力之间，在经济活动中彼此促进、交叉融合、协同发展而成的合动力系统，在要素动力系统、制度动力系统、关系动力系统的共同作用下实现区域经济发展模式的演化（图 2-3）。

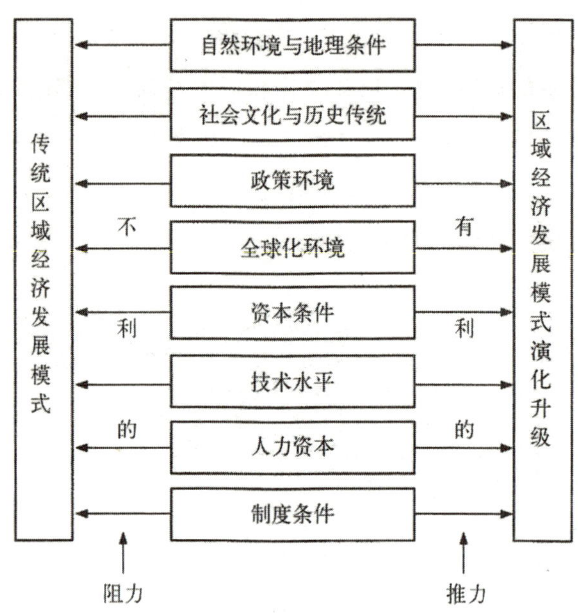

图 2-2　区域经济发展模式演化的升级

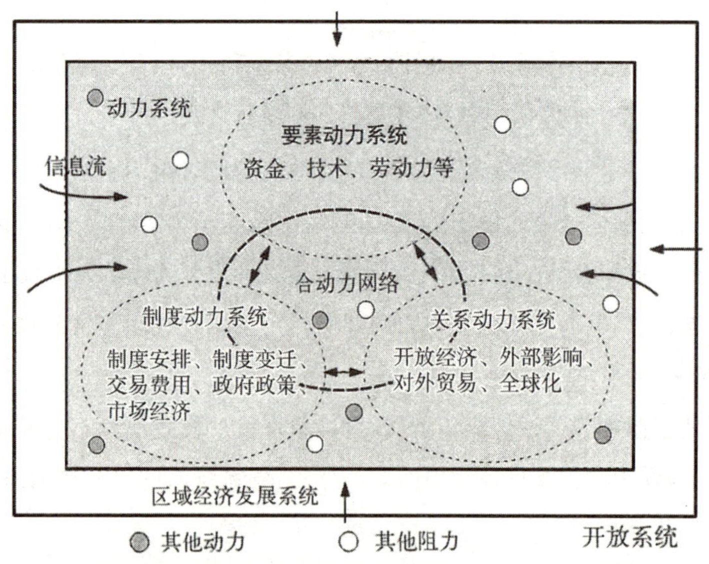

图 2-3　区域经济发展模式演化的动力系统

(二)演化机理

依据路径依赖和路径创造理论,区域经济发展模式的阻力可视为路径锁定,而推力则可视为在外生或内生力量下实现的路径创造。区域经济发展模式演化存在技术路径依赖,即被锁定在劣技术上,进而导致该模式技术水平的落后。由于"获得者效应",即一旦一个企业或地区拥有较大的市场占有率,就不断地拥有优势地位,于是该企业或地区便倾向于维持在该技术水平下形成的优势地位,而忽视新技术、新产品等的创新。为防止锁定在劣技术上,该企业或地区应积极进行产品和技术的创新。制度演化也存在路径依赖,当前的制度往往与过去的制度甚至更为长远的制度有着紧密联系。诺斯指出,人们一旦选择了某个制度,就容易形成该制度的惯性,而这种惯性的力量将驱使该制度不断"自我强化"(张栓虎,2004),形成自强机制。同时,关系变迁上也存在路径依赖,即一个地区或企业长期在当地获得资源、资金、技术等要素或市场,容易形成区域经济发展的"关系锁定"。

依据路径依赖和路径创造理论,在陷入路径锁定时,企业家通过有意识地偏离原来的规则,开启一条新的发展路径,进而形成"路径解锁",走上区域经济发展的"路径创造"。可见,区域经济发展模式既受路径依赖的影响,同时也在内生和外生的力量下实现路径创造。在路径依赖和路径创造这阻力和推力的共同作用下实现从自我崛起到自我突破和自我超越,在内外部条件发生变化的影响下或区域内生力量的作用下,区域经济发展模式会发生升级、锁定、衰落、再生等演化过程。从时间序列来看,一种区域经济发展模式的经济发展水平也随着时间的推移,实现经济发展的螺旋式上升和波浪式前进。

一种区域经济发展模式始于S0,模式形成之初,经济社会快速发展,进而形成S0→A0的发展路径。在S0→A0原有模式的路径依赖作用下,可能产生路径锁定,进而走上S0→A0→B3的路径依赖。随着外生条件的冲击或内生因素的作用,形成了以S1为起点的新模式,在报酬递增和自我强化机制下逐步走上S1→A1→B1的发展路径,一般来说,新模式可能不会马上出现。当然也有众多模式形成一种稳定的发展路径,如S1→A1→B2或S1→A1→B1→C2等路径。受路径依赖的作用,很难有模式会一直沿着S1→A1→B1→C1……的良性发展路径;随着不利因素的出现,可能走上 S1→A1→B1→C3 的路径,导致模式衰落。区域经济发展模式不仅受路径依赖的影响,还受路径创造的作用,在外部冲击和内生力量作用下,部分陷入锁定的模式实现了模式重生,走上了 S1→A1→B3→C1 的发展路径。路径依赖理论下的区域经济发展模式演化模型见图 2-4。在路径依赖与路径创造的共同作用下,区域经济发展模式得以不断演化,而正是在这种多样化的演化路径下,形成了中国各具特色的区域经济发展模式。

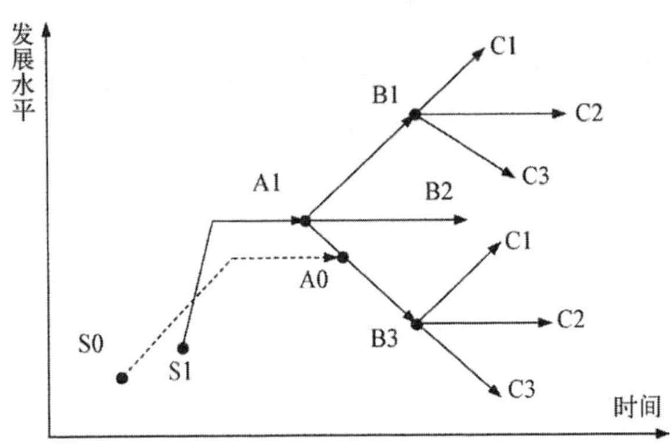

图 2-4　路径依赖理论下的区域经济发展模式演化

区域经济发展模式是一个由各种要素、各种环境共同组成并相互作用的复杂系统,而这些因素的变动对区域经济发展模式的演化路径也会产生影响。依据路径依赖理论,区域经济发展模式演化是路径依赖和路径创造兼具的过程,在内外部条件发生变化或区域内生力量的作用下,实现区域经济发展模式的动态演化。在路径依赖的作用下,区域经济发展模式容易陷入路径锁定,进而表现出模式的继承性;而经济发展中的行为主体也对现有社会规则与制度做出反应并采取行动以寻求最优路径,进而实现路径创造。在路径创造作用下,原有路径锁定以及模式之间的平衡得以打破,区域经济发展模式得以走向多样化的演化路径。区域经济发展模式在创新演进过程中,既有各自探索的一面,也有相互学习的一面,并表现出模式趋同与趋异两种趋势。若区域经济发展模式趋同力量更强,则模式间便会走向趋同;反之,则走向趋异。

二、区域经济发展模式趋同演化的动力机制

(一)要素流动与模式趋同

根据经济增长趋同性假说,与初始人均 GDP 较高的地区相比,初始人均 GDP 较低的地区具有更高的增长率,进而经济发展差距将逐步缩小乃至趋同,在长期上,区域间经济增长趋势是平衡发展的。由于历史经济增长起点的不同,落后地区与发达地区经济水平也存在一定的差距;而随着时间的推移,落后地区和发达地区将向同一稳态收敛,各地区之间的经济增长水平将缩小,进而实现经济增长的趋同。同时,在开放经济下,由于要素边际报酬递减的假定,人均资本高的地区资本利润率较低,资本有从发达地区向落后地区流动的激励;而人均资本低的落后地区的劳动工资率也更低,劳动有从落后地区向发达地区流动的激励,要素的双向流动将导致要素价格的区际均等化。

要素投入是经济增长最直接的源泉,相对于要素来源于本地积累的封闭经济,开放经济下,要素的投入则来源于区际流动。如图 2-5 所示,A、B 为两个区域,D_{A0}、D_{B0} 分别为 A、B 区域的初始劳动需求曲线,S_{A0}、S_{B0} 分别为初始劳动供给曲线。假设初始时期两区域资本绝对禀赋相同,即 D_{A0}、D_{B0} 在劳动—工资空间中的位置完全相同;B 区的劳动绝对禀赋由于 A 区,表现为 S_{B0} 在 S_{A0} 的右侧。D_{A0}、D_{B0}、S_{A0}、S_{B0} 分别决定了封闭条件下 A、B 两区各自的均衡就业和工资水平,显然,由于 B 区劳动供给较 A 区充裕,导致其劳动价格更低。而开放经济将促使要素在各区域之间自由流动,由于 A、B 两区域劳动价差的存在,追求利益最大化的劳动力必将由 B 区向 A 区流动,进而 B 区劳动供给逐渐减少,表现为劳动供给曲线 S_{A0} 向左移动,而 A 区劳动供给曲线向右移动。伴随着劳动力价差的缩小,各自的均衡工资水平不断接近;当 A、B 两区域劳动供给曲线分别移动到 S_{A1}、S_{B1} 时,两者均衡工资水平 W_{A1}、W_{B1} 完全相同,进而实现两区域劳动供求实现均衡。

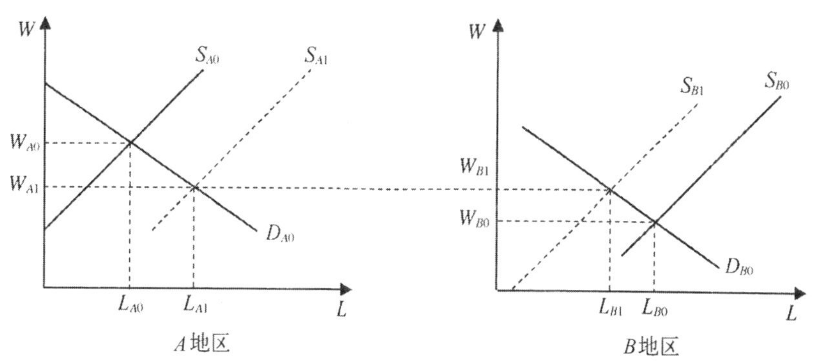

图 2-5 要素流动与要素收入均等化

区域间工资均等化机制也可通过资本流动实现。资本存量决定了劳动边际收益曲线的位置，故资本流动实际表现为劳动需求曲线的移动。这里，我们虽然假定两区域初始资本绝对禀赋相同，但由于 B 区劳动初始绝对禀赋优于 A 区，相对于各区域匹配的劳动存量所需的资本存量而言，A 区资本相对过剩，而 B 区资本相对稀缺，进而初始时期 A 区资本价格必然低于 B 区，追求利润最大化的指标将由低利率的 A 区向高利率的 B 区流动。随着资本流动，A 区资本存量减少，劳动需求曲线 D_{A0} 向下移动，并导致均衡利率水平不断上升、均衡工资水平不断下降，而 B 区资本存量增加，劳动需求曲线 D_{B0} 向上移动，并导致均衡利率下降以及均衡工资水平的上升。当 A、B 区域劳动需求曲线分别移动到 D_{A1}、D_{B1} 时，两者均衡利率水平和均衡工资水平完全相同，从而实现要素市场总供求的均衡。

可见，在要素自由流动的开放经济下，资本倾向于从发达地区向落后地区流动，而劳动力倾向于由落后地区向发达地区流动，两地的资本价格和劳动价格将趋于均等化，最终实现两地区经济资本和劳动市场的一般均衡，这便形成了要素流动促进区域经济趋同的重要机制。

通过上述分析，可得出开放经济下要素流动导致区域经济趋同的结论，但当放松技术水平相同的假定时，上述结论未必成立。当落后地区的技术水平远低于发达地区时，以至于受低效资本—劳动比的反向影响时，落后地区的资本回报率和劳动回报率均会低于发达地区，进而要素自由流动将导致资本和劳动由落后地区向发达地区流动。为此，单纯的要素流动并不能导致区域经济趋同，而必须引入改变这种技术差距的内生力量，即技术差距本身所诱发的、技术从先进地区向落后地区的空间扩散。假设存在两个地区，一是技术创新的先进地区（地区 1），二是技术学习的后进地区（地区 2），技术空间扩散主要通过地区 2 向地区 1 的技术模仿实现。由于技术由先进地区向后进地区的扩散存在模仿成本，如果这种成本低于创新成本，但随着未被模仿技术的减少而上升（亦存在模仿的报酬递减），则将形成后进地区的后发优势，从而实现两地区的经济趋同，即后进地区经济增长快于先进地区；而且两者初始技术差距越大，后进地区经济增长越快。随着两地区技术差距逐渐缩小，后进地区的经济增长率也将趋缓；最终在稳态中，两地区经济将以相同速度增长，进而实现技术的空间扩散，在某种程度上促进了地区间的经济趋同。技术扩散对于经济趋同的作用呈现出波浪形演变，当技术快速扩散，地区间由于技术转移将实现技术差距的缩小，进而导致经济发展水平也呈现出趋同的特征。但是，当新的技术在某一地区形成，则将再次形成技术差距，技术进步的突进将促进区域经济差距的扩大，进而如此波动反复。在一次技术生命周期内，区域经济差距呈现倒“U”形演变轨迹，而在长周期内，即多个技术周期内，则表现为波浪起伏的演变轨迹。

通常，技术也被视为要素的重要内容，假设将劳动力、资本、技术视为统一的要素，这种综合的要素流动除了促进区域经济趋同以外，还将促进区域整体经济发展水平的提升。如图 2-6(a)所示，在要素缺乏流动的封闭经济时期，先行地区 1 的经济(此时亦为整体经济)已经处于长期稳态 $\widehat{k_1}^*$，由于该地区资本、劳动力、技术供给不变，经济也将处于停滞阶段。由于先进地区资源、劳动力潜力耗尽，资本和劳动份额将使其经济维持在原有稳态；在开放经济下，超过这一份额的新增资本、劳动以及伴随的技术将向后进地区 2 以扩张生产。与此类似，资本、劳动力、技术等要素将不断从地区 1 向地区 2、地区 3 转移。

与要素转移动态相对应，图 2-6(b)反映经济水平的总体增长过程。在第Ⅰ阶段，经济增长首先发生在先行地区，其他地区仍处于萌芽状态，地区 1 与整体经济水平增长曲线重合。第Ⅱ阶段，地区 1 的经济陷入停滞(其生产函数变为水平)，要素自由流动下，将促使地区 1 和地区 2 的整体增长，进而两地区经济增长函数的叠加，实现整体经济的跃升。以此类推，随着资源、资本、劳动力、技术的自由流动，整体经济由此在超长期中得以维持永续增长。值得注意的是，在这种永续增长中，伴随着经济地理(经济增长空间结构)的巨大变迁，承担经济增长重任的地区不断迁移，地区的兴起与衰落并存，正是在地区间的这种兴衰沉浮推动整体经济增长的步伐永续前进。

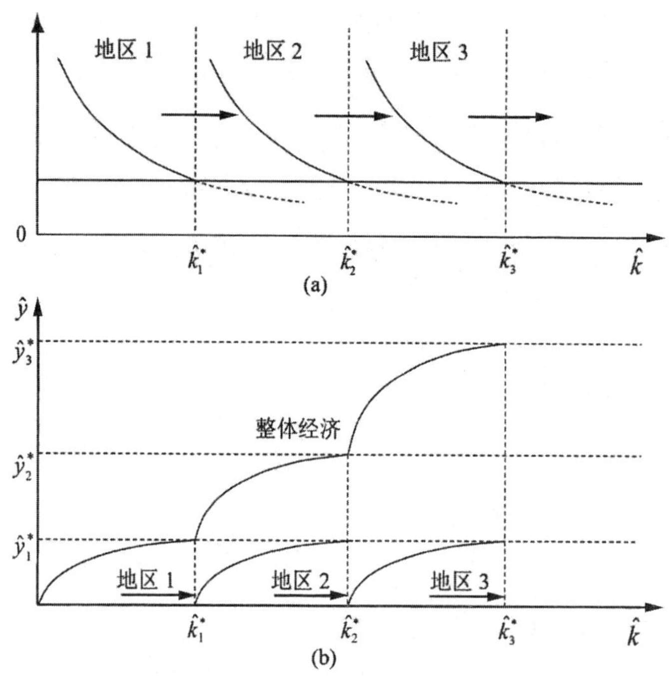

图 2-6 要素流动与经济增长

（二）制度变迁与模式趋同

资本、劳动力、资源、技术等要素投入的增加直接带来了经济的增长，而这些要素投入的增加模式不同，经济增长也将导致要素相对禀赋状况的变化，而这种增加模式便取决于制度安排。同时，在要素流动与模式趋同的分析中，我们假设要素通过某种机制顺利地诱发产业转移或技术进步，但是在现实中，这种机制往往被抑制，从而使要素流动受到阻碍。尽管假设要素收入差距能够顺利地诱发要素的空间流动，技术差距也能顺利诱发大规模技术模仿；但在现实中，这些诱发机制并非天然存在和顺畅的，鼓励或抑制上述诱发机制实现的最直接因素便是制度。

一般来说，一种好的制度可以形成诱致性技术进步的机制，从而能够保证经济实现内生的持续增长；而一种糟糕的制度这可能使诱致性技术进步机制失灵，从而使经济陷入某种“贫困陷阱”而难以自拔，除非存在某些外生的、偶然的因素导致资本密集度的“大推进”。可见，对于经济趋同来说，实行不同制度的地区将走上两种完全不同的发展路径，要么实现持续增长，要么陷入贫困陷阱，内生的机制将难以导致地区间经济的趋同。但是从长期来看，或者站在一个更长期的历史和一个竞争性的世界中观察，制度不再是固定的，而是动态的，处于变迁之中。竞争性世界中的经济地理格局将诱发地区间制度的优胜劣汰，一种制度可能在某种地区存在一时，甚至在较长时期内陷入锁定，但不可能在长期历史中得以维系。这种制度变迁的发生，将改变经济绩效，实现落后地区的经济增长，进而为区域经济趋同提供了可能。

制度变迁的目标和方向受制于人们已知的制度选择集，而制度选择集依赖于相应的社会科学知识。社会科学进步增加了社会对各种制度安排运作的指示，从而扩大了人们的制度选择集，增加了制度朝向正确方向变迁的可能性。制度变迁可能通过自身漫长的演化而形成，或者通过“干中学”形成，即在实践中不断摸索、试错，不断从过去的成败中汲取经验，但这都需要相对较长的时间。在开放经济下，后进地区可以直接通过引进、学习和吸收先进地区的已经被证实有效的制度安排，以扩大自己的制度选择集，付出较小的代价和较短的时间，从而使当地制度变迁获得成本上的后发优势，并使其经济以比发达地区更快的速度增长，实现经济的赶超和整体经济的趋同。

如图 2-7 所示，发达地区在先进的制度安排下，其经济发展水平较后进地区高，在封闭经济下将出现经济发展水平差距拉大的趋势。开放经济下，后进地区得以有机会学习和模仿先进地区的制度安排，进而实现生产水平大幅地从 e_1 跃升到 e_2，并实现经济的较快发展。这种模仿的新的制度安排具有一定的适用期，当这种制度红利消失后，后进地区的经济增长又将趋于缓慢。

而发达地区的制度安排仍然处于领先地位，这使得后进地区需要再次向发达地区进行制度模仿，进而推动后进地区经济增长再一次跃升。经过不断的制度模仿，进而形成制度趋同，将促使资源、资本、劳动力、技术等要素的配置效率达到与发达地区相近水平，实现区域经济发展的趋同。如 1978 年以后，中国实行改革开放，快速地从西方发达国家学习先进的管理制度，大大降低了制度变迁的成本，在较短时间内完成了西方世界历经数百年的制度变革，进而赢得了后发优势，推动了中国经济的快速增长。与美国相比，中国与美国 GDP 的比值由 1978 年的 8.39∶100 上升到 2014 年的 59.77∶100。

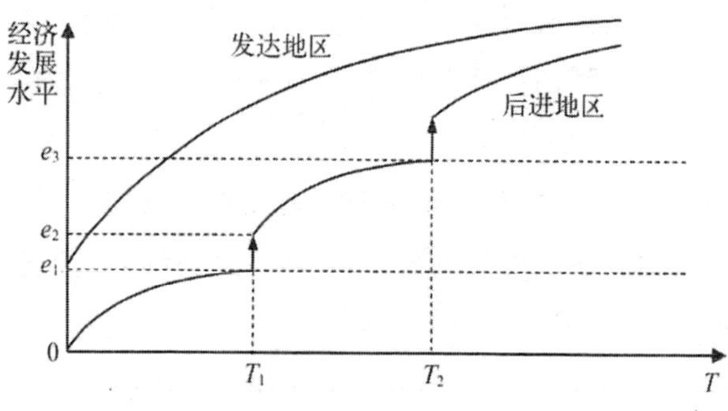

图 2-7　制度模仿与经济增长趋同

（三）关系变迁与模式趋同

区域经济发展模式的关系变迁主要反映在区域经济发展的内外生动力的演变上，在经济全球化背景下，全球价值链、全球商品连和全球生产网络对各地区经济发展的影响日益加深。全球化成为区域经济发展模式的关系变迁的最主要动力之一，而开放经济、统一市场的形成则是与全球化相伴随产生的。本书将全球化与模式趋同关系作为分析关系变迁与模式趋同机理的主要视角。

经济全球化实际上是资本逐利和不断增值的过程，在这个过程中，将实现资本主义生产方式和市场经济体制向全球扩张。随着交通通信技术的进步，生产要素流动的时空成本将大大降低，进而促使各种物质、信息、技术、人员等要素得以在全球范围内进行优化配置，使得区域经济差异的演变更为迅速和剧烈。同时，经济全球化扩大了要素流动的范围，使得要素能够在全球自由流动，寻求要素资源的最优配置；经济全球化下，生产要素进入领域也越来越宽，对生产要素的限制也逐步放开。区域经济发展模式的形成是多方面因素共同作用下的结果，而区域经济发展模式的特征主要是通过要素结构、制度特征、内外生关系表现出来的；全球化通过增强生产要素的流动性，使得各地区均有机会获得各种生产要素，市场经济、开放经济和全球化也有助于推动各地区的制度趋同，进而为区域经济发展模式的趋同创造了条件。

正如经济地理学一直在探讨全球化会造成区域差异的扩大与缩小相类似，

全球化对于区域经济发展模式的趋同与趋异也具有双重效应。经济全球化强化了全球性的要素流动，将促使经济发展在过去存在差异的不同地区均有可能迈入相同的生产方式、组织安排、技术周期，进而实现模式的趋同。可见，经济全球化具有一种均质化的作用，对区域经济发展的演化产生趋同效应。诚然，由于部分生产要素的流动性较差，甚至不可流动（如自然和人文环境），经济活动仍然存在着在特定地点聚集的现象，并使得集聚区域和非集聚区域的差距扩大；而不同地区参与经济全球化的时间也会不同，使得经济发展趋同进程也不一致。

由于经济全球化对区域经济发展需要通过劳动力、资本、技术、资源等要素的流动，以及市场经济、体制和制度、区域经济发展政策等才能发挥作用，关系变迁对于区域经济发展模式趋同的推动作用也依赖于要素流动、制度变迁。

（四）模式趋同动力机制总结

综上分析，在经济全球化日益加深及开放经济条件下，全国乃至世界统一市场的形成，要素得以自由流动；资本倾向于从发达地区向落后地区流动，而劳动力倾向于由落后地区向发达地区流动，两地资本价格与劳动价格趋于均等化，最终实现两地区资本与劳动力的一般均衡，进而通过要素的空间流动促使不同地区经济趋同。人员流动促使了观念与方法的融合，技术的空间扩散也将缩小地区之间的技术差距，并在一定程度上促进了地区间的经济趋同。开放经济下，各地区得以通过引进、学习和吸收其他地区的先进知识来扩大自己的制度选择集，相较于“干中学”可以付出较小的代价和时间。单一政策创新的边际效用递减促使地方政府间相互学习与借鉴，进而加深了各地区之间的制度模仿，形成制度上的趋同，而这种制度趋同又进一步加深了要素之间的流动。同时，国家对于地区协调发展、官员之间的交换与流动也是促使各模式之间趋同的重要因素。可见，在要素流动、制度模仿、关系变迁的共同推动下，区域经济发展模式得以在演化中不断趋同（图 2-8）。

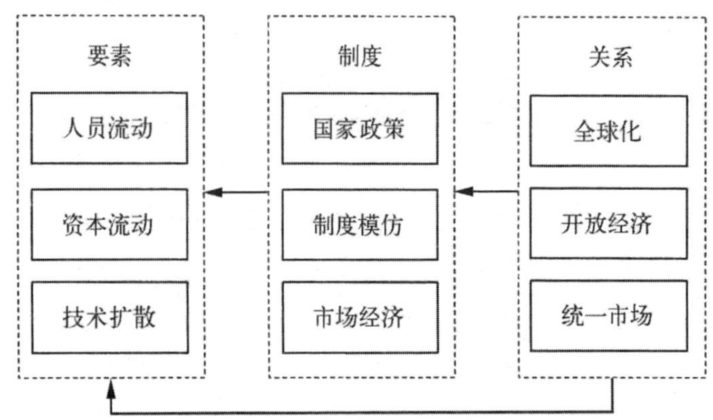

图 2-8　区域经济发展模式趋同演化的动力机制

第二节　中国区域经济发展模式的演化路径

对于区域经济发展模式的空间划分有着若干标准，如按照社会文化、自然环境条件等。中国经济发展地区差异巨大，学术界往往将中国划分为若干经济地带，具体来说有“一线、二线、三线”“沿海、内地、边疆”“东部、中部、西部三大经济地带”等，但将中国分为东中西三大经济地带最为学术界所认可。三大经济地带的划分既符合中国区域差异的经济地理理论基础，也符合中国经济发展水平差异、开发开放时序等现实情况，有助于充分发挥各经济地带的优势，进行科学的地域分工，实现生产合理布局和社会经济的协调发展。为此，本节从东中西三大经济地带的角度对中国各区域经济发展模式的演变进行分类探讨。

一、三维结构下的中国区域经济发展模式演化路径

（一）东部地区各区域经济发展模式的演变

本书中，东部地区的经济发展模式包括泉州、东营、天津、大连、青岛、上海、金华、温州、深圳、东莞、苏州 11 种。1987 年以来，在三维结构下，各种模式也在不断发生演变（图 2-9）。

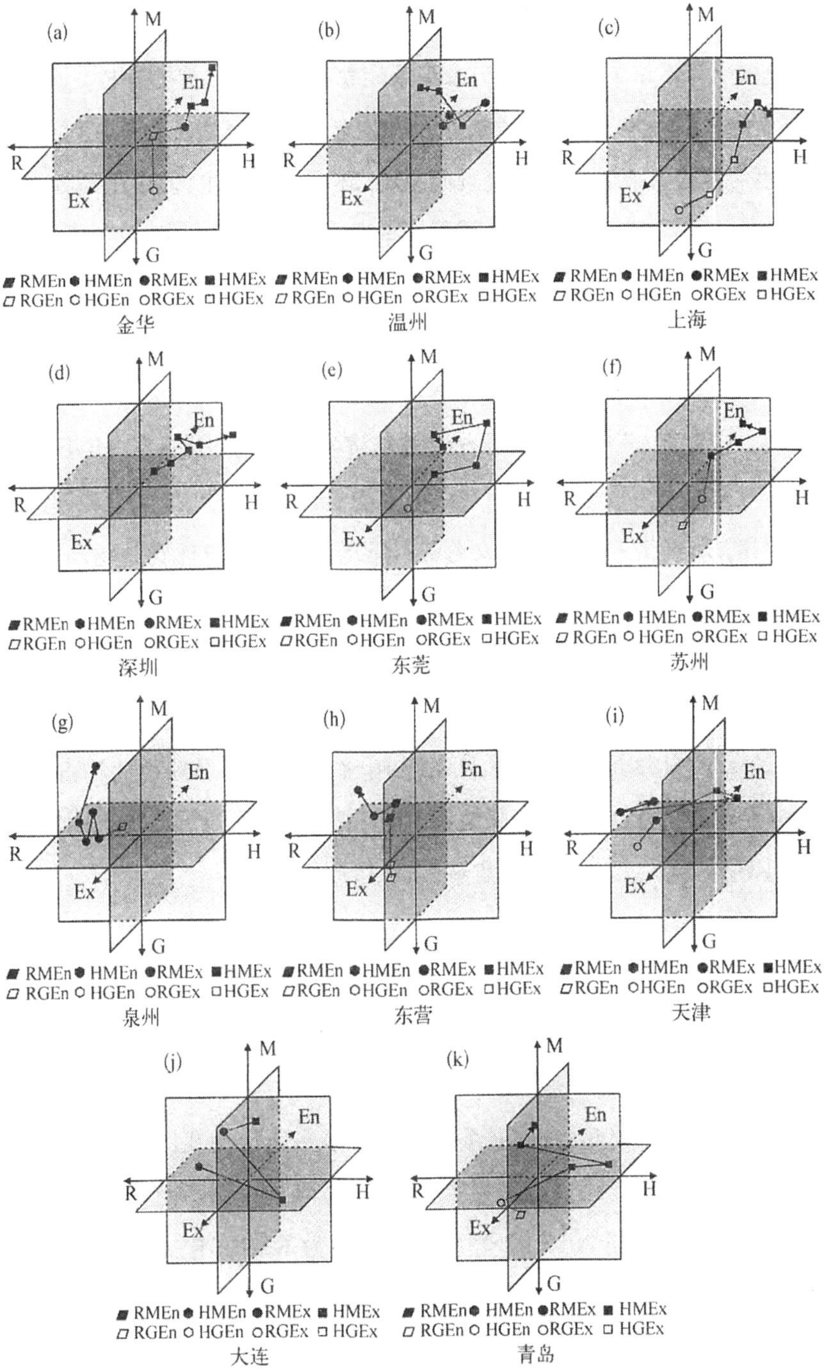

(a)
M En H G Ex R
RMEn HMEn RMEx HMEx
RGEn HGEn RGEx HGEx
金华

(b)
M En H G Ex R
RMEn HMEn RMEx HMEx
RGEn HGEn RGEx HGEx
温州

(c)
M En H G Ex R
RMEn HMEn RMEx HMEx
RGEn HGEn RGEx HGEx
上海

(d)
M En H G Ex R
RMEn HMEn RMEx HMEx
RGEn HGEn RGEx HGEx
深圳

(e)
M En H G Ex R
RMEn HMEn RMEx HMEx
RGEn HGEn RGEx HGEx
东莞

(f)
M En H G Ex R
RMEn HMEn RMEx HMEx
RGEn HGEn RGEx HGEx
苏州

(g)
M En H G Ex R
RMEn HMEn RMEx HMEx
RGEn HGEn RGEx HGEx
泉州

(h)
M En H G Ex R
RMEn HMEn RMEx HMEx
RGEn HGEn RGEx HGEx
东营

(i)
M En H G Ex R
RMEn HMEn RMEx HMEx
RGEn HGEn RGEx HGEx
天津

(j)
M En H G Ex R
RMEn HMEn RMEx HMEx
RGEn HGEn RGEx HGEx
大连

(k)
M En H G Ex R
RMEn HMEn RMEx HMEx
RGEn HGEn RGEx HGEx
青岛

图 2-9　东部各区域经济发展模式的类型划分及动态变化

1987—2012年，各模式总体上在由“资源—政府—内生型模式”（简称RGEn模式）向“人力资本—市场—外生型模式”（简称HMEx模式）演变。其中，泉州、东营、青岛、苏州在1987年为RGEn模式，即在要素维度上以传统资源型为主，在制度维度上政府对经济发展起着主要推动作用，在关系维度上内生型占据主导。由于该时期是改革开放初期，对外开放程度相对较低，市场经济体制尚未建立，产权制度改革、所有制改革尚未有效启动，因而经济发展的资金来源主要为国有资金，国有、集体经济在国民经济中占据主导地位；由于技术水平、创新水平、人口素质相对较低，经济发展主要依赖于传统自然资源的开发利用，经济发展水平相对较低。而天津、上海、东莞尽管在要素维度和制度维度上也以传统资源驱动、政府导向为主，但由于地处沿海地区，经济对外联系相对较强，对外贸易比重高于其他地区，因而在关系维度上，外生型开始占据了主导。深圳依托经济特区的地理位置、政策条件等优势，于1987年便进入了HGEx模式，这也反映了深圳作为中国改革开放的先行区的特征。

到了2012年，东部地区大部分区域经济发展模式均进入了HGEx模式，包括大连、青岛、上海、金华、温州、深圳、东莞、苏州等，这些地区是我国经济最为发达的地区，经济发展依赖于人力资本驱动而非传统自然资源驱动，依赖于市场经济体制而非政府行为，外生型模式而非内生型模式，充分体现了东部地区经济发展水平、对外开放程度、市场化程度较高的特征。而天津、泉州、东营则仍然依赖于传统自然资源驱动，为RGEx模式。其中，天津、东营主要依靠能源资源、矿产资源等，这些地区石化产业、金属冶炼及延伸产业均占据主导地位，由于靠近北方能源，矿产基地、工业重型化明显。与天津等不同的是，泉州也是RGEx模式，但主要依赖皮革、纺织等原材料。

（二）三维结构下中部地区各区域经济发展模式的演变

以鄂尔多斯、长沙为例。鄂尔多斯1997年为RGEn模式，即经济发展依赖自然资源，政府在经济发展中占主导作用，市场化程度较低，对外联系较弱。鄂尔多斯作为我国能源供应基地，21世纪以前经济发展十分落后，近年来依靠“羊煤土气”四种自然资源实现了经济的超高速发展；到2012年，经济发展模式为RMEn模式。与1997年相比，市场化程度有所提高，这主要得益于资源采掘与加工业产生的大量民间资本以及外地社会资本大量涌入，形成了盛极一时的

"炒房热"，2012年社会投资占固定资产投资总额的85.86%，但非公有工业企业总产值仍低于其他地市，仅为66.79%。在关系维度上，仅在21世纪初资源大量出口时期，经济发展依赖于全球化，但2001年对外贸易额先是出现缓慢增长，然后波动下降，致使2004年以后，便回到内生型模式；2012年鄂尔多斯对外贸易总额仅为4.2亿美元，较上年下降了32.89%，甚至低于2001年的水平。在要素维度上，鄂尔多斯一直呈现资源驱动型模式的特征，这也反映了鄂尔多斯模式经济发展依赖自然资源的显著特点。

1992年.长沙为HMEx模式，但在要素、关系、制度三个维度上的显著性均不高，其中人力资本维度仅为0.9、制度维度仅为1.2，即初步进入HMEx模式，随后一直长期保持在HMEx模式，且得分不断提升；但2009年以后，长沙对外贸易依存度开始下降，产品主要供应国内市场，呈现内生型特征。长沙作为长株潭模式的代表城市，以"两型社会"为主要特征。鄂尔多斯、长沙在三维结构下区域经济发展模式演变见图2-10、表2-1。

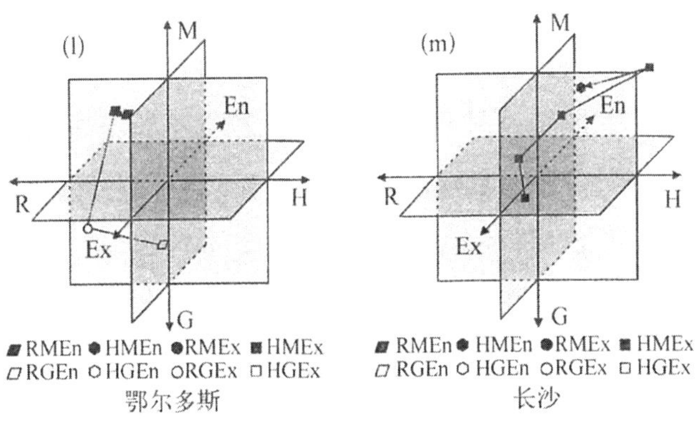

图2-10　中部各区域经济发展模式的类型划分及动态变化

表2-1　三维结构下中部地区各区域经济发展模式的演变

年份 / 地区	1992	1997	2002	2007	2012
鄂尔多斯	—	—	RGEn	RGEx	RMEn
长沙	—	HMEx	HMEx	HMEx	HMEx

(三)三维结构下西部地区各区域经济发展模式的演变

本书中,西部地区的经济发展模式包括重庆、贵阳、西安三种,尽管三种模式的时间节点不同,但无一例外地均起步于RGEn模式,反映了西部地区经济发展的资源依赖型、政府导向型、内生型的特征。由于深居内陆,经济发展的外向度较低,外部资金、技术流入较少,具有"自给自足"的特点。同时,这三个地区也是三线建设的重点,国有企业占比较大,市场经济不发达,在制度维度上也表现出政府导向型的特征。例如,1987年、1992年、1997年,西安、贵阳、重庆的社会投资占全社会固定资产投资的比重仅分别为26.40%、14.20%、63.45%,远低于同时期东部地区平均水平;国有和集体工业总产值比重分别为99.62%、81.36%、69.26%,高于同时期东部地区平均水平。这三个地区表现为资源驱动型,既有发展阶段的原因,即工业化水平相对较低;也有资源禀赋的因素,即西部地区资源富集,尤其是能源、矿产资源丰富,在经济发展过程中,会不由自主地走上资源驱动型发展模式。2007年,重庆和西安进入了HMEx模式,实现了由资源驱动型向人力资本驱动型转型、由内生型向外生型转型、由政府导向型向市场导向型转型,这反映了重庆、西安经济发展水平快速提升,对外联系日益紧密、市场化程度不断提高的现实,也反映了重庆作为"内陆开放型经济发展模式"和西安"科技与经济融合的经济发展模式"的特征。但贵阳仍然为资源驱动型,反映了贵阳产业结构相对较为低端、经济发展水平相对滞后的特点,以及地处"西南煤海"和金属矿产富集的地理环境条件。重庆、贵阳、西安在三维结构下区域经济发展模式演变见表2-2、图2-11。

表2-2 三维结构下西部地区各区域经济发展模式的演变

地区＼年份	1987	1992	1997	2002	2007	2012
重庆	—	—	RGEn	HGEn	HMEx	HMEx
贵阳	—	RGEn	RGEx	RGEx	RMEx	RMEx
西安	RGEn	RGEx	HGEx	HGEx	HMEx	HMEx

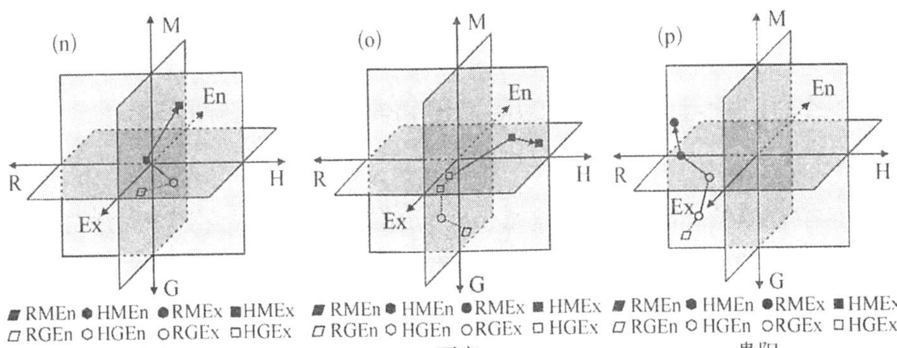

图 2-11 西部各区域经济发展模式的类型划分及动态变化

通过对三维结构下中国 16 种典型模式在 1987—2012 年的演变分析发现，中国区域经济发展模式总体上由资源—政府—内生型模式、人力资本—政府—内生型模式、资源—政府—外生型模式等多种模式向人力资本—市场—外生型模式演变，即以资源驱动型、政府主导型、内生型的经济发展模式向人力资本驱动型、市场主导型和外生型演变，进而呈现出经过多样化的演化过程之后，向着共同的目标演化，表现出较强的模式趋同的特征。

外生型特征也反映了经济全球化日益加深的今天，中国区域经济发展模式也逐步融入市场。市场经济有利于资源要素的优化配置，市场化特征反映了我国不断深化经济体制改革、建立中国特色的社会主义市场经济体制的要求。而科技化则反映中国逐步改变以前依赖传统资源投入，向依赖信息、科技、制度创新转变，实现向创新驱动经济发展的转型。

这在一定程度上反映中国各区域经济发展模式经过多样化的发展和演化过程，在走上趋同的道路。但这种转变并不是一帆风顺的，其间伴随着各种起伏。例如，1997—2012 年，大连在要素维度上呈现不断反复的演进过程；而天津则在 2007 年以后从人力资本驱动型回落到资源驱动型模式；长沙也从外生型模式回到内生型模式。这种演进过程既受路径依赖的影响，如天津因靠近煤炭产区，经济发展表现为较强的资源驱动型模式；也受到外部冲击的影响，如金融危机下国外需求减弱，使长沙转变为内生型模式。鄂尔多斯因国内其他城市对能源资源的强烈需求，使得资源产品由外销转为内销。

二、路径依赖与路径创造的区域经济发展模式演化隐喻

依据路径依赖理论，一种区域经济发展模式的形成是在内生与外生力量共同作用下形成的，随着经济发展初始条件和外部环境的变化，各模式会出现不适应性，而面临突破和转变的必要性。但受原有的制度、要素结构等的影响，区域经济发展模式容易陷入路径锁定。正如经过改革开放初期，社会生产力得到了极大解放，但此时计划经济体制仍然占据主导，经济发展所依赖的技术水平仍然较低，使得在1980年代后期1990年代初期，中国社会经济陷入经济体制固化、产业结构恶化、经济效率下降等。1988—1992年，社会投资比重和产业结构比下降，具有典型的路径锁定的特征。

邓小平“南方谈话”以及中共十四大开启了中国经济体制的制度变迁。“南方谈话”破除了中国制度创新的意识形态障碍，进而成功地打破了“认知锁定”，中共十四大确立的市场经济体制及十五大提出推进现代企业制度建设，打破了“政治锁定”，保证了制度创新的供给基础，随后中国人力资本驱动型产业和社会投资占比大幅提升，使得中国经济依赖自身主观能动性实现了经济发展的路径创造演进，尤其表现为要素创造、制度创造。

2001年加入WTO，使得中国更充分地参与全球资源配置，实现了区域经济发展的关系创造。近年来，受全球劳动地域分工规律的影响，低成本、低技术、高消耗的工业部门快速向中国集聚；而长期以来中国经济增长对资源有着强烈的依赖，这些不利因素的出现也使中国资源型产业快速发展，再次陷入了“要素锁定”。金融危机对中国区域经济发展形成了巨大的冲击，这表面上是源于外部需求萎缩导致的出口大幅下降，实质上则是区域经济发展面临的内外部因素变化共同作用的结果。中国经济发展长期依赖于劳动、资源等要素的大量投入，而金融危机对这些产业形成了破坏性创造，尽管在开放度上大幅下降，但资源型产业比重却有所上升。2003年以来，产业结构比也呈现出振荡的变化。中国目前仍未完全走出“要素锁定”，除了依赖外部冲击外，还需要依靠内生创新，实现转型发展。可见，路径依赖与路径创造共同作用下，中国区域经济发展模式总是在陷入锁定与打破锁定之间波动，进而实现区域经济发展模式的螺旋式演进与递进创新。

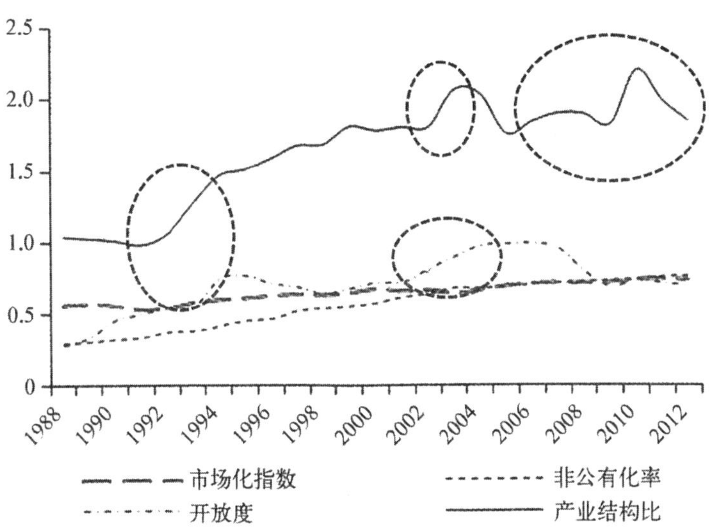

图 2-12 各区域经济发展模式在各维度的演进

由图 2-12 可知,在要素维度上,当前各模式总体上已经由资源驱动型向人力资本驱动型转变,但泉州、东营、天津、鄂尔多斯、贵阳等仍然为资源驱动型模式。究其原因,除泉州以外的其他地区均靠近能源资源富集区,使得这些地区经济发展形成了对资源的路径依赖;而泉州长期以来制鞋、皮革加工占据经济部门的主导,形成了对资源的强烈依赖,使经济部门锁定在资源驱动型模式中。

中国各地方政府长期实施以降低生产要素价格来吸引加工贸易型企业入驻的制度供给手段,这导致错失技术升级的机会,也导致土地建设失控、产出效益低下、环境污染恶化等问题。例如,东莞模式过度倚重"三来一补"、出口加工,使其在金融危机下受到重创;相反,深圳与东莞原本同属于珠江模式的典型代表,深圳则在外部技术转移和内生创新的作用下实现了与东莞模式的分离,走上了以科技创新、金融服务等为主导的经济发展模式。2008—2012 年,深圳的产业结构比由 4.61 上升到 6.56,人力资本驱动型产业占据了绝对主导。据美国科技研究机构 ABI 的报告,截至 2013 年年底,深圳 PCT 国际专利申请量连续 10 年居全国首位,约占全国总申请量的一半,而深圳的发展也不再仅仅依靠工厂、劳动力、特区政策,而是依靠技术创新、本土完善的硬件生态圈。

在制度维度上,1992 年以后,中国市场经济体制改革和产权制度改革加快。到 2007 年,各模式均实现了从政府主导型模式向市场主导型模式的转变,这反映出中国各区域经济发展模式总体上正逐步破除“政治锁定”，依靠制度改革与创新实现制度领域的路径创造。但长期以来受政府主导型模式的影响，上海在反映制度创新的社会投资比重和非公有化率两项指标上均出现下降，分别由2007年的0.65和0.66下降到0.59和0.63；大连、长沙、西安等在社会投资比重上也出现不同程度的下降，这反映出这些地区仍需要深化制度创新，在制度维度上有走上“B1/B3→C3”路径的可能。在关系维度上，受地理位置的路径锁定，东部地区更加倾向于走外生型模式，而中西部地区在从内生型向外生型转换中也慢于东部地区。在内外生模式转换中，改革开放初期、加入WTO后这两个时间段呈现出明显的突变，反映出外部环境变化对区域经济发展模式演化路径创造的作用。

第三节　各区域经济发展模式在不同维度的趋同演化

区域经济发展模式的演化主要表现在要素、制度、关系三个维度，对于区域经济发展模式的趋同性也应从这三个维度进行测量。*Theil* 指数在分析组内差异和组间差异，尤其是区域经济差异分析中得到广泛运用。这里也运用 *Theil* 指数作为各区域经济发展模式在不同维度的趋同性的衡量指标，公式为：

$$T = \frac{1}{n}\sum_{n=1}^{n}\frac{yi}{\bar{y}}\log\left(\frac{yi}{\bar{y}}\right)$$

T 为 Theil 指数，$\bar{y}$ 为各研究区域该指标的平均值，yi 为第 i 个区域的特征值。其中，*sys T* 为制度的趋同系数，采用社会投资比重（*inv T*）和非公有工业总产值比重（*non-pub T*）的平均值. *open T* 为关系维度的趋同系数，*ind T* 为要素维度的趋同系数。从图 2-13 可见，sys *T*、*open T*、*ind T* 均出现了不同程度的趋同性，反映出各模式在三个维度均表现出趋同特征。其中，*open T* 较其他指标高，是由于深圳、东莞的开放度远高于其他地区，使得 *Theil* 指数也相对较高所致，但随着其他地区开放度的不断上升，*open T* 迅速缩小。

从要素维度上看，*ind T* 具有较强的波动性。如 2002 年以后中国经济高速增长对资源依赖程度的增加使得资源型产业比重有所上升，导致 *ind T* 从 2002 年的 0.1239 上升到 2010 年的 0.18；但在研究时段内，*ind T* 总体上处于下降趋势，从 1987 年的 0.1998 下降到 2012 年的 0.1429，反映出中国各种模式的产业结构总体上由资源驱动型向人力资本驱动型转变。

从制度维度上看，由于地理区位、国家政策等多种因素的影响，中国各区域经济发展模式在市场化改革方面存在较大差异。深圳、东莞等因改革开放带来的外资进入，市场化进程较快，温州模式则因民间资本活跃也走在了市场化的前列；而西安、重庆、贵阳等则因经济较为封闭、社会资本不发达、企业所有制改革较慢等，政府在经济发展中长期占据主导地位。但从制度创新的总体趋势上看，反映市场化程度的社会投资比重以及反映所有制结构的非公有化率两项指标均呈现较强的趋同特征，各地区均呈现从政府主导型向市场主导型演变的趋势，*inv T* 和 *non-pubT* 分别从 1987 年的0.187和 0.0764 下降到 2012 年的 0.0021和 0.0079，进而 *sys T* 也从 1987 年的 0.0476 下降到 2012 年的 0.005，制度趋同特征明显。

从关系维度上看，呈现明显的梯次推进的特征。改革开放初期，东部地区因改革开放提供参与经济全球化的制度环境，经济发展深受外生力量影响；但苏南模式、温州模式则走的是内生型经济发展模式，经济发展依靠本地生产要素与国内市场。1990 年代后期，苏州、温州以及中西部大部分地区均表现出明显的外生型模式特征，外生型模式逐渐占据主导，反映内外生关系的 *open T* 从 1987 年的 0.4587 下降到 2012 年的 0.1807。

从不同维度上看，反映区域经济发展模式特征的 4 个指标呈现不同程度的趋同性，这在总体上反映出中国 16 种典型模式逐渐趋同(图 2-13)。

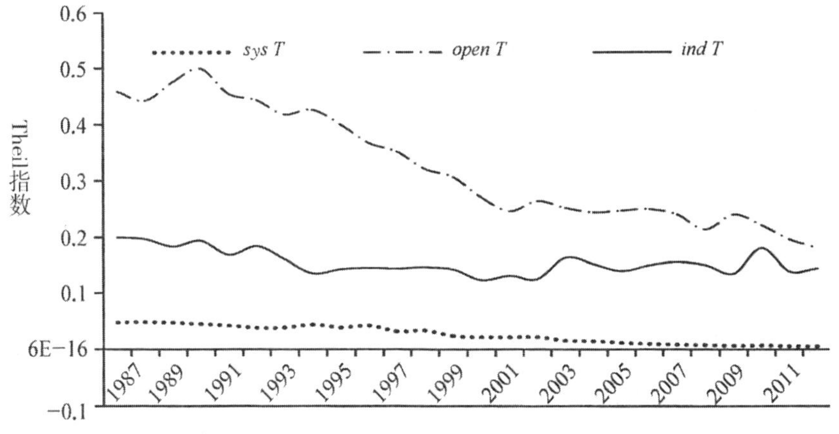

图 2-13　各区域经济发展模式不同维度的趋同

第四节 各区域经济发展模式的空间趋同演化

区域经济模式的演变存在一定的空间差异，这里将对其做进一步分析。由于中西部选取的样本数较少，这里将中西部归为一类，东部为一类，进而分析东中西部区域经济发展模式演变存在的差异。总体上看，东部地区与中西部地区之间，区域经济发展模式存在不断趋同的演变轨迹。

区域经济发展模式的空间趋同是指不同地域空间的各模式之间逐渐趋同或差异缩小的现象。借鉴俱乐部趋同的部分思想，分别分析各模式东中西部之间的趋同性。通过将东部地区与中西部地区各指标求得平均值，再分析东部与中西部各指标的趋同性。总体上，除 *open T* 以外，*inv T*、*non-pub T*、*ind T* 均出现较大幅度的下降(图 2-14)，这反映出三大地带，即东中西部的各模式也呈现较大的趋同性。而 *open T* 呈现倒“U”形特征，反映在前期东部地区依托其优越的区位条件，经济外向度大幅领先于中西部地区，具有一定的俱乐部趋同的特征；而 2005 年以后，*open T* 逐渐缩小，说明东中西部的开放度出现趋同。

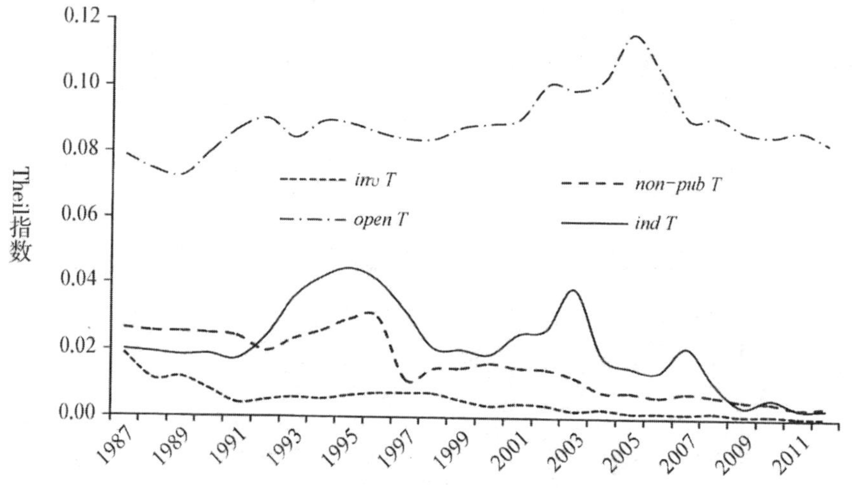

图 2-14 区域经济发展模式的东中西部空间趋同

从总体上看，东部地区与中西部地区之间，区域经济发展模式存在不断趋同的演变轨迹(表 2-3)。从要素维度上看，总体上东部地区以资源驱动型为主的模式在不同时期均少于中西部地区。在本书的三个研究时段中，东部地区资源驱动型模式分别占60%、22.7%、31.8%，而中西部地区则分别为75%、50%、40%；东中西部地区总体上均处于不断下降的趋势，而2002年以后，由于天津等由“人力资本—市场—外生型”模式变为“资源—市场—外生型”模式，使得东部地区资源驱动型模式有所上升。从制度维度上看，1987—1992年，东部地区政府主导型模式占70%，中西部占75%，两者差异不大。1997—2002年，东中西部则开始出现了分化，东部地区几乎全部进入市场主导型模式，占95.5%，仅有政府力量强势的上海仍处于政府主导型模式，而中西部大部分仍处于政府主导型模式，占总数的80%，仅有长沙为市场主导型的模式。随着市场经济体制逐步深化，市场力量在经济发展中的作用也越来越强，2007—2012年，东中西部所有地区均进入了市场主导型经济发展模式。从关系维度上看，东部地区外生型模式所占比重也高于中西部地区。在三个研究时段中，东部地区外生型经济发展模式所占比重分别为50%、86.4%、100%，2007年以后，所有地区外生型均占据了绝对主导地位；而中西部在三个时段中的比重分别为50%、70%、70%，可见，东部地区在经济外生化方面总体上领先于中西部地区。

表2-3 三维结构下各区域经济发展模式的空间分异 单位：%

模式	东部地区			中西部地区		
	1987—1992年	1997—2002年	2007—2012年	1987—1992年	1997—2002年	2007—2012年
资源—政府—内生型	30	0	0	50	20	0
资源—政府—外生型	25	0	0	25	30	0
人力资本—政府—内生型	10	0	0	0	10	0
人力资本—政府—外生型	5	4.5	0	0	20	0
资源—市场—内生型	0	9.1	0	0	0	20
资源—市场外生型	5	13.6	31.8	0	0	20
人力资本—市场—内生型	10	4.5	0	0	0	10
人力资本—市场—外生型	15	68.2	68.2	25	20	50

从三维结构下的区域经济发展模式演变分析可看出,1992 年以前,占据主导地位的是资源—政府—内生型、资源—政府—外生型模式,即资源驱动、政府主导、内生型特征明显。而 1997—2002 年,东部地区人力资本—市场—外生型模式占据了主导地位,而中西部地区仍主要为资源—政府—内生型、资源—政府—外生型和人力资本—政府—外生型等模式,东部地区在产业结构高级化、市场化、经济全球化方面领先于中西部地区。随着东部地区向中西部地区的产业转移、技术扩散加快,中西部地区人力资本驱动模式占据了主导地位;而交通通信和信息技术进步使得中国各地区经济成为更加紧密的整体,市场经济体制、经济全球化对中国各地区的影响全面深化,以至于 2007 年以后,东部地区与中西部地区人力资本—市场—外生型模式均占据了主导地位。以上分析反映中国区域经济发展模式呈现出“由异到同”的演化趋势,随着市场经济体制的建立以及非均衡发展战略效果的显现,中国各区域之间的联系逐渐加强,各种模式的相互学习、融合加深,不同空间上的区域经济发展模式呈现“模式趋同”特征。

第五节　各区域经济发展模式的阶段趋同演化

一、经济发展阶段划分的几点说明

(一)经济发展阶段划分方法

经济发展阶段是各种要素在一定时点上发展程度的总和。对于经济发展阶段划分,单纯依靠单一指标会因为产业结构、环境水平等造成较大的偏差。为此,需要从多个角度对区域经济发展阶段进行综合评判。

对于经济发展阶段综合评判,国内外许多学者采取了多种方法对发展阶段进行划分。其划分方法大致分为两种。一是绝对指标划分方法,即依据世界经济发展标准对个地区经济发展阶段定位。该方法对于各地区经济发展阶段的时空比较较为适用。二是相对划分。这种方法主要针对一定国家或地区时间上的演变,以及针对单个时间节点的不同地区进行横向比较。严格地讲,这种划分属于类别划分,而不是阶段划分,其典型划分方法为聚类统计方法。不同分类下的经济发展阶段也仅适用于评价者所选取的样本，对于这些地区相当于世界标准经济发展阶段的哪个阶段却难以做出回答，因而也难以制定有针对性的经济发展战略与政策。尽管有诸多学者通过建立指标体系对不同地区经济发展阶段做出看似合理的划分，并运用模糊综合评价、层次分析法、熵值法、Topsis 法等对经济发展阶段做出划分，但随着指标选择的不同、评价方法不同、样本选择不同，其结果也会相差甚远。

此外，相对划分中，综合指数达到多少为后工业化阶段、工业化后期阶段、工业化中期阶段等，每个学者的观点均不一样，也会因为样本、方法、指标选择的不同而不同。宋雪清(1993)、梁炜(2009)依据时间序列数据和 Fisher 最优分割法对经济发展阶段做出划分，这种方法有一定合理性，即经济发展阶段指数的拐点表明该地区经济发展水平提升速度的加快或者趋于稳定，这与诺瑟姆城镇化阶段划分有异曲同工之处，但这种划分方法只适用于单个对象的阶段划分，对于多个地区多个时间的截面资料则难以适用。刘再兴(1993 年)以全国平均值为参照，高于全国平均值 30%的为经济成熟区，高于全国平均值 30%以内并低于全国平均值 20%以内的为经济成长区，低于全国平均值 20%以上的为不发展区，这种划分标准会随着时间的推移、样本的变化而变化，其对于划分一定时期内全国经济发展水平差异具有适用性，但对于时空分析与比较则难以适用。

可见，简单地用定量模型对区域经济发展阶段做出相对阶段的划分，既不符合区域经济发展阶段本身的内涵，也难以适用推广。因此，可以通过搜集大量样本进行聚类分析，进而对评价样本进行判别分析，得出相应的经济发展阶段，但这种方法工作量十分巨大(吕光明，2002)，在操作中具有一定难度。另外，从区域经济发展阶段的本质内涵出发，选取并参照世界具有较大影响力的指标，确定判别经济发展阶段的标准值，进而将评价对象与标准值进行对比，通过数理比较与定性判别的方法对经济发展阶段做出合理的划分。

在定量化盛行的今天，对于经济发展阶段的划分，这种具有较强标准性的判别可能会因为指标、样本、方法选择的不同造成结果的较大差异。经过综合考虑，本书从经济发展与经济发展阶段本质内涵出发，提出经济发展阶段划分需要考虑的几个领域，选取国内外得到较为广泛认可的指标及标准，将评价对象与样本进行对比，进而对各区域经济发展阶段做出判别。

(二)阶段说明

对于经济发展阶段的划分类型多样,国外经济学家钱纳里、库兹涅茨、赛尔奎等人通过对几十、上百个国家的数据进行实证分析,得出经济发展阶段的经验性判断(冯飞、王晓明、王金照,2012);其中最具代表的是钱纳里、赛尔奎、贝尔的方法,他们将经济发展阶段划分为前工业化、工业化、后工业化三个阶段,这种划分方法符合经济发展一般规律,并成为经济发展阶段划分的经典理论。对于区域经济发展模式,曾刚等将经济发展模式归纳为原始经济模式、传统经济模式、工业经济模式、石油化学经济模式(2008),随后又提出了生态文明模式(2009)。其中,原始经济模式主要是指人类文明开始的起步阶段,一方面这是人类发展模式角度的划分;另一方面,时间跨度往往上千年,所以这不属于本书探讨的范畴。而工业经济模式与石油化学经济模式基本上反映了工业化初期、工业化中期与工业化后期的不同模式,生态文明模式则主要是指后工业化阶段。可见,将经济发展阶段划分为前工业化阶段、工业化阶段初期阶段、工业化中期阶段、工业化后期阶段、后工业化阶段,有助于从时间尺度上反映区域经济发展模式的演变。

二、经济发展阶段评价指标体系

(一)指标选取依据

指标通常可以分为定类指标、定序指标、定距指标和定比指标,经济发展阶段本身就是反应不同国家或地区之间经济发展程度的差异,采用定类指标有助于发展阶段分类,而定比指标具有分类、排序和测量差异的功能,定比指标也便于区际比较,本书主要采取定比指标与定类指标的结合。同时,按照指标作用还可以分为总量指标、相对指标和平均指标等;由于研究对象、数据来源的不同,使得总量指标下的结果也会发生较大的差异,也不易于说明区域差异。而相对指标和平均指标能消除总体范围的不同带来的差异,便于不同地区的比较,为此,本书主要采取相对指标和平均指标。通过对区域经济发展相关理论的分析可看出,对于经济发展的衡量应该从多个维度进行衡量,即经济发展包括经济总量上升、经济结构优化、制度水平创新等。

(二)指标筛选

本书从经济发展阶段的内涵出发,在《中国工业化进程报告(1995—2015)》(2017年版)(以下简称《报告》)的基础上,参考相关研究,构建区域经济发展阶段划分指标,包含总量水平、结构水平、城乡结构、创新水平四个领域,各领域选择其典型指标,包含人均GDP、三次产业结构、人口城镇化率、R&D经费占GDP比重四个指标。与《报告》相比,本书剔除了就业比重和城镇化率两项指标。由于较多专家认为该指标与三次产业比重有一定关联,为了减小指标之间的共线性,本书将该指标舍去。其中,人均GDP是划分经济发展阶段最常用也是最经典的指标,反映了一国经济发展的福祉水平。产业结构遵循着农业轻纺工业—基础工业—重加工工业—服务业,从低级向高级演进的规律,是经济发展的客观要求。可见,产业结构也是衡量经济发展阶段的重要指标。人口城镇化率衡量了经济发展的城乡结构水平,而R&D经费占GDP比重则反映经济发展的创新水平。指标体系如表2-4所示。

表2-4 经济发展阶段评价指标体系

总体层	系统层	状态层	要素层
经济发展	总量水平 结构水平	总量水平 产业结构	人均GDP 三次产业结构
阶段指数	城乡结构 创新水平	研发水平	人口城镇化率 R&D经费占GDP比重

三、经济发展阶段计算方法

(一)经济发展阶段判断标志值

《报告》提出工业化不同阶段在人均GDP、三次产业增加值结构和城镇化率上的标志值。魏进平(2008)通过梳理OECD等组织所提出的标准,从区域创新系统的角度讲经济发展阶段划分为要素驱动、质量驱动、创新驱动、网络驱动四个阶段。其中,网络驱动阶段则基本上反映了后工业化阶段的特征,魏进平对R&D占GDP比重在各阶段的标准进行了归纳。综合借鉴以上研究成果,本书提出各指标在不同经济发展阶段的标志值(表2-5)。

表 2-5　区域经济发展阶段判断的标志值

基本指标	传统经济阶段	工业化阶段			后工业化阶段
		工业化初期	工业化中期	工业化后期	
人均 GDP (1)1987 年美元 (2)1992 年美元 (3)1997 年美元 (4)2002 年美元 (5)2007 年美元 (6)2012 年美元	1 020 以下 1 140 以下 1 260 以下 1 360 以下 1 570 以下 1 690 以下	1 020～2 110 1 140～2 310 1 260～2 520 1 360～2 730 1 570～3 140 1 690～3 410	2 110～4 150 2 310～4 600 2 520～5 040 2 730～5 460 3 140～6 340 3 410～6 760	4 150～7 820 4 600～8 600 5 040～9 450 5 460～10 200 6 340～11 800 6 760～13 100	7 820 以上 8 600 以上 9 450 以上 10 200 以上 11 800 以上 13100 以上
三次产业比重	A>I	A > 20%, A<I	A<20%,I >S	A<10%, I>S	A<10%, I<S
城镇化率	20%以下	20%～35%	35%～40%	40%～50%	50%以上
R&D 经费占 GDP 比重	0.2%以下	0.2%～ 0.4%	0.4%～ 0.6%	0.6%～ 1.5%	1.5%以上

由于《报告》中提出的人均 GDP 标志值与本书的时间节点不完全一致，对此本书在其基础上根据美国经济研究局网站数据获得的 GDP 折算系数计算出其余年份的人均 GDP 标志值。由于该标志值是基于美元基础上的标准，为此需要将各地区的人均 GDP 换算为以美元衡量的 GDP。学术界和国际机构等通常采用两种方法衡量不同国家的 GDP 和人均 GDP。一种是以一国美元衡量的汇率，直接将该国人均 GDP 折算为当年价美元；另一种是购买力平价法，即根据一国与美国不同的价格水平计算出货币之间的等值系数，以此为基础将该国的人均 GDP 折算为以美元衡量。这里采用汇率—平价法，汇率来自《中国统计年鉴(2017)》中公布的年平均汇率，平价指数采用杨宇、刘毅、齐元静(2012)的研究结果。

此外，《报告》中提出的人口城镇化标准以常住人口统计，而由于统计口径问题，地市级常住人口城镇化率数据难以获取，对此本书拟对该标准进行修正，以符合本书的研究。中国 2010 年常住人口城镇化率为 49.95%，而户籍人口城镇化率为 34.17%，两者的比值为 68.41∶100，进而本书尝试通过该系数对《报告》中的标准进行修正。考虑到划分标准的表现形式，本书将前工业化阶段、工业化初期、工业化中期、工业化后期、后工业化阶段的分割点取整数，而设定为 20%、35%、40%、50%，尽管各地区户籍人口城镇化率与常住人口城镇化率之间的比例存在差异，但在缺乏数据的情况下，本书尝试做力所能及的探讨。

对于区域经济发展阶段判断，采用《报告》中提出的阶段阈值法来计算5个经济发展阶段基本指标的得分，阶段阈值法的计算过程、区域经济发展阶段评价指标权重参考《报告》中对相应指标所赋权重，并对其做线性变换，其取值见表2-6。

表2-6　区域经济发展阶段评价指标权重

指标	人均GDP	三次产业比重	人口城镇化率	R&D经费占GDP比重
权重	39	24	13	24

（二）经济发展阶段划分标准

通过对经济发展阶段综合指数进行计算，可以判断各区域经济发展模式所处的发展阶段。经济发展阶段划分标准见表2-7。

表2-7　区域经济发展阶段划分标准

基本指标	传统经济阶段	工业化阶段			后工业化阶段
		工业化初期	工业化中期	工业化后期	
K值	$K=0$	$0<K<33$	$33\leqslant K<66$	$66\leqslant K<100$	$K=100$
符号	Ⅰ	Ⅱ	Ⅲ	Ⅳ	Ⅴ

四、各区域经济发展模式的发展阶段演变

1987—2012年，各地人均GDP均得到较快增长。2012年，鄂尔多斯人均GDP达到18.3万元，东营、深圳居其次，分别为16.2万元和12.3万元，从人均GDP来看已经达到后工业化阶段水平；而贵阳、重庆列倒数前二，仅为3.8万元和3.9万元，为工业化中期阶段。从人口城镇化率来看，2012年，深圳、上海、苏州分别为100%、89.76%和71.23%，而大连、天津、东莞的户籍人口城镇化率也达到50%以上。按照本书的标准，这些地区已经进入了后工业化阶段；长沙、重庆分别仅为37.16%和39.40%，仍处于工业化中期阶段。

从三次产业结构比重上看，各地区普遍存在第一产业比重不断下降，第二产业比重先上升再缓慢下降，第三产业比重快速上升的趋势。2012年，上海、深圳、东莞、贵阳、西安的三次产业比重表现为第三产业比重超过第二产业，第一产业比重小于10%，从产业结构上看，已经进入了后工业化阶段。

通过对经济发展阶段评价的四个指标进行单项分析发现，各指标分别对经济发展阶段进行了表征，但通过单项指标难以全面、准确地反映其经济发展所处阶段。例如，以人均GDP为例，鄂尔多斯、东营因人口较少使得人均GDP远高于深圳、上海，但其真实经济发展水平却远低于深圳、上海；以三次产业结构为例，贵阳2012年三次产业比重为4.23∶41.94∶53.83，第三产业比重与深圳、东莞接近，而这主要是由于贵阳工业发展水平较差，从而使得第三产业比重相对较高。但众所周知，贵阳的经济发展阶段远低于深圳、东莞。可见，通过建立综合评价体系，有助于真实、全面地反映一个地区经济发展所处阶段。

1987年，中国各区域经济发展模式整体上为工业化初期阶段，处于工业化初期的模式占总数的63.63%；而上海、深圳、天津已进入工业化中期。到1992年，各区域经济发展模式完全进入工业化阶段，其中，上海、深圳、天津、西安和长沙进入工业化中期阶段，占41.67%，处于工业化中期的模式较1987年增加了2个。1997年，处于工业化初期阶段的模式仍然占据主体，占总数的53.33%，而深圳、天津、苏州、东营、西安和长沙则进入工业化中期阶段，上海率先进入工业化后期阶段。

2002年，中国整体进入工业化中期阶段，而东莞、重庆、泉州、温州仍处在工业化初期，这与直观认识可能有一定出入。究其原因，2002年，东莞、温州、泉州R&D经费占GDP比重分别仅为0.15%、0.33%和0.29%，远低于各模式的整体水平。重庆由于刚刚直辖，尽管城区工业基础较好，但幅员面积较大、农业人口众多，使得其人均GDP、城镇化率和研发经费均处于较低水平。此时，深圳已进入工业化后期阶段。

2007年，中国各区域经济发展模式总体上进入了工业化中期和工业化后期，而上海等城市为工业化后期阶段。工业化后期阶段的地区有三类。第一类是沿海开放城市与经济发展地区，包括上海、深圳、天津、苏州、东莞等，这类地区是中国经济最为发达的地区，并是中国全国性或地区性的经济中心，经济综合发展水平较高，产业结构较为合理，如上海2007年三次产业比重为0.80∶44.60∶54.60，第三产业占据经济的主体地位。第二类是鄂尔多斯、东营等工业职能突出的城市，这类地区位于资源富集地区。但这类地区存在一个问题，尽管人均 GDP 居于全国最前列，但产业技术水平仍然较为落后，产业发展层次仍然不高，表现为大规模资源开发导致经济总量的虚高，如 2007 年，东营、鄂尔多斯人均 GDP 达到 88 455 元和 69 744 元，甚至超过上海、天津等城市。这类城市工业占据地区经济的绝大部分，如东营 2007 年第二产业增加值占 GDP 的 80.70%。第三类是西安这类西部地区中心城市。尽管西安人均 GDP 相对较低，仅为 22 463 元，远低于东部地区城市，但西安产业结构较为合理，三次产业比重为 4.44∶42.12∶53.44，第三产业比重超过第二产业，同时 R&D 经费占 GDP 比重也相对较高，达到 2.95%，超过大部分地区。

2012 年，中国各区域经济发展模式全面进入工业化后期阶段，而上海、深圳此时已经进入后工业化阶段，这也代表了中国各区域经济发展模式的最高水平，上海、深圳的人均 GDP 为 85 373 元和 123 274 元，三次产业比重分别为 0.60∶39.00∶60.40 和 0.10∶44.30∶55.60，城镇化率分别为 89.76% 和 100%，R&D 经费占 GDP 比重分别为 3.44% 和 3.34%，均处于各经济发展模式的前列。

从图 2-15 可看出，各种模式的区域经济发展阶段指数总体上呈现不断攀升的趋势，尽管这与中国经济快速发展的整体环境不可分割，但也反映出这些区域经济发展模式迅速发展进入新的经济发展阶段。从图 2-15 中反映出一个特殊的现象，即东莞模式与深圳模式的分离，尽管两地同处于珠江地区，地理位置毗邻，并作为珠江地区经济发展的突出代表，但在经济发展阶段演变上，却存在较大差异。深圳进入新的阶段，总是先于东莞，从经济发展相关数据也可看出，两地在人均 GDP、城镇化率与研发水平上均存在较大的差异。如前文所述，东莞主要以三来一补、出口加工为主导，而深圳则走上了以科技创新、金融服务等为主导的经济发展模式。据美国科技研究机构 ABI 的报告，2013 年，深圳已成为全球最大的消费电子制造基地，2013—2014 年，深圳 PCT 国际专利申请量连续 10 年居全国首位，与世界上其他国家相比，也居于前列，甚至领先于法国的申请总量。通过近年来的发展，深圳已经走过了依靠廉价劳动力、国家优惠政策的发展模式，而走上了依靠技术创新、完善的产业生态圈的发展模式，包括华为、中兴等一大批高新技术企业在深圳的崛起。

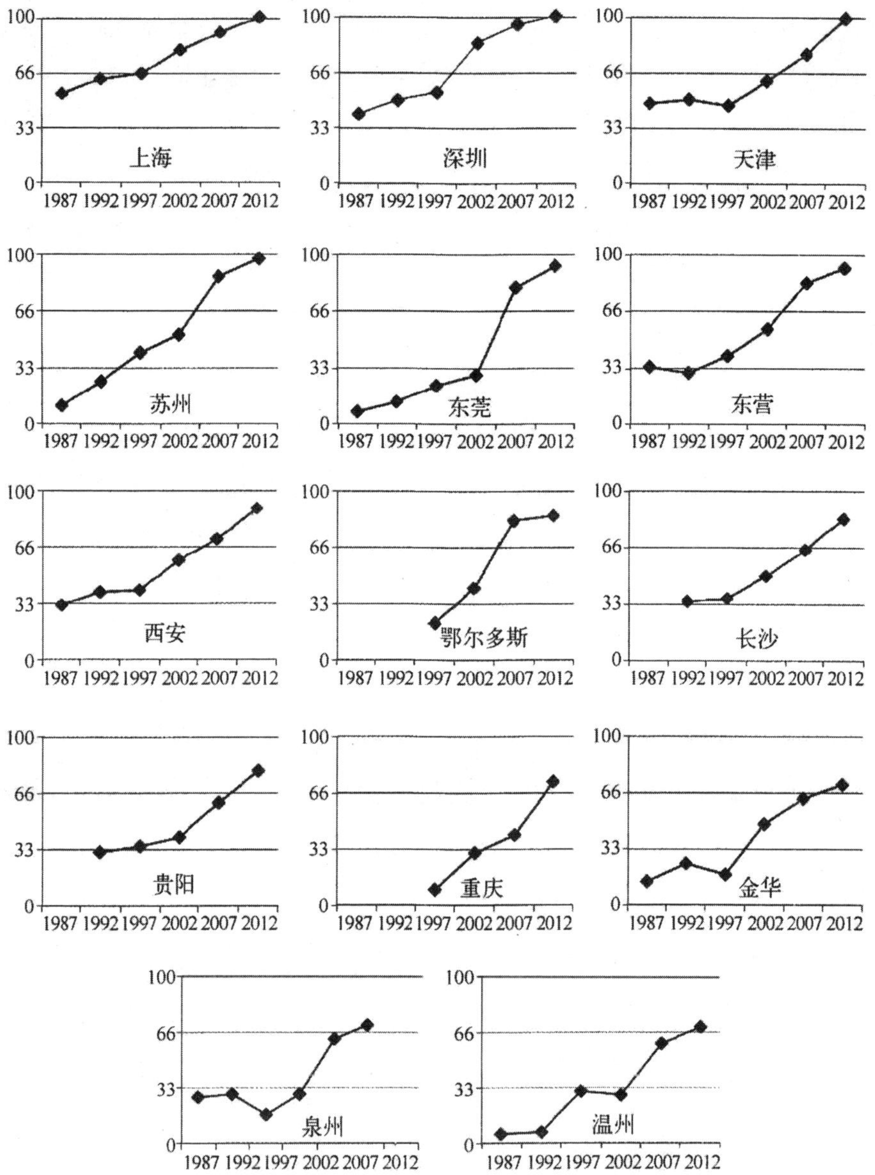

图 2-15　各区域经济发展模式的经济发展阶段指数演变

注:纵轴为经济发展阶段指数,33 和 66 分别为工业化初期、工业化中期的分界点,指数为 0 表示处于传统经济阶段,100 表示进入后工业化阶段。

五、各区域经济发展模式的阶段趋同演化

在本书的研究时间段内，并无哪种模式处在传统经济发展阶段，故本书主要分析工业化初期以后各经济发展模式的出现频次。

在工业化初期阶段，发展速度、水平及方向的差异，使得模式类型多样，有7种类型的出现。占据主导的模式类型分别为资源—政府—内生型和人力资本—市场—外生型模式，这属于截然相反的模式。前者是典型的依托资源驱动、政府导向、内生型发展模式，主要出现在内陆地区和东部经济相对较差的地区，技术水平较低，经济发展依赖于资源驱动，政府作用力较强，受经济全球化影响相对较小，具有内生型的特征。而后者则依靠人力资本、市场导向和外生驱动的发展模式，这也代表了中国工业化初期的两种主要类型，主要出现在沿海经济发达地区，受经济全球化影响大，经济外向程度较高，市场经济体制较完善，市场在经济发展中的作用更强。

工业化中期阶段，人力资本—市场—外生型模式所占比重超过其他经济发展模式，占50%；同时，资源—政府—外生型模式、资源—市场—外生型模式、人力资本—政府—外生型模式等也占据较大比重。其中，人力资本—市场—外生型模式起着对外联系、深化市场经济体制改革、加快要素创新等重任。由于经济高速发展对资源的强烈依赖，使得资源—市场—外生型、资源—市场—内生型、资源—政府—外生型等以资源推动型模式仍占据较大比重，三者合计共占据40%。

工业化后期阶段，人力资本—市场—外生型模式比重继续扩大，经济发展对资源的依赖程度开始减弱，资源—市场—内生型和资源—市场—外生型模式仅占27%，而人力资本驱动型的经济发展模式占73%。此时，市场经济体制占据绝对主导，政府主导型模式仅占5%。与工业化中期相比，内生型模式所占比重有所上升，由上一阶段的7%上升到13%，这也反映出随着经济发展阶段的提升，部分地区的经济发展有着由全面外生型向注重内生型转变的趋势。而后工业化阶段，由于样本量较少，仅有深圳、上海两地处于后工业化阶段，而这两地却是典型的以技术创新驱动、市场经济推动、外生型的经济发展模式，这代表了中国经济发展模式走向高度发展阶段时可能的模式（图2-16）。

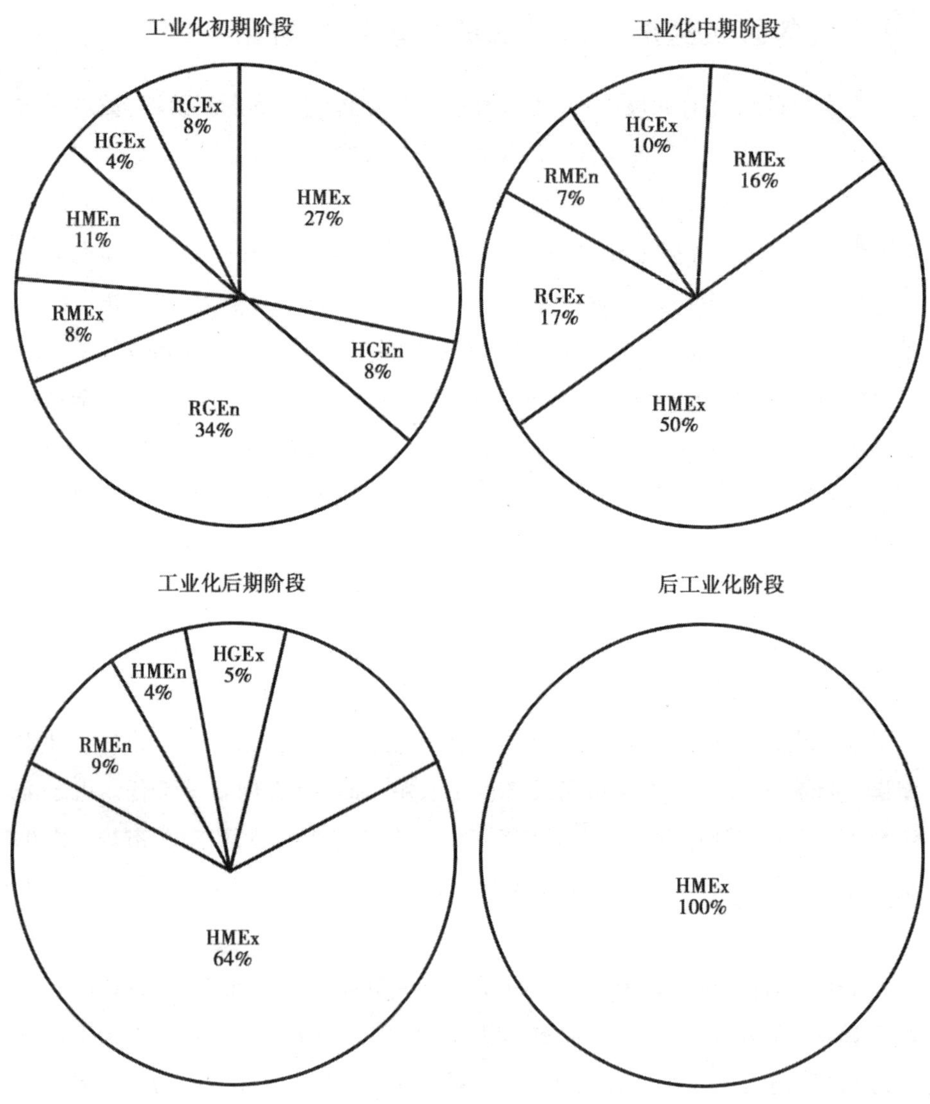

图 2-16 不同阶段的各区域经济发展模式占比

从区域经济发展模式的阶段趋同演变可见，随着经济发展阶段的推进，中国各模式呈现出由分化到趋同的演化，在四个经济发展阶段出现的模式类型分别为 7、5、5、1；而人力资本—市场—外生型模式逐步占据主导地位，这也反映出中国经济发展模式经过百花齐放之后不约而同地向人力资本—市场—外生型模式转变，即各区域经济发展模式总体上在走向殊途同归。

第三章 新时期我国区域经济发展格局变化的总体特征

2008年金融危机后，全球进入经济结构调整新周期，新技术革命方兴未艾，全球化进程势不可挡和国际竞争加剧并存，国内外经济形势发生深刻变化，党的十九大进一步确定我国进入新时代，这是对“新时期”的总体判断。现阶段，影响我国区域经济发展的因素既有短期的也有长期的，既有内部的也有外在的，还有国家战略层面的。各类因素综合作用驱动我国区域经济发展格局发生新的变化，其中经济分化是重要特征，四大区域板块之间、南北方之间、各省区之间、市县之间等新旧动能转换和经济结构调整步伐不一，区域发展比较优势、区域经济增长方式和动力等都在加速重塑中，此外，胡焕庸线的人口经济分布总体格局或将长期维持，深刻认识这些变化对进一步完善我国区域政策具有重要启示作用。

第一节 影响我国区域经济发展格局变化的因素

当前，要用更加开放的视角来审视影响我国区域经济格局变化的主要因素。应该说，新时期影响区域经济格局变化的原因是多方面的，既有国际原因，又有国内原因；既受长期因素影响，也受短期因素冲击。从国际上看，世界经济复苏乏力，金融危机深层影响持续，外需拉动作用明显减弱，一些以资源能源开采、原材料加工和外向型低端加工制造为主导产业的地区受到较大冲击和影响。从国内看，经济结构调整全面深化推进，增长动力面临加速转换，各地区在应对经济运行新常态过程中的适应能力、发展方式转变快慢等均存在较大差距。

一、新的世界经济重塑加剧，推动区域发展从简单“路径依赖”走向通过“延续、破坏与重塑”形成的新体系中

当今世界生产力和生产关系正在发生深刻的变革，世界经济格局重塑正在路上。一是技术变革日新月异，掌握全球技术变革的新动向就把握了世界发展

的前沿和未来。大数据、智能世界、新材料、新能源、基因工程、生物医药、航空航天、海洋工程等一大波新的科技革命正在酝酿和催生新的生产和生活方式。二是经济发展日益体现“人气为王”,掌握以人才为核心的人力资本和以消费者为中心的消费市场往往就决定着一个地区发展的生命力,可以预见未来各地区和城市将从过去资源能源等原材料争夺、承接产业转移竞争过渡到人才和承接知识转移的竞争上来。三是全球互联日益深化,是否深度和广泛置身世界经济分工网络体系中很大程度上决定着一个地区和城市的开放程度和发展活力。加工制成品、资金、人口、信息等在全球范围内流动,固态世界更加被赋予流动特性,流动世界中的点可以实现与全球任何地方的连通。四是价值共享更受青睐,单打独斗的区域和城市竞争终结,在不同层面和领域实现抱团发展才能推动实现互利共赢。更多的企业、城市、区域将共生在新的价值共享体系中,在分享经济之后,分享功能、分享价值、分享知识、分享体验将推动利益相关方构建生命共同体。显然,全球经济结构的变革及其影响,将驱动国内区域经济形态和质态发生变化。

例如,随着全球产业分工的深化以及我国深入推进“一带一路”建设,未来“中国制造”将更广泛地走向世界,与此同时,“中国创造”也将更多地改变世界。其中,随着东部沿海世界经济走廊的重塑、内陆开放高地的加快建设、沿边开发开放经济带的崛起,催生了一批沿海、内陆和沿边开放型城市或经济中心,在全国将布局形成一批外向型产业集群、具有全球影响力的先进制造业基地、边境经济合作区、国际性消费中心等,驱动成长一批国际型城市、形成一批重要开放节点城市、新兴一批沿边口岸开放城市等(表 3-1)。

表 3-1　我国东西双向对外开放格局对区域产业布局的潜在影响(示例)

城市类型	产业布局类型	产业集聚类型
沿边开放城市(如东兴、凭祥、河口、瑞丽、伊宁、博乐、塔城、二连浩特、满洲里、黑河、绥芬河、珲春、丹东等)	边境国际贸易、金融与物流;边境出口资源加工产业;国别产业合作园等	沿边外向型经济支撑带
内陆开放城市(如内陆省区的省会城市、省级副中心城市以及其他重点开放城市)	国际影响力的先进制造业基地、成长起来新兴的产业基地、服务功能完善的国际型城市;国别产业合作园区;国际贸易、国际金融与贸易、服务外包等	内陆外向型产业集聚高地

（续表）

城市类型	产业布局类型	产业集聚类型
沿海开放城市（大连、秦皇岛、天津、烟台、青岛、连云港、南通、上海、宁波、温州、福州、广州、湛江、北海等）	国际影响力的先进制造业基地；国际金融、贸易与物流、服务外包；北上广等世界级城市产业加快高端化升级	沿海外向型产业支撑带

二、居民消费升级加速，需求端攀升背景下供给侧结构性改革倒逼区域经济结构深度调整

随着我国城乡居民收入水平及消费能力的持续提高，全社会的消费结构不断升级，消费者对高品质的工业制成品、休闲度假、文化旅游体验、健康养生、绿色环保等高端化、个性化、品质化的消费需求日益增多，从而逐渐淘汰和挤出低端的工业制成品和服务供给，倒逼地区经济结构加快调整。

从工业制成品供给上看，日益高端化的消费需求驱动国内工业制造逐步向智能化、个性化、柔性化转变，从而驱动区域经济结构调整，直接影响到加快推动产业行业企业转型升级，由此导致行业企业分化加剧。

从行业发展趋势上看，受资源环境约束和生产要素成本影响，技术型、资本型投资回报率高的行业要比劳动密集型和技术低端型的行业更具有生命力。例如，战略性新兴产业、先进制造业和现代服务业发展势头强劲，处于产业周期的上升期，而传统资源原材料加工型产业、相对低端产品的外向型加工产业竞争力下降，处于产业生命衰落期。

从企业发展势头上看，采用新技术、新模式的企业发展势头强劲，传统劳动密集和技术门槛较低企业发展相对滞缓；率先进入新兴行业领域的企业发展潜力大，而处于传统产能过剩行业的企业发展面临转型升级的压力。产业行业企业的分化映射到地区层面，更多地表现为新兴产业培育和传统产业转型升级快慢的地区之间、企业创新能力强与企业创新能力弱的地区之间的分化上，从而导致当前地区经济发展格局变化（表 3-2）。

从服务消费经济上看，居民消费结构升级推动我国进入全民休闲旅游与大健康时代，休闲旅游度假、文化创意、健康养生养老、生态体验等新兴消费需求市场日益旺盛，并日益成为新的消费热点和经济增长点，可以预见未来在我国将形成一批区域性的休闲旅游消费中心(城市)。可见,当前在中央总体部署下,各地方全面深入推进的供给侧结构性改革,既是新时期地区经济结构调整的内在要求,更是适应居民消费结构转型升级的必然趋势性要求。

表 3-2 经济增长较快与较慢地区间行业企业的差异

	经济增速较快地区	经济增速较慢地区
行业类型	新兴行业、高技术产业、现代服务业	传统加工制造、传统服务业态等产能过剩或不满足市场需求的行业
企业类型	民营经济活跃;采用新技术新模式	传统资源加工型国有经济比重达;技术低端和传统发展模式主导
优势比较	知识型就业供给多、融入全球产业分工体系、企业创新能力强,互联网深度应用	技术型岗位少;相对封闭的市场范围;创新能力弱、数据技术应用慢

三、国内外新经济不断催生,新经济培育快慢程度较大程度上决定着区域经济格局演化的走向

1996 年 12 月,美国《商业周刊》最早提出,新经济是指在经济全球化背景下,信息技术革命以及由信息技术革命驱动的以高新科技产业为龙头的经济。国务院总理李克强向第十二届全国人大四次会议作《政府工作报告》中提到,当前我国发展正处于一个关键时期,必须培育壮大新动能,加快发展新经济。在随后的答记者问中,李克强进一步诠释,“新经济”覆盖面和内涵是很广泛的,涉及三次产业,不仅仅是指第三产业中的“互联网+”、物联网、云计算、电子商务等新兴产业和业态,也包括工业制造当中的智能制造、大规模的定制化生产等,还涉及第一产业中像有利于推进适度规模经营的家庭农场、股份合作制,农村三次产业融合发展等。近年来,以新技术、新业态、新模式、新产业为主要特征的新经济日益成为各地区新一轮经济增长的重要支撑点,新经济的全国版图变化直接决定着区域经济增长版图的新变化。

例如,根据华略智库·上海城市创新经济研究中心和布施鸟智能科技联合首发的《中国独角兽企业发展报告 2017》显示,按照驱动模式,目前全球独角兽企业包括四类,都是新经济业态(见图 3-1)。一是技术驱动型独角兽企业,拥有重大技术发明,应用最新技术成果,制造出引领行业先进水平的产品,在技术上保持领先地位，享受技术创新溢价，绝大多数硬件制造型独角兽都属此类。二是受众驱动型独角兽企业，以开发新市场为主要方向，以用户日常消费为基本业务，包括共享单车、汽车分时租赁等。三是平台驱动型独角兽企业，不直接经营具体业务，重在搭建平台、提供服务、培育独角兽企业。四是模式驱动型独角兽企业，以新模式、新业态对传统消费实现颠覆性变革，包括送餐、快递、购物等都属此类。显然，新经济日益成为驱动经济增长的新支撑点，新经济培育和成长的快慢很大程度上决定着区域经济竞争力的强弱，直接影响到区域经济格局的变化。

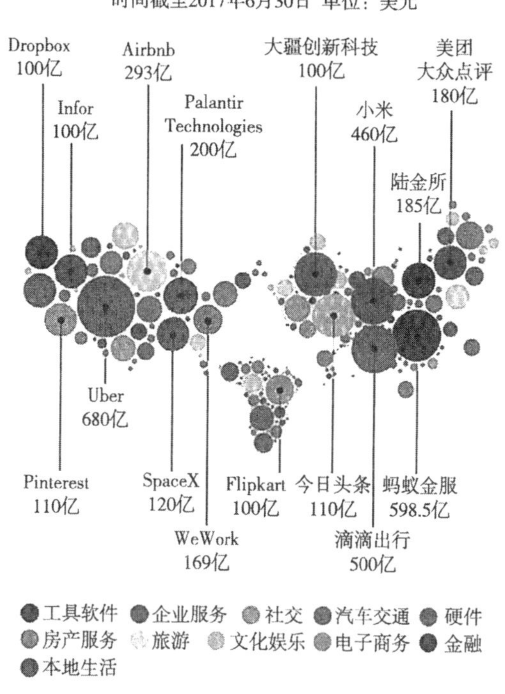

图 3-1　全球“超级独角兽”公司一览

四、交通、信息重大基础设施布局日趋完善，正大幅度拓展区域发展空间并催生新的功能型城市

随着交通、信息重大基础设施的日趋完善，将推动形成一批沿交通干线布局的特色产业带、区域性商贸物流中心、信息枢纽及大数据产业基地等。例如，随着我国跨地区和城际高速铁路网的日益完善，我国将促进一批重大交通干线

及交通枢纽的形成。林晓言等(2015)分析认为,高速铁路能够带动区域经济总量增长、优化区域经济结构、形成高速铁路经济带,因此高速铁路对于区域经济发展及其格局优化具有正相关效应和基础性作用。2016年7月,国家发展改革委、交通运输部、中国铁路总公司联合发布了《中长期铁路网规划》,勾画了新时期的"八纵八横"主通道为骨架、区域连接线衔接、城际铁路为补充的高速铁路网,其中"八纵"通道包括沿海通道、京沪通道、京港(台)通道、京哈—京港澳通道、呼南通道、京昆通道、包(银)海通道、兰(西)广通道,"八横"通道包括绥满通道、京兰通道、福银通道、青银通道、陆桥通道、沿江通道、沪昆通道、厦渝通道、广昆通道,实现省会城市高速铁路通达、区际之间高效便捷相连,将进一步拓展区域发展空间。在高铁经济的带动下,依托铁路、公路、水路、航空等综合交通运输网,未来在全国有望布局形成一批国家级、跨省级、省级和区域级的交通枢纽中心(城市)。此外,由于交通条件的改善,东、中、西部各地区发展的战略空间都将发生极大变化,过去的交通闭塞地区可能成为"交通要道",过去的边远地区可能成为"国际门户"(金碚,2015)。

再如,在信息基础设施建设方面,统筹考虑能源供给、地域环境、网络支撑、人才储备、安全保障等因素,国家正在全国推进布局建设数据中心、云计算中心、内容分发网络等互联网应用基础设施,引导企业在资源富集和自然环境适宜等综合条件优越地区建设新一代数据中心,逐步推进传统数据中心向规模化、集中化、节能化的云计算数据中心发展。随着我国通信网络设施的日趋完善,一批通信枢纽城市、大数据中心、沿海地区与港澳台及国外信息设施接轨的信息枢纽等正在逐步建成,并积极催生相关经济业态。

随着我国交通、信息基础设施网络的完善,区域交流日益频繁、便捷和高效,将不断拓展我国区域发展的空间,引导人流、物流、信息流等跨区域、跨城市自由流动,同时也将积极推动建成一批依托交通和信息基础设施的功能型城市,从而驱动区域经济格局发生新的变化(表3-3)。

表3-3 交通、信息基础设施变化对区域经济格局的影响机理

设施类型	经济影响传导作用	产业布局影响预期	催生形成功能型城市
交通(铁路、公路、水路和航空等)	长距离跨地区客运、货运更加便捷	形成沿交通干线的经济带、若干区域性商贸物流基地(中心)等	物流节点城市;区域性高铁中心城市、区域性空港城市、港口城市等

（续表）

设施类型	经济影响传导作用	产业布局影响预期	催生形成功能型城市
信息基础设施	区域信息化进程加快；区域性信息化综合服务功能增强	大数据、云计算为核心的相关产业高度集聚	信息化枢纽城市、大数据及云计算服务城等

五、发展动能加快转换，推动形成一批在全球、全国或区域有影响力的新兴产业高地、制造业基地和消费中心

将区域经济发展动能进行分解可以发现，当前区域经济发展的供给动能正由传统的资源要素大规模、粗放式的投入逐步转向依靠人力资本增加和科技创新为核心的综合创新驱动；需求动能由长期以来的大规模投资和出口为主，转变为依靠国内消费市场培育、全民消费结构升级，以及尽可能增加国内有效投资和境外战略投资；产业动能由传统相对低端的加工制造为主驱动，升级为依靠新兴产业包括战略性新兴产业和现代服务业为主驱动，新技术、新业态、新模式和新产业为特点的新经济将发挥支撑作用；区域支撑动能由仅仅依靠东部沿海特别是长三角、珠三角、京津冀等传统增长极带动，转向依靠传统增长极、新兴增长极和经济战略支撑带协同带动，这些都会影响到我国区域产业布局和经济格局变化。正如徐宪平、杜平、张新红（2017）研究指出，以新理念、新技术、新模式和新制度为主要内容和代表的新动能是推动中国经济增长的根本动力。可见，未来新动能在各地区的差异将在很大程度上决定着区域经济格局的变化（表 3-4）。

表 3-4 发展动能转换对区域经济格局的影响机理

新动能	催生形成区域	经济及产业布局	产业集聚形态
要素及产业动能	创新型城市（中心）或地区	新技术、新业态、新模式和新产业为特征的新经济	新兴产业集聚高地
消费需求动能	城镇化地区（以城市群为代表）	满足居民消费结构升级的各类消费性、服务型产业	国家或区域性消费中心
区域支撑动能	经济增长极（如雄安新区等 19 个国家级新区、开发区等）	落后产能退出、传统产业加快转型升级，新兴产业率先培育壮大	在世界或全国范围内有影响力和竞争力的产业集聚高地

六、区域发展战略深化布局，引导经济要素跨区域流动配置

国家若干具有区域指向性的重大战略将引导产业布局发生地区倾向性变化，包括京津冀协同发展、长江经济带发展、海南全面深化改革和粤港澳大湾区建设等战略，以及国家级新区、产业转移示范区、临空经济区、产城融合示范区、海洋经济示范区、自由贸易试验区、自主创新示范区、全面创新改革试验区、开放型经济试验区、生态文明先行示范区、综合配套改革试验区等综合性、专项性重大功能平台布局建设等，都将直接引导经济要素跨区域流动，从而影响区域经济格局发生变化(表 3-5)。

表 3-5　区域发展战略对经济要素配置的影响机理(示例)

区域战略	产业影响传导机制	产业布局调整预期
京津冀协同、环渤海地区合作	非首都功能产业有北京向津冀、环渤海其他地区乃至北方腹地转移	中心(如北京中心城区、天津于家堡金融区)以服务功能为主，外围(如天津滨海新区、河北、山西、内蒙古等)以制造为主
长江经济带、泛珠(珠江西江)	东部沿海产业向中西部地区转移，促进东中西产业良性互动	创新中心(上海、武汉、广州)，制造业基地(重庆、成都、长沙及沿线工业城市等)，物流基地、区域性金融等服务业中心(上海、广州、武汉、重庆、成都等)
海洋强国	陆海统筹开发与海洋经济发展，建设一批海洋经济示范区	形成一批海洋经济强市(如天津、青岛、威海、宁波、上海、湛江)等

第二节　现阶段我国区域经济发展格局总体特征

本节从人口及经济要素的全国分布、四大板块以及板块内部经济增速变化、南北经济发展格局、地区经济增长分化特点以及地级市和县域经济发展态势等方面，全面剖析梳理当前我国区域经济发展的格局特征。

一、胡焕庸线的区域经济格局或将长期维持

早在1935年，我国地理学家胡焕庸先生提出划分我国人口密度的对比线，最初称“瑷珲—腾冲一线”，后改称“爱辉—腾冲一线”“黑河—腾冲线”，后来在学术界等习惯简称作“胡焕庸线”。该线将我国分为东南和西北人口疏密悬殊的两部分，东南半壁人口众多，大约以占国土36%的面积集中了全国96%的人口；相反，西北半壁人口稀少，在占国土64%的面积上人口仅占全国的4%，此外，与人口密度高度相关，经济密度也大抵呈东南高、西北少的分布格局。根据2011年《全国主体功能区规划》提供的全国人口集聚度分布图和全国地均地区生产总值分布图等可以知道，我国人口及其经济活动的这一格局仍然没有发生根本性改变。可以判定，如果不人为地对胡焕庸线以西地区的发展环境进行强干预，人口、经济要素布局的重心依然将在胡焕庸线以东地区，以胡焕庸线为分割线，东西部人口活动密度差或将继续维持。

二、经济增长分化从板块间正转向板块内部

近年来，东北地区与其他三个板块的经济增速分化不断加剧，东北地区经济整体顺势增长的压力大。中西部地区经济增长虽快于东部地区，但增速差距在缩小，显示出东部地区巨大的发展韧性。从四大板块内部看，同为西部的西北地区增长逊于西南地区；中部山西经济增速下滑趋缓，而湖北、湖南、安徽、江西增长强劲；东部的河北经济增速较低。对比明显的还有甘肃和贵州，两省经济情况大体相当，但随着转型进度不同，两省经济增长差距逐渐拉开。

从经济类型看，单一型和产业“原”字型、“初”字型、“重”字型为主地区增速下滑幅度大于综合型地区（孙志燕，2015；陈昌盛，2015）。近年来，东北三省、河北、山西、新疆、宁夏等资源型省区经济增长逐步放缓，部分地区经济增速出现“断崖式”下降，而支撑经济增长多元化的综合型地区，经济抗风险能力明显较强。

从转型情况看，转型慢的地区经济增长不如转型快的地区，如西北和东北地区经济增长情况就不如西南和东南地区。可见，当前经济分化更多地体现在创新能力强弱、新兴产业培育和传统产业转型升级快慢、对外开放程度高低等地区之间，除了经济增长规模和速度的分化之外，更多地体现在经济结构转换和增长质量的内涵式分化上。

三、经济增速南快北慢、经济份额南升北降明显

由于支撑北方省区的资源型增长的动力正在衰退，特别是在供给侧结构性改革全面深化推进的大背景下，北方区域快速增长的发展阶段已过去，无论从经济增速还是规模上看，近年来北方区域都明显滞后于南方区域，特别是近年来贵州、重庆、云南等地区由于加快推动生态优势向发展优势转变、加速培育新经济业态等，均取得了较快的增长速度。由此，当前区域经济发展“经济增速南快北慢、经济份额南升北降”的分化特征较为显著，可以预见今后一段时期，南北分化的态势仍将持续，我国经济重心将进一步南移（申兵、党丽娟，2016）。从产业衰退地区的区域分布看，主要集中在我国的北方地区（滕飞，2016）。从大数据指数的区域分布看，发展程度较好的主要集中在我国南方区域（刘保奎，2016）。显然，由于我国北方地区大多属于传统的资源型地区，且相比南方市场化程度较低，如果北方新旧动能转换持续延缓，对未来南北方经济增长分化仍将持续的判断具有一定的可期性。

四、省区经济增速分化总体呈周期性波动演化

自2000年以来，我国开始实施西部大开发战略，在“十五”时期末，形成了以四大板块为基础的区域发展总体战略，旨在促进区域协调发展，其中缩小地区间发展差距是关键目标。但是，从省区经济增速的变差系数变化看，2000—2005年，地区经济增速分化扩大明显，从2000年的0.12持续增长到2005年的0.19；2006—2013年，地区经济增速分化基本平稳；但是到了2014年及其以后，分化呈加速态势，2016年变差系数达到0.3，为2000年以来历史最高。从地区经济增速最大值与最小值的差值上看，也呈类似分化周期性变化态势，2000年极值差为4.3，到2005年扩大到14.8，随后基本平稳，到2013年为4.8，但到2016年增加到14（图3-2）。显然，地区经济增速分化有较强周期性波动特征。

此外，增速分化存在明显的“空间紧邻”趋同特征。从地区经济增速上看，2013—2016年，增速一直在全国处于最慢梯度的主要集中在东北地区以及地理空间上相邻的河北、山西两省；相比之下，增速最快的5个地区中，地理空间上相邻的重庆和贵州一直保持引领全国经济增长的态势。此外，中部地区，除了山西之外，其他五省份整体处于同一增速梯度，保持较快增长的态势（表3-6）。

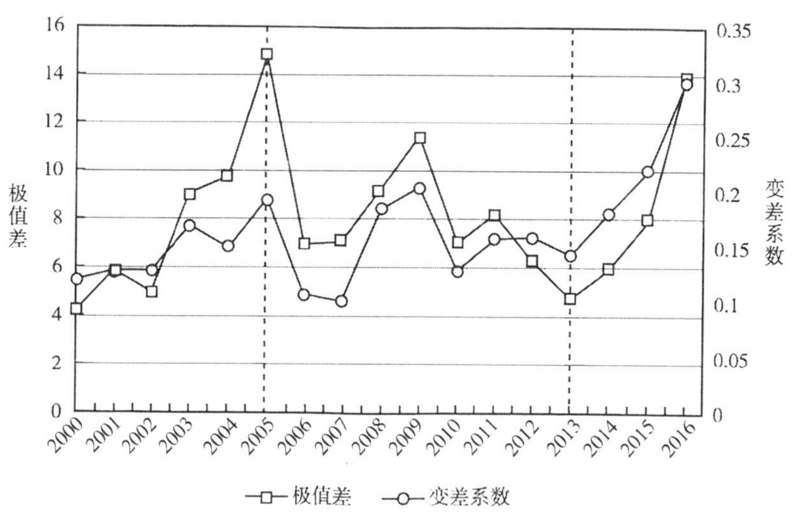

图 3-2　我国省区经济增速分化变化

表 3-6　2013—2016 年增速趋同省份识别　　单位：%

增速趋同省份	2014 年	2015 年	2016 年
增速最慢 5 省份（河北与山西近邻；东北三省）	山西（4.9）、黑龙江省（5.6）、辽宁（5.8）、吉林（6.5）、河北（6.8）	辽宁（3）、山西（3.4）、黑龙江（5.7）、吉林（6.5）、河北（6.8）	辽宁（—2.5）、山西（4.5）、黑龙江（6.1）、北京（6.7）、河北（6.8）
增速最快的 5 省份（重庆、贵州近邻）	天津（10）、新疆（10）、贵州（10.8）、西藏（10.8）、重庆（10.9）	江西（9.1）、天津（9.3）、贵州（10.7）、重庆（11）、西藏（11）	天津（9）、江西（9）、贵州（10.5）、重庆（10.7）、西藏（11.5）
中部地区（除山西外）整体增速较快	河南（8.9）、安徽（9.2）、湖南（9.5）、江西（9.7）、湖北（9.7）	河南（8.3）、湖南（8.6）、安徽（8.7）、湖北（8.9）、江西（9.1）	湖南（7.9）、河南（8.1）、湖北（8.1）、安徽（8.7）、江西（9）

五、区域经济分化从板块和省区间向市县层面下沉

随着全国经济结构调整的深化，区域经济分化不仅映射在四大板块、南北和省区层面，且已经蔓延到市县层面，行政区划单元越小，分化现象越显著。往

往行政级别越低，资源聚集和配置能力越有限，对于产业结构单一、传统产业占主导、创新能力较弱的市县，新旧动能转换慢、转换难的问题较突出，与创新能力强、新兴产业成长较快的市县发展差距正在拉大。

从地级市层面上看，一批新兴经济增长型城市正在加快崛起。近年来一些城市产业结构调整起步早、新旧动能转换衔接较好，保持了良好的增长势头，成为中国经济增长的动力窄间，未来有望进一步发展壮大，成为人口、经济集聚的新兴明星城市。

从县域经济层面看，全国百强县依托良好的发展基础，借力国家战略实施或新经济的加快培育，形成了较好的发展势头，但也有不少县域由于底子薄、经济结构单一、创新能力不足，经济发展远没有"回暖"迹象。从赛迪顾问发布的全国百强县 2016 年榜单看，有一些新的特点，集中反映了百强县市抓住了战略发展机遇，并抢先推动实现了新旧动能转换。

一是在长江经济带发展战略、"一带一路"倡议等的带动下，中西部一些县(市)依托资源优势和产业基础，大力推进供给侧结构性改革，积极承接东部地区产业转移，创新招商引资方式方法，正成为区域性县域经济发展"领头羊"。例如，湖北仙桃市以发展开放型经济为着力点，抢抓海峡两岸经贸合作不断深化的机遇，大力开展对台招商，探索与台商合作和服务台商的新途径，形成了台资企业扎堆集聚的"仙桃现象"；云南安宁市把握滇中新区核心区、"一带一路"重要节点的机遇，加快形成在滇中有绝对优势、西部有错位优势、南亚东南亚有先发优势的现代产业体系。

二是百强县增长动力逐渐从资源驱动、投资驱动转向创新驱动、绿色驱动，走出了各具特色的发展道路，县域名片也在悄然改变。例如，"煤城"山东龙口市大力推进科技创新，攻关突破铝材料高端环节和核心技术，从"全国煤炭资源型城市"成功转型为"国家级铝及铝合金加工高新技术产业化基地"；"鹤乡"江苏射阳县大力发展"生态＋"经济，既推动产业生态化，又推动生态产业化，从"天下粮仓生态射阳"向"沿海绿色生态循环经济的典范"升级。

三是新经济成为县域经济发展的新亮点。面对成本上升、市场缩量的压力和转型升级的迫切需求，不少发达县域积极培育新经济，探索新路径，在新技术、新业态、新模式和新产业等领域表现活跃，如昆山市的创新经济、桐乡市利用互联网充分发展大数据经济等。

第三节 促进区域经济协调发展对策的思考

充分考虑影响新时期区域经济格局变化的影响因素，顺应我国区域经济格局变化趋势，按照区域协调发展的总体方向，进一步推动完善区域政策。

一、确立新时期区域政策制定的科学导向

一是要尊重人口及经济要素流动规律及区域发展规律。我国胡焕庸线的总体格局或将长期维持，这要求在制定区域政策时，要充分尊重这一态势，避免人为强行干预要素流动，避免不切实际和超越发展规律的各类开发建设活动。二是以国家发展战略为总体导向。区域政策制定实施要服务国家战略发展，把国家战略发展的蓝图、意图摆在首要位置，保持战略发展的定力和方向。三是充分体现地区发展的基础和特色。充分发挥地区比较优势，因地制宜、差异化地推动不同区域依托地方特色与基础条件实现新旧动能转换。四是顺应人民对新时代发展的新期待，包括居民消费不断向高级化升级的需求，人民对健康、高端工业品、更多自由时间、优良的生态环境等新需求。五是把握时代发展新动向，推动区域发展要顺应全球化背景下新技术、新业态、新模式和新产业发展等新趋势。

二、加强顶层设计，绘制区域经济协调发展新蓝图

按照国家实施协调发展战略的总体部署和要求，确立以西部大开发、东北等老工业基地振兴、中部地区崛起、东部地区优化发展等战略为基础，以京津冀协同发展、“一带一路”倡议和长江经济带发展等战略为引领，以城镇化和城市群发展战略为依托，以雄安新区、粤港澳、海南等其他重点区域发展战略为支撑，以革命老区、民族地区、边疆地区、贫困地区、资源型地区等特殊类型地区发展战略为重要补充，把建设海洋强国作为拓展区域协调发展战略部署空间的重大战略举措，形成各类区域战略各具优势与侧重、互为支撑与补充、有机融合与交流的生动实施局面，促进东中西协同、南北方互动和陆海统筹发展，积极构建新时期区域经济协调发展的新蓝图。例如，在京津冀、长三角和珠三角等经济增长极之外，确定培育成渝、长江中游等新的经济增长极；推动构建形成若干新

的经济支撑带，如长江经济带、陇海兰新经济支撑带、京哈京广经济带、沿海经济带、沪昆经济带、哈大经济支撑带、包昆经济支撑带等；以及随着陆海统筹深化，催生更多海洋经济新增长点等。

三、加快补齐区域经济发展的短板

补短板直接决定着全面建成小康社会目标的成败和现代化建设的程度。就四大区块而言，西部、东北地区是最大短板。要坚持把深入实施西部大开发战略放到优先位置不动摇，持续推进基础设施、生态保护和对外开放等重点领域的工作；保持战略定力，久久为功，推动东北等老工业基地振兴，推出若干重大举措，积极培育新动能，遏制经济下滑势头。对于老少边穷地区以及资源枯竭、产业衰退、生态严重退化等难点地区，应继续给予扶持政策。从可持续健康发展方向上看，就是要厚植欠发达地区的内生发展动力，着力培育创新经济新动能，使欠发达地区超越历史基础，获得与发达地区同时起步、同场竞技并有望实现后发赶超的机会。也即，对产业结构单一、传统落后产能占比高、综合创新发展动能不足、新经济培育慢、民生稳定风险加大的转型困难地区要进一步加强识别，并从国家层面研究出台更加精准的分类指导的地区发展政策措施，进一步创新区域援助与合作政策，以深入推进供给侧结构性改革为主线，立足地区比较优势挖掘提升，在新动能培育、新经济成长壮大等方面给予引导和扶持。

四、促进经济要素跨区域自由有序流动

进一步打破地方和部门保护主义，稳步推进全国统一大市场建设，通过改革创新打破地区分割和利益藩篱，清理和废除妨碍全国统一市场和公平竞争的各种规定和做法，促进人员、技术、资本、货物等要素有序自由流动，全面提高资源配置效率。一是着力打破区域、行业企业间市场垄断阻隔。国家相关部门加强行业市场调查与监管，加快推动市场一体化进程，着力打破行业企业垄断对资源配置的阻隔。二是推动区域、城市间深度合作。从不同地区和不同城市新旧动能同步转换、差异化引导的角度，积极创新搭建合作平台，通过创新链引导要素链、产业链实现跨区域、跨城际整合配置，推动东部与中西部、东北地区等跨区域间，不同省区之间，不同规模和等级的城市之间实现新旧动能有序更替和同步转换，尽可能减少分化的负面冲击和影响。三是从构建行业企业发展新

生态的角度，积极运用新技术、新模式，推动不同行业之间、行业内部不同分工部门之间、处于产业链不同环节的企业之间围绕价值链共同提升的方向，加强资源就地深度挖掘和要素异地高效重组，让行业企业在分化中整体走向新的成长生命周期。

五、优化推进改革创新平台和重大工程建设布局

一方面，要继续发挥改革创新平台对区域经济增长的支撑带动作用。进一步加强对东、中、西部和东北地区发展的统筹协调。科学统筹自由贸易试验区、综合配套改革试验区、开放发展试验区、自主创新示范区等各类改革创新平台的布局，适当向中西部和东北地区倾斜，赋予其更多先行先试政策，鼓励大胆探索，充分发挥平台作用，培育成为区域发展重要增长极。另一方面，从统筹区域协调发展角度有序推动跨区域重大工程建设。以规划为引导，集中财力加大投资，尽快启动一批跨区域重大交通、水利、生态环保、社会民生等领域重大工程项目，为促进区域协调发展奠定更加坚实的基础。例如，针对西南地区的交通瓶颈制约，强化高铁、高速公路等道路交通设施建设，其中，高铁、高速公路干线等重大交通设施的规划布局要与重点经济发展轴带相衔接；针对西北地区资源型缺水制约，抓紧论证并尽快实施跨流域重大调水补水工程等。

第四章 区域经济发展模式的适用性研究

一定的区域经济发展模式总是特定经济发展阶段的产物，也是当地自然环境、社会文化环境、区位条件、自然资源禀赋等多重因素共同作用的结果，使得区域经济发展模式具有阶段适用性。这决定了区域经济发展模式推广的边界性条件，任何逾越这种阶段适用性的做法，复制超前或过时的模式都将导致经济发展弊端的出现。而我国学术界、政务界总热衷于对国内外各种模式进行探讨，寄希望于通过将该模式的成功经验复制到其他地区，但这类研究往往忽视了其阶段适用性。为此，需要充分考虑该地区所处的经济发展阶段，选择适当的区域经济发展模式。而与其分析温州、东莞等某种具体的模式在不同阶段的适用性，不如分析该模式所揭示的内在规律及其适用性。据此，本章针对改革开放以来中国典型区域经济发展模式，分析资源驱动型与人力资本驱动型、政府推动型与市场推动型、内生型与外生型模式的绩效水平，进而探讨不同模式在当前经济发展阶段的适用性，以期指出中国经济发展模式转型的方向。

本章对改革开放以来中国区域经济发展模式进行解释，分析各种模式在不同经济发展阶段的分布，以及各种模式的绩效水平，并找出哪种模式是绩效最优，哪些模式才是当前阶段最优，这将有助于明确中国经济发展模式转型发展的方向。分析各模式的适用条件与示范意义，将对中国其他地区经济发展提供借鉴和参考。

第一节 阶段判断与理论模型

一、各模式所处发展阶段的判断

对于经济地理学或区域经济发展模式的研究，第三意大利是难以回避的一种模式，该模式也是 1970 年代末以后的长达 30 多年里经济地理学长期关注的领域，甚至一度成为经济地理学研究的主流，并作为经济地理学两大学派之一

“新区域主义学派”的研究根据地。第三意大利作为一种全球化条件下的地方生产网络或内源性产业集群模式，它强调嵌入与本地社区的弹性专业化生产系统，强调集聚与本地化经济的重要性（王周杨，2012），通过中小企业的发展，改造和升级传统的劳动密集型产业，使经济得到高速发展。该模式产生于经济发展相对欠发达的时期。而我国的温州模式与第三意大利也呈现出高度的相似性。改革开放初期，温州地区经济较为落后，但温州依托家庭工业和专业化市场实现非农产业的发展，进而形成了小商品、大市场的发展格局。而浦东模式则处在经济相对较为发达的上海，在经济发展阶段上处于工业化中期或后期。

尽管我们难以判断一种模式是否已经失效或者死亡，但我们可以对一种模式出现的时间进行判断，不同的区域经济发展模式总是一定经济发展阶段的产物。本书采用齐元静（2013）对中国各地级市经济发展阶段演变的研究结果，将中国各区域经济发展模式呈现在相应的经济发展阶段上。东营、苏州、上海、金华、温州、泉州、东莞、深圳八种模式出现在 1990 年代，而这些模式中，除深圳、上海、东莞以外，其他模式均处于经济发展初期阶段。由于深圳模式和东莞模式出现于 1980 年代，该时期的深圳和东莞经济发展较为落后，也为经济发展初期阶段。可见，除上海以外的各模式，均是为了解决工业化初期工业化水平较低、生产力水平落后等问题而出现的。

而 2000 年以后，则有天津、重庆、长沙等 11 种模式出现，这 11 种模式中，以资源推动工业化的鄂尔多斯模式处于工业化初期阶段，与东营模式类似；内陆开放型的重庆模式也与 1980 年代的东莞、深圳模式异曲同工。以上模式与西安模式均出现于生产力相对不发达的时期。苏州、上海、深圳、大连等模式则为工业化中期或工业化后期的模式，是工业化达到一定水平并融入全球市场之后，为实现生产力进一步提升的区域经济发展模式。2009 年 10 月 16 日，贵阳市第十二届人民代表大会常务委员会通过，并于 2010 年 1 月 8 日贵州省第十一届人民代表大会常务委员会批准的《贵阳市促进生态文明建设条例》，标志着贵阳市走上了生态文明发展模式。该时期，贵阳市处于工业化中期阶段。

通过以上分析可见，若将区域经济发展模式分为四类：以对外开放和实现工业化起步为目标的区域经济发展模式（如苏州模式、东莞模式、温州模式等），以及资源推动型的工业化模式（如鄂尔多斯、东营模式等）均出现于工业化初期阶段；强调科技创新（西安、深圳等）、产业结构升级（天津等）、发展外向型经济

(上海、苏州等)的模式大多出现于工业化中期阶段;而强调生态环境与经济社会协调发展的模式大多出现在工业化中期或工业化段。这进一步反映出一定的区域经济发展模式总是一定经济发展阶段的产物。

二、理论模型

区域经济发展模式的形成不应是无水之源,而是源于对区域经济发展模式内涵与机理的客观判断与准确把握,并需要建立在一定的理论基础之上。

通过对不同经济发展阶段区域经济发展模式的分析可看出,一定的区域经济发展模式总是一定经济发展阶段的产物。任何区域经济发展模式都有一定的生命周期,即在一定的条件下能发挥较强的优势,但随着这种模式优势减弱,也意味着这种模式即将走向消失。一般来说,一种区域经济发展模式的生命周期包括形成、成长、成熟、衰退直至消失四个阶段。在这四个阶段中,也可能出现模式失败、模式变异、模式转型、模式再形成等演化路径。基于一定的环境条件与要素条件,一定区域经济发展模式得以形成,当然并不是每种模式都能得以成长,以至于在形成初期便出现失败。在模式的成长过程中,随着内外部环境与要素条件的变化,模式也在不断发生变异,进行模式的自我重塑,进而区域经济发展模式逐渐成熟,或者趋于稳定。随着经济发展阶段的演进,环境与要素条件的改变,区域经济发展模式可能趋利避害实现转型,而也有大量模式由于转型不成功而逐渐衰退甚至消失。当然,在一种模式消失之后,随着发展条件的成熟,也可能形成一种新的区域经济发展模式(图 4-1)。从模式演化模型可看出,区域经济发展模式的形成与演化是一个不断调适、自我重塑、不断反复的过程。

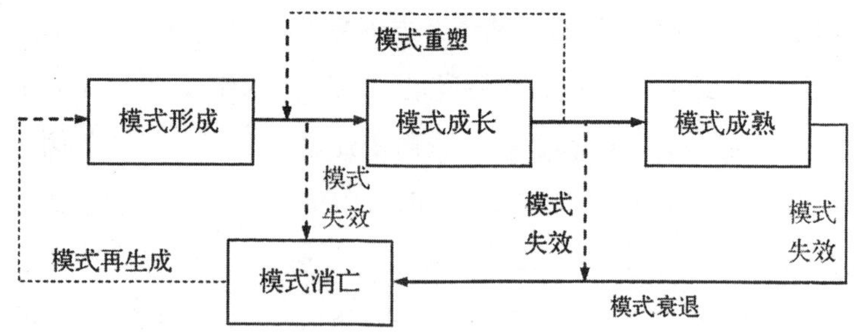

图 4-1 区域经济发展模式演化的生命周期模型

学者们曾指出，不同城市应综合考虑当前的经济条件和功能定位选择适合自身的经济增长方式。对于区域经济发展模式的选择也类似。任何适当的、成功的区域经济发展模式都是建立在对经济基础、功能定位等因素进行客观、准确分析，力求对资源进行优化配置的前提之上的；只有认清不同模式经济发展所处的阶段，选择当下最优的经济发展模式才是其现实选择。判断一种区域经济发展模式是否适用于当前经济发展阶段有若干指标。笔者曾指出，区域经济发展模式应具有经济发展的可持续性、示范性、边界性，而经济发展绩效水平可作为判断模式适用性的重要指标。当一种模式的经济发展效率下降，或低于所在区域的其他地区，则可视为该模式已经失效，并可能步入衰退阶段乃至消亡。若经济发展绩效高于全国平均水平，则视为该模式具有较强的适用性。

第二节　各区域经济发展模式的绩效评价

毋庸置疑，不同区域经济发展模式在经济发展绩效上存在差异。从横向比较上看，哪种模式的绩效水平更高；从纵向比较上看，哪种模式在不同经济发展阶段的绩效水平更高，这些问题有待于进一步探讨，通过其绩效水平的横向比较与纵向变化，分析各种模式在当前经济发展阶段的适用性，进而有助于对各区域经济发展模式从历史过程上和时间截面的对照上都有一个清晰的认识。在弄清各区域经济发展模式随着经济发展阶段与发展路径如何变化的规律的基础上，加深对模式自身的认识，据此设计未来发展路径和发展策略。

一、绩效评价方法

对于绩效评价方法，目前广泛使用的方法较多，有主观评价法、客观评价方法和主客观相结合的方法。主观分析法主要有德尔菲法、综合指数法，这些方法都通过专家为各个指标打分或赋值，而计算出评价结果，其评价结果带有一定的主观成分。客观分析法有主成分分析法、因子分析法、熵值法、DEA 方法，以及随机前沿分析法（SFA）等，它们多是以数学、运筹学、统计学理论为基础，这些方法在绩效评价中得到广泛运用。层次分析法（AHP）、灰色关联分析法和模糊综合评价方法等属于主客观结合的评价方法，能一定程度上弥补主观分析法的不足。正如前文所述，如果经济发展不具有成长性，模式也自然是空口而谈;国内外形成的典型区域经济发展模式,无一不是因为其在较长时期内经济保持稳定的发展。为此,有必要对一种区域经济发展模式的经济绩效进行评价。本书采用DEA法作为各种模式经济发展绩效的评价方法(图4-2)。

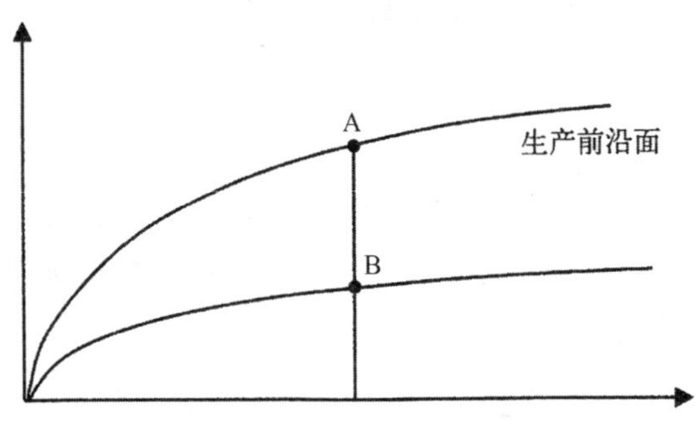

图4-2 DEA模型原理

DEA法由A. Charnes、W. W. Cooper等学者于1978年提出,旨在评价"多投入多产出"模式下具有相同类型的决策单元间的相对有效性。其基本原理是通过保持决策单元(DUM)的输入或者输出不变,通过比较同一时点不同决策单元的投入产出数量,确定有效生产前沿面,再通过比较决策单元偏离DEA前沿面的程度来评价它们的相对有效性。在规模报酬不变的假设下,位于前沿面之上的点或者与前沿面较为接近的点便是技术水平较高的有效率的点(A),位于前沿面下方或者离生产前沿面较远的点表示技术水平较低的无效率的点(B)。被测样本点与前沿曲线的距离(B—A)作为测算技术效率的依据(图4-2)。与其他方法相比,其优点在于:无须对基本的生产函数做出明确的定义;可以避免由于指标量纲等方面的不一致而需寻求同度量因素带来的困难;具有很强的客观性;可以用来估计多投入多产出系统的生产函数等(尚勇敏等,2012)。区域经济发展模式作为一个多投入多产出的复杂系统,其有效运行的重要目的就是以较少合理的投入实现更大规模的社会经济产出效益,使得DEA模型用于区域经济发展模式绩效评价具有较高的可行性。本书试图通过确定的具有代表性的农村土地市场投入产出指标体系,采用DEA分析框架,构建一个投入为主导的C2R模型,分析各区域经济发展模式的绩效水平。

DEA是使用数学规划模型对由决策单元构成的生产可能集进行相对有效性评价的模型,其中C2R模型是其最基本和最经典的模型。具体模型如下:

假设有 s 个决策单元(DMU),每个决策单元有,m 种类型的输入和 n 种类型的输出,x_{ij} 代表第 j 个决策单元第 i 项投入,y_{ij} 代表第 j 个决策单元第 r 项产出。T 为评估单元的投入产出集,$T=\{(z,y)$ 投入 x 能产出 $y\}$,输入指标的权向量 $v=(v_1,v_2,\cdots,v_n)$,输出的权向量 $u=(u_1,u_2,\cdots,u_n)$,则第 j 个决策单元的绩效评价指数为:

$$h_j=\frac{u^T y_{kj}}{v^T x_j}=\frac{\sum_{k=1}^{s} u_k y_{kj}}{\sum_{i=1}^{m} v_i x_{ij}},j=1,2,\cdots,n$$

选取适当的权数,使得,$h_j \leqslant 1$;h_{j0} 越大,表明决策单元能用相对较小的输入得到相对较多的输出,因而决策单元 DMU_{j0} 。最优绩效,即 h_{j0} 的最大值为:

$$\max h_{j0}=\frac{\sum_{k=1}^{s} u_k y_{kj}}{\sum_{i=1}^{m} v_i x_{ij}}$$

其约束条件为:

$$\begin{cases} \text{s. t.} \dfrac{\sum_{k=1}^{s} u_k y_{kj}}{\sum_{i=1}^{m} v_i x_{ij}} \leqslant 1,j=1,2,\cdots,s \\ u_r \geqslant 0,v_i \geqslant 0,r=1,2,\cdots,n,i=1,2,\cdots,m \end{cases}$$

为了方便求解,将它转化成相应的线性规划模型,并引入阿基米德无穷小量 ε(ε 为无穷小量,通常取 10^{-6}),利用 Chames-Cooper 变换可以得到等价的最终的线性规划问题(标准型)。

$$\begin{cases} \min\theta-\varepsilon(s^-+s^+) \\ \text{s. t.} \sum_{i=1}^{s} \lambda_j x_{ij}+s^-=\theta x_{ij0},i=1,2,\cdots,m \\ \text{s. t.} \sum_{i=1}^{s} \lambda_j y_{ij}-s^+=y_{ij0},r=1,2,\cdots,s \\ s^+ \geqslant 0,s^- \geqslant 0,\lambda_j \geqslant 0,j=1,2,\cdots,n \end{cases}$$

其中,θ 为决策单元 DMU_{j0} 的有效值,即投入相对于产出的有效利用程度,s^- 为各种投入的松弛向量,s^+ 为各产出的松弛向量;λ 为相对于 DMU_{j0} 重新构造一个 DMU 有效组合 j 个决策单元 DMU_{j0} 的组合比例。其经济含义为,当

$\theta=1$，且 $s^-=s^+=0$ 时，则该 DMU 为 DEA 有效，即在 j 个决策单元组成的决策系统中原投入 x_{ij} 的基础上获得的 y_{ij} 已经达到最优；当 $\theta=1$，且 $s^-\neq s^+\neq 0$ 时，则该 DMU 为 DEA 弱有效，即在 j 个决策单元组成的决策系统中对于投入 x_{ij} 可减少 s^+ 而保持原产出 y_{ij} 不变，或者在投入 x_{ij} 不变的情况下可将产出 y_{ij} 提高 s^+；当 $\theta<1$，则该 DMU 为 DEA 无效，即在 j 个决策单元组成的决策系统中，可通过组合将投入降至原投入 x_{ij} 的 θ 比例而保持原产出 y_{ij} 不减少(吴文江，2002)。

通过上述方法，对不同模式 1987—2012 年经济发展绩效水平进行评价，并将中国作为其中一个评价单元，用以分析各区域经济发展模式绩效水平与全国平均水平的对比。受制于数据的可获取性，各年份的评价单元数存在差异，但绩效水平作为一个相对量，反映的是不同评价单元的相对绩效水平，尽管各年份样本数不同，但对评价结果并无影响。

二、指标体系与数据来源

与其他人文社会科学相比，效率是经济学研究的核心问题。1906 年，意大利经济学家帕累托在《政治经济学教程》中开启了经济学对效率的研究，帕累托效率(最优状态)成为经济学研究资源配置效率的标准。一定区域是由人类、自然环境、经济、社会耦合而成的复杂开放系统，并需要不断进行物质、能量投入，进而产生产品与服务，而绩效是一定区域经济发展水平与状态的直接体现，它反映了一定结构状态下城市发展的能力(古丽鲜、肖劲松，2009)。区域经济发展模式绩效是在效率概念上的延伸，而区域经济发展问题的实质是将投入资源进行合理有效配置的过程。区域经济发展模式绩效体现了一定模式下经济发展的效率与水平，按照经济发展理论，区域经济发展的投入包括资金、劳动力、技术等，而 GDP 是反映经济产出最主要的指标，区域经济发展模式绩效的实质问题是如何将投入资源进行合理有效地配置。为此，可将区域经济发展模式绩效定义为：一定区域经济发展模式下经济发展产出相对于经济发展投入的有效程度，而经济发展模式有效则表示在投入资源一定的情况下，经济发展实现了最大的产出。

区域经济发展模式是一个复杂、多层次的系统，本书遵循系统性原则、科学性原则、可操作性原则、独立性原则、整体性原则，利用设计指标体系的目标法、范围法(卢泰宏，1998)，将区域经济发展视为一个系统，从投入、产出两方面构建区域经济发展模式评价指标体系，其投入指标包括全社会固定资产投资总额、全社会从业劳动力总量、R&D 经费支出，分别表征资金、劳动力、技术的投入，而产出指标为 GDP 总量。

本部分数据来源于 1987—2013 年各城市统计年鉴，由于固定资产投资、R&D 经费为当年价数据，GDP 也采用当年价。需要指出的是，由于固定资产投资、R&D 经费投入产生效益具有一定的滞后性，学术界一般认为滞后期为 1 年（沈雯雯，2009；曹贤忠、曾刚、邹琳，2014），因此本书中的产出指标为 t 年数据，投入指标中固定资产投资、R&D 经费为 $t-1$ 年数据，而全社会从业劳动力总量仍为 t 年数据。同前文类似，由于统计口径等问题，使得城市数据获取难度较大，造成部分城市部分年份数据缺失。这里通过插值法、前后两年平均值等途径代替，以确保数据的相对完整性。通过对 1987—2012 年各地区资金、技术、劳动力投入情况以及 GDP 产出数据进行分析发现，总体上各地区在这四项指标上均呈现快速增长的趋势，但各地在不同指标的变化上也存在较大差异，这一定程度上影响了各地区经济发展绩效水平的差异。

三、各模式的绩效评价

通过对不同区域经济发展模式 1987—2012 年绩效水平演变的分析，可看出不同模式在不同阶段所表现出的绩效水平具有较大差异。但总体上，各模式的经济发展绩效均高于全国平均水平，这也反映出本书所选择的模式的经济发展绩效较优，并体现了经济发展应具有“可持续性”和“示范性”的标准。

（一）1987 年各区域经济发展模式绩效分析

1987 年的 11 种模式中，有 8 种经济发展绩效水平优于全国（表 4-1）。其中，青岛、温州、深圳、东莞、苏州达到了最优，即在当前资源条件下，实现了资源配置的最优，而天津、泉州、西安则低于全国平均水平。这也与当时中国经济发展大体一致。1980 年代中国经济发展中心在珠江三角洲等沿海地区，深圳、东莞作为珠江地区的代表，以“三来一补”为重点实现了经济快速发展. 担当起了改革开放的先行区的重任。而苏州、温州作为苏南模式、温州模式的代表，当时也是两种模式形成与盛行的时期，分别以集体经济、私营经济为特色，在经济发展绩效上也实现了最优。而青岛工业基础相对较好，并且是中国第一批沿海开放城市，其经济发展绩效上也处于较优水平。而同样作为沿海地区的天津、泉州经济发展绩效却低于全国平均水平，尽管地处沿海地区，泉州却不在沿海开放城市之列，并被国家经济发展政策所边缘化，经济发展速度较为缓慢，在投入产出松弛测度中，表现为劳动力从业人数冗余了124.82万人，即在当时经济发展总量下，投入劳动力过剩。尽管天津在改革开放初期被列为沿海开放城市，但此时中国经济发展重心不在北方，且处于北京的阴影之下，经济发展速度与效率均较差。从投入产出松弛测度表中可看出，在当前经济总量下，主要表现为劳动力从业人数、R&D经费支出出现冗余。由于当时中国经济处于改革开放初期，与当时经济总量相比，劳动力过剩严重，且劳动生产率较低，尤其是中国出现了2.64亿的劳动力冗余量。同时，R&D经费支出也有较多冗余，反映出当时各地区经济发展研发能力以及研发技术转化能力较差，即研发经费投入产出效率较低。东营还出现了固定资产投资冗余，尽管其经济发展绩效相对较高，但作为我国能源工业基地，固定资产投资与研发经费投入量较大，但其投入产出效率却相对较低。

表4-1　1987年区域经济发展模式绩效评价及投入产出松弛测度

DMU	绩效水平	固定资产投资（亿元）	劳动力从业人数（万人）	R&D经费支出（亿元）	GDP	DEA有效性
		$S-(1)$	$S-(2)$	$S-(3)$	$S+(1)$	
青岛	1	0	0	0	0	有效
温州	1	0	0	0	0	有效
深圳	1	0	0	0	0	有效
东莞	1	0	0	0	0	有效
苏州	1	0	0	0	0	有效
东营	0.9567	20.29	0	0.3175	0	无效
上海	0.7136	0	0	4.6289	0	无效
金华	0.7033	0	13.72	0	0	无效
全国	0.6155	0	26 379.46	0	0	无效
天津	0.5512	0	0	0.8460	0	无效
泉州	0.5362	0	124.82	0	0	无效
西安	0.4193	0	0	0.0706	0	无效

(二)1992 年各区域经济发展模式绩效分析

1992 年的 13 种模式中,有 12 种经济发展绩效水平优于全国。其中,泉州、东营、温州、东莞达到了最优(表 4-2)。与 1987 年相比,泉州从低于全国平均水平发展到高于全国平均水平,并实现经济发展绩效最优。究其原因,这种绩效水平最优是建立在资金、技术等投入较少情况下实现的。据统计,1987—1993 年,国家投资在泉州市全社会固定资产投资中仅占 3.75%(陈俊明,1995)。为此,泉州致力于发展民营经济,充分地打"侨"牌,大力吸引外资,实现了经济的快速发展,这又被视为中国民营经济发展的"泉州模式"(陈庆元,1995)。而东营的经济发展绩效最优则更多的是由于本地人少地多,发展资金密集型产业,经济发展过程中投入的劳动力和技术相对较少,从而实现了经济发展的绩效最优。苏州、深圳则由 1987 年的"DEA 有效"变为"无效"。前者由于市场经济体制建立后,苏南模式出现了不适应的现象,尽管经济速度仍然保持快速发展,但这是建立在大量资金、劳动力与技术投入的前提下,1992 年苏州市 GDP 为 359.7 亿元,与深圳相同,但劳动力从业人数却是深圳的两倍,R&D 经费支出也出现了 0.72 亿元的冗余。后者深圳则是由于固定资产投资增长过快,造成投入产出相对效率的下降,1992 年深圳固定资产投资高达 91.2 亿元,仅次于上海、天津。而在众多模式中,仅有天津经济发展绩效低于全国平均水平,与深圳类似,也表现为固定资产投资冗余,即资金的投入产出效率较低。

表 4-2　1992 年区域经济发展模式绩效评价及投入产出松弛测度

DMU	绩效水平	固定资产投资(亿元)	劳动力从业人数(万人)	R&D 经费支出(亿元)	GDP	DEA 有效性
		$S-(1)$	$S-(2)$	$S-(3)$	$S+(1)$	
泉州	1	0	0	0	0	有效
东营	1	0	0	0	0	有效
温州	1	0	0	0	0	有效
东莞	1	0	0	0	0	有效
青岛	0.9063	0	0	2.41	0	无效

（续表）

DMU	绩效水平	固定资产投资(亿元)	劳动力从业人数(万人)	R&D 经费支出(亿元)	GDP	DEA 有效性
		S－(1)	S－(2)	S－(3)	S＋(1)	
金华	0.8957	0	0	0.55	0	无效
长沙	0.8322	0	0	4.6289	0	无效
上海	0.8017	0	13.72	0	0	无效
深圳	0.7891	0	26 379.46	0	0	无效
贵阳	0.7726	0	0	0.8460	0	无效
苏州	0.6963	0	124.82	0	0	无效
西安	0.6391	0	0	0.0706	0	无效
全国	0.5944	0	8 860.29	0	0	无效
天津	0.5471	26.53	0	0	0	无效

（三）1997 年各区域经济发展模式绩效分析

从表 4-3 可看出，1997 年的各区域经济发展模式中，温州、深圳、东莞实现了经济发展绩效最优，其余则出现不同程度的“DEA 无效”；大部分区域经济发展模式绩效水平均优于全国平均水平，但天津、鄂尔多斯则低于全国平均水平。深圳、东莞等经济发展绩效较优，其原因与前一阶段相似。经过第一轮的快速发展，温州模式也在不断进行创新，超越“温州模式”的新的改革正在推进。而重庆、贵阳、天津、鄂尔多斯居于各模式的后四位，一方面由于该时期中国经济发展重心仍在东南沿海地区，另一方面该时期这些模式正处于萌芽阶段，经济发展绩效自然也远低于其他模式。

表 4-3　1997 年区域经济发展模式绩效评价及投入产出松弛测度

DMU	绩效水平	固定资产投资(亿元)	劳动力从业人数(万人)	R&D 经费支出(亿元)	GDP	DEA 有效性
		S－(1)	S－(2)	S－(3)	S＋(1)	
温州	1	0	0	0	0	有效
深圳	1	0	0	0	0	有效
东莞	1	0	0	0	0	有效

（续表）

DMU	绩效水平	固定资产投资(亿元)	劳动力从业人数(万人)	R&D经费支出(亿元)	GDP	DEA有效性
		S−(1)	S−(2)	S−(3)	S+(1)	
泉州	0.846 6	0	0	0.24	0	无效
青岛	0.824 5	0	0	4.88	0	无效
东营	0.768 8	0	0	1.11	0	无效
上海	0.701 8	0	O	12.96	0	无效
大连	0.684 3	0	0	6.85	0	无效
长沙	0.679 9	0	0	4.10	0	无效
西安	0.660 1	0	0	2.08	0	无效
苏州	0.635 6	0	0	0.68	0	无效
金华	0.634 6	0	0	0.98	0	无效
重庆	0.613 5	0	338.44	0.18	0	无效
贵阳	0.568 6	0	0	0.46	0	无效
全国	0.551 2	0	16 548.76	0	0	无效
天津	0.540 2	0	0	0.30	0	无效
鄂尔多斯	0.359 9	0	0	0.62	0	无效

表 4-4　1995—1998 年全国及部分地区外商实际投资金额　　单位:亿美元

年份	上海	泉州	天津	青岛	温州	深圳	全国
1995	32.50	7.64	2.11	8.65	0.73	13.10	912.82
1996	47.16	7.71	2.98	9.36	0.79	20.51	732.76
1997	48.07	7.81	3.42	9.06	0.60	16.61	510.03
1998	36.38	7.08	3.06	8.47	0.37	16.63	412.23

从整体上看,1997 年各种 DEA 无效的模式出现松弛的变量大多为 R&D 经费支出和劳动力从业人数(表 4-4),这反映出当时各区域经济发展模式开始大量投入研发经费,由于各种原因,与研发经费投入相比,产出效益相对较低,这也是各模式共同面临的问题。

同时,重庆作为我国最大的直辖市,人口众多,1997 年重庆 GDP 为 1 509.8 亿元,深圳为 1 248.4 亿元,但重庆劳动力从业人数却达到 1 715.4 万人,而深圳仅为282.1万人，两者之间劳动生产率差异巨大。与前一阶段相比，1997年全国各模式的固定资产投资均出现冗余，这可能会被解读为固定资产投入产出比较高，但也这是建立在全国固定资产投入增速减缓的前提下的。1997年全国固定资产投资仅比1996年增长率8.85%，远低于1987—1996年的23.63%的平均增速。在利用外资方面，受亚洲金融危机影响，沿海省市利用外商投资受到严重影响，各地区分别出现了不同程度的增速减缓甚至投资金额减少；1995—1998年，中国外商实际投资金额逐年下降，由1995年的912.82亿美元，下降到1997年的510.03亿美元和1998年的412.23亿美元。此时期，苏州经济发展绩效连续保持在较低水平。由于苏南模式存在企业产权不明、政企不分、所有制形式单一等问题，尽管在改革开放初期经济空隙的存在为以苏州为代表的苏南模式提供了发展机遇，但随着买方市场的出现，苏州经济开始走下坡路，在与深圳、上海等地区的竞争中逐渐掉队。1996年，苏南乡镇企业销售增幅下降到10%以下，苏州乡镇企业的利润额出现了负增长(张应强，2002)。苏州经济发展绩效的下降，某种程度上也反映了苏南模式的终结。在众多经济发展模式中，青岛模式在过去10年一直保持较高的经济发展绩效，在经济发展模式上实行的是以工业立市，依托产品和企业扩大经济实力，以海尔、海信、青岛啤酒等为代表的一大批中国知名企业成为推动青岛经济持续发展的巨大动力，也成为青岛城市名片的重要标志(吴殿廷、周伟，2004)，青岛的经济发展模式也被称为“品牌经济发展模式”。

(四)2002年各区域经济发展模式绩效分析

2002年，各区域经济发展模式中，泉州、深圳、东莞则实现了最优，而其他地区出现不同程度的“DEA无效”(表4-5)，其中，金华、鄂尔多斯、贵阳低于全国平均绩效水平。

究其原因，深圳、东莞作为地区经济发展的龙头城市，多年来经济发展速度一直呈现高速增长的态势。以2002年为例，深圳、东莞的固定资产投资总额占GDP比重仅为26.54%、16.14%，而上海、苏州、天津分别为38.10%、39.07%、37.72%，西安、贵阳、长沙等中西部城市也达到了40.90%、55.88%、31.79%，可见深圳、东莞远低于其他城市平均水平。深圳更加注重R&D经费投入，2002年大中型企业R&D经费投入达45.2亿元，仅次于上海市。而泉州的经济发展高绩效水平则是建立在较低投入水平的基础上。

表 4-5　2002 年区域经济发展模式绩效评价及投入产出松弛测度

DMU	绩效水平	固定资产投资(亿元)	劳动力从业人数(万人)	R&D 经费支出(亿元)	GDP	DEA 有效性
		S−(1)	S−(2)	S−(3)	S+(1)	
泉州	1	0	0	0	0	有效
深圳	1	0	0	0	0	有效
东莞	1	0	0	0	0	有效
温州	0.8337	72.81	0	0	0	无效
苏州	0.7437	0	0	0	0	无效
长沙	0.7411	0	42.66	0	0	无效
大连	0.7161	0	9.33	33.14	0	无效
青岛	0.7037	33.95	0	0	0	无效
东营	0.6127	30.68	0	1.31	0	无效
全国	0.6082	0	12 589.77	0	0	无效
天津	0.5944	68.14	0	0	0	无效
上海	0.5475	0	0	15.94	0	无效
西安	0.5250	0	0	6.87	0	无效
重庆	0.5221	0	261.56	0	0	无效
金华	0.4832	0	0	0	0	无效
鄂尔多斯	0.4783	18.18	0	8.84	0	无效
贵阳	0.4156	0	0	0	0	无效

金华、鄂尔多斯、贵阳经济发展绩效低于全国，其中金华、贵阳在三项投入指标中均未出现冗余，但其原因不同。金华是由于经济发展速度趋缓导致，而贵阳则是有低水平“均衡”的现象。进入 21 世纪以来，金华经济发展开始趋缓，1997—2002 年，经济平均增速仅为 9.04%，而苏州、上海、深圳则分别为 12.98%、10.81%、18.04%，也不及同省的温州，温州的平均增速为 11.84%，这也表明金华模式开始在沿海各省市中“掉队”。而贵阳市由于地处西南山区，经济长期闭塞，2002 年，贵阳市 GDP 仅为 336.37 亿元，而金华则为 637.41 亿元，当然更不及东部地区的上海、深圳等地。与此前相比，苏州经济发展绩效有着较大的提升。由于原苏南模式模糊产权阻碍了乡镇企业的进一步发展，为此，

从2000年开始，苏南模式开始进行产权制度改革，选择私人产权制度。该制度更加有利于降低交易成本，并有利于打破地方产权制度，使得苏南的市场内生力量作用得到极大发挥。同时，在经济国际化背景下，以苏州等地开始以工业园区和开发区为载体，以打造国际制造业基地为引擎，以吸引外资实现工业化、国际化互动并进，大力发展民营经济，实现民资、外资并举，随之苏南模式也实现向新苏南模式的转型。这以苏州市以及下辖的昆山市最为典型。

(五)2007年各区域经济发展模式绩效分析

2007年，各区域经济发展模式与此前相比有着较大的变化。一是东营、鄂尔多斯等资源型城市，重庆等西部城市，以及上海、天津等东部城市的“崛起”；二是温州、大连、青岛等的继续“衰落”。2007年作为21世纪以来中国经济增速最快的一年，较多地区经济发展速度与绩效均有着较大提升。这也对尤其是能源等资源的需求快速提高，东营、鄂尔多斯作为资源型城市的典型，分别作为我国石油和煤炭、天然气的供应基地，中国经济对能源资源的需求也极大地刺激了鄂尔多斯、东营等城市经济的快速崛起。这也标志着鄂尔多斯模式、东营模式的形成，但两者在发展模式上存在一定区别。鄂尔多斯地处中西部内陆地区，经济发展内向性较强，对外贸易总额开始下降，并以资源采掘与初级加工为主；而东营除了石油资源采掘以外，还注重以石油装备为主的装备制造业的发展，并依托东部沿海的区位优势，重视对外联系，2007年东营对外贸易总额较上一年增长34.57%，接近2002年的5倍，尽管同样作为资源驱动型经济发展模式，但两者在内外联系、产业结构、技术水平上有明显区别。同时，随着滨海新区的设立，以滨海新区开发为重点的天津模式开始形成；与天津类似，重庆经济发展也快速提升，重庆模式也开始显现。天津、重庆两种模式的形成均得益于大项目、大投资，重庆还加快承接东部地区产业，吸引外资，形成了“内陆开放型区域经济发展模式”。重庆、天津固定资产投资总额分别达到3 161.51亿元和2 388.63亿元，在各地区中仅次于上海。这也换来了经济的快速增长，2007年，重庆、天津GDP增长率分别为19.68%、17.70%。但重庆、天津研发经费投入水平却相对较低，2007年R&D经费占GDP比重，仅为0.92%和0.90%，略高于全国平均水平，但远低于上海、深圳、西安等以科技创新驱动的经济发展模式。天津模式形成的主要原因仍然为滨海新区。滨海新区自1994年设立以来，国家大型项目大量落户，并加大吸引外资，形成了以石油开采和加工、电子通信、冶金、汽车制造等产业集群，GDP 也由 189.76 亿元增加到 2006 年的 1 960.49 亿元，占天津的半壁江山(周桂荣、翁梅，2008)。

从表 4-6 可见，2007 年，上海、深圳经济发展绩效也实现了最优，这是建立在高水平基础上的 DEA 有效，2007 年，两地 R&D 经费投入分别居于各地区的前两位。同时期，温州模式经济发展绩效在各地中的位次有着较大的下降。首先，温州模式作为推进市场化改革的先行者和民营经济率先发展的代表，在 1990 年代，温州地区的民营经济迅速崛起和发展壮大；但随着我国加快民营经济改革以及加大对外开放力度，全国大部分地区都以民营经济作为经济发展的主要力量；加之 1990 年代中期以后，温州在制度创新上的脚步逐渐慢了下来，其体制上的先发优势也逐渐弱化甚至丧失。由于民营企业制度创新基本停滞下来，使得绝大多数温州民营企业至今仍保持着封闭式家族企业的形态，这使得温州的民营企业逐渐开始衰落。其次，由于温州的土地价格的上涨，电力供给条件与投资环境较差，温州民营经济生产成本与交易费用逐渐上升，使得温州民企原有的低成本优势逐渐丧失，进而大批企业开始外迁，资本大量外流，这一系列现象也标志着温州模式的衰落(张仁寿，2004)。

同时，青岛、大连两地经济发展模式绩效水平也相对较低。由于大连采取的是环境经济发展模式，以经营城市作为突破口，营造城市最佳投资环境和宜居环境.以城市知名度和品牌吸引投资。与环境经济模式相对的是产品经济模式，我国大多数地区实行的是这种模式，产品经济模式投入少、见效快，适用于萌芽期或成长初期的地区，其经济发展的主要任务便是通过上项目出产品，尽快出效益；但该模式后劲缺乏，正如温州、东莞、青岛这种典型的以产品为主导的经济发展模式在近年来走向衰落便是典型。而环境经济模式投入大、见效慢，要求有大量资金进行基础设施建设和环境建设，通过优化城市硬环境与软环境，有选择地吸引投资、发展与城市性质相辅的产业，增加区域经济发展的后劲与潜力，实现经济可持续发展(李丽萍，2001)，这正好体现了前文所提到的区域经济发展模式应具有“可持续性”的特征。因此，在本书通过 DEA 模型对大连经济发展绩效进行评价时发现，其经济发展绩效一直较低，这与其大规模投资与相对较少的经济产出密不可分。2007 年，大连固定资产投资总额约为 1 930.76亿元，占 GDP 的47.72%，远高于深圳、上海等地，但低于鄂尔多斯，以及基础设施和经济基础较为落后的贵阳和西安。尽管该模式的经济绩效较低，但不否认其环境绩效，2007 年大连亿元 GDP 的 SO_2 排放量仅为 30.91 吨，而全国平均水平达74.20 吨/亿元，也低于天津的 42.79 吨/亿元、苏州的 39.14 吨/亿元。由于环境经济发展模式对经济实力要求较高，一般来说，该模式适用于处于经济发展较高阶段，此时，经济发展具有一定基础，“城市病”问题日益凸显，面临可持续发展的问题。

表 4-6 2007 年区域经济发展模式绩效评价及投入产出松弛测度

DMU	绩效水平	固定资产投资(亿元)	劳动力从业人数(万人)	R&D 经费支出(亿元)	GDP	DEA 有效性
		S－(1)	S－(2)	S－(3)	S＋(1)	
东营	1	0	0	0	0	有效
上海	1	0	0	0	0	有效
深圳	1	0	0	0	0	有效
鄂尔多斯	1	0	0	0	0	有效
重庆	0.9998	0	1 037.82	0	0	无效
东莞	0.9965	0	195.90	0	0	无效
天津	0.9934	0	88.31	0	0	无效
苏州	0.9745	0	30.15	0	0	无效
泉州	0.8896	0	149.09	0	0	无效
温州	0.8364	0	31.15	0	0	无效
金华	0.8374	183.8704	299.31	0	0	无效
大连	0.8364	83.27	4.28	0	0	无效
贵阳	0.8175	0	64.69	0	0	无效
青岛	0.7679	0	73.68	0	0	无效
长沙	0.7626	0	118.60	0	0	无效
全国	0.6340	1 273 648	53 387.36	0	0	无效
西安	0.4425	0	114.97	0	0	无效

青岛模式的经济发展绩效水平下降的原因则有所不同。正如前文所述，青岛模式走的是“品牌经济模式”，由于该模式主要通过培育产品和产业实现经济的快速发展，在经济发展的初期和中期，该模式经济发展绩效往往较高，正如

1990 年代以前，青岛经济发展绩效一直保持较高。但该模式一般适用于工业化前中期，其发展后劲一般也较差。2007 年，青岛模式的经济发展相对绩效降低也反映出青岛模式存在的问题。

（六）2012 年各区域经济发展模式绩效分析

2012 年，除了西安以外，其他各区域经济发展模式绩效均高于全国平均水平（表 4-7）。其中，泉州、温州、深圳、东莞为 DEA 有效，即在当前的资金、劳动力与技术资源配置下实现了经济绩效最优。深圳作为科技驱动型的特区经济发展模式，近年来对固定资产投资的依赖程度逐渐下降，而主要依靠技术投入和人力资本实现经济发展。2012 年，深圳固定资产投资占 GDP 比重仅为 16.50%，为各地区最低，远低于全国平均水平 56.14%；而 R&D 经费支出占 GDP 比重为 2.88%，仅低于上海市的 2.96%和西安的 4.64%，但远高于其他地区和全国平均水平。泉州则主要由于资金、技术和劳动力投入相对较少，使得经济发展相对绩效保持较高水平所致。东莞、温州经济发展绩效水平最优有些出乎意料，但笔者认为，东莞、温州的经济发展绩效最优是一种较低水平的“最优”，东莞、温州的固定资产投资与 R&-D 研发经费均处于较低水平，其中，东莞的固定资产投资总额远低于中西部地区的长沙、贵阳，也低于经济总量不及东莞的温州；东莞、温州 R&D 经费占 GDP 比重分别为 1.42%与 0.91%，处于全国平均水平附近。由于受金融危机影响，使得当地外资撤离严重，对基础设施建设、研发的投入均减少，使得经济发展绩效处于相对较高的水平。

与此前相比，贵阳经济发展绩效有所上升。但笔者认为这也是一种相对较低水平的绩效较优。2012 年，贵阳的研发经费投入仅为 14 亿元，居于最末，固定资产投资为 1 600 亿元，也位居各地区的后列，仅高于金华、东莞。尽管贵州被确立为生态省，而贵阳也被确立为“全国生态文明的先行区”，但这种发展模式在贵阳经济发展绩效中并未得到太多如大连类似的体现。由于贵阳经济发展水平较低，未来应加快经济发展，实现以生态文明建设带动经济发展的模式。然而，重庆、天津同时出现了经济发展绩效降低，这与两地以大投资、大项目、大建设为特征的经济发展模式密不可分。2007—2012 年，全国固定资产投资总额仅增长了 2.65 倍，而重庆、天津则分别增长了 4.04 倍和 4.59 倍，远高于全国平均水平和其他地区的增速。这种情况下，经济发展绩效水平降低也在所难免。重庆、天津模式也反映出，依靠大项目、大投资所维持的经济发展模式难以长久，未来应加快实现经济发展模式的转型升级。

通过对 2012 年各模式经济发展绩效的投入产出松弛测度分析发现，各模式的冗余量主要出现在固定资产投资和 R&D 经费投入上。金融危机以后，我国加大了固定资产投资，出台了一系列经济刺激计划与政策，这对经济复苏有着一定的帮助，但这种投资的效率却相对较低，未来有必要优化投资结构，实现资金投入产出比的上升。而 R&D 经费支出的冗余反映出相应地区的研发转化能力较弱。鄂尔多斯、东营由于所在地区经济发展水平与技术水平均相对较低，技术转化为生产力的能力较弱。而西安、上海的研发资源投入产出效率较低的原因是两地研发资源规模和投入、产出间的不匹配(曹贤忠，2014)，上海、西安的 R&D 经费支出分别居各地区的第一位和第三位，但两地均出现研发经费冗余，说明两地过多的研发经费并未有效转化为现实生产力，未来应通过改善研发资源的规模与结构等途径实现研发转化能力的提升。

表 4-7　2012 年区域经济发展模式绩效评价及投入产出松弛测度

DMU	绩效水平	固定资产投资(亿元)	劳动力从业人数(万人)	R&D 经费支出(亿元)	GDP	DEA 有效性
		S−(1)	S−(2)	S−(3)	S+(1)	
深圳	1	0	0	0	0	有效
泉州	1	0	0	0	0	有效
温州	1	0	0	0	0	有效
东莞	1	0	0	0	0	有效
鄂尔多斯	0.964 9	1 278.42	0	111.34	0	无效
苏州	0.948 3	0	0	0	0	无效
上海	0.945 3	0	0	80.41	0	无效
贵阳	0.765 5	440.10	0	0	0	无效
大连	0.744 9	0	0	14.90	0	无效
重庆	0.735 0	0	832.15	0	0	无效
东营	0.720 7	186.78	0	3.21	0	无效
天津	0.708 7	369.23	0	0	0	无效
长沙	0.684 7	164.78	0	0	0	无效

（续表）

DMU	绩效水平	固定资产投资（亿元）	劳动力从业人数（万人）	R&D 经费支出（亿元）	GDP	DEA 有效性
		S−(1)	S−(2)	S−(3)	S+(1)	
金华	0.684 7	0	12.15	0	0	无效
青岛	0.663 4	138.77	0	0	0	无效
全国	0.663 4	0	50 133.21	0	0	无效
西安	0.568 8	0	0	66.37	0	无效

第三节　不同区域经济发展模式的环境效率评价

自改革开放以来，中国经济在持续快速增长的同时，也付出了惨痛的环境代价。中国单位生产总值污染物的排放量是发达国家平均水平的 10 倍以上，几乎所有污染物排放量都是世界第一，主要污染物已经严重超过环境承载力上限（杨俊，2010）。世界银行在 2007 年《中国环境污染损失》研究报告中指出：空气和水污染对中国造成的损失等同于 GDP 的 5.8%。可见，在维持经济快速增长的同时，对环境污染的关注刻不容缓。在中国各区域经济发展模式中，也涌现出了一批以环境友好型增长、生态文明等为特征的模式，如崇明模式、贵阳模式、长株潭模式、大连模式等。

根据图 4-3，我们可以得出环境影响与经济增长之间的规律，即在工业化初期，环境破坏逐步加重并攀升至峰值；随着经济的继续增长，环境破坏程度将下降（尚勇敏、曾刚，2014c，Grossman G M&Kreuger A B，1995）。尚勇敏（2014）在环境库兹涅茨曲线的基础上，借鉴 Victor（2010）相关思想，揭示了经济规模、碳排放强度与环境库兹涅茨曲线的关系（图 4-4）。右边象限为碳排放等值影响曲线，曲线越靠上，碳排放影响越大，点 abc 所在的直线是经济从棕色增长至绿色增长的演变轨迹；左边象限中，通过 EKC 曲线来表征碳排放与 GDP 之间关系。其中，曲线上部为绿色增长，下部为棕色和黑色增长。值得一提的是，EKC 曲线反映了经济由黑色、棕色到绿色增长的转换也是经济增长方式转变的必然趋势。可见，在不同经济发展阶段，经济发展的环境影响存在差异。回到环境对区域经济发展模式的这一讨论中，中国各种发展模式在实现区域经济增长的同时对环境的影响存在哪些差异，有待于在本部分中分析。

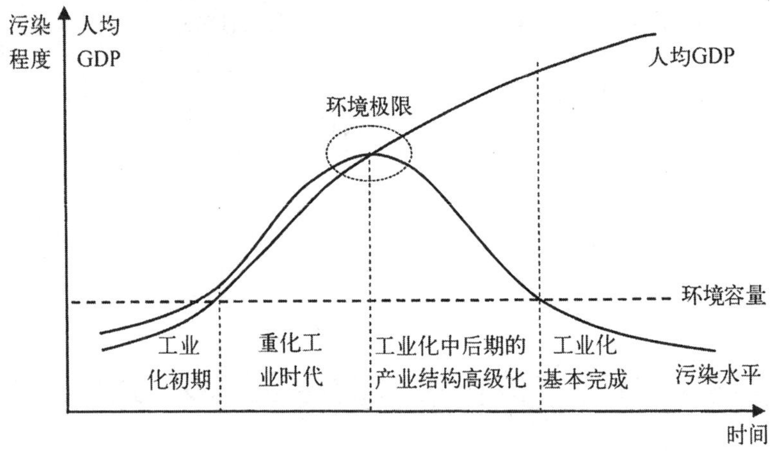

图 4-3　环境库兹涅茨曲线示意

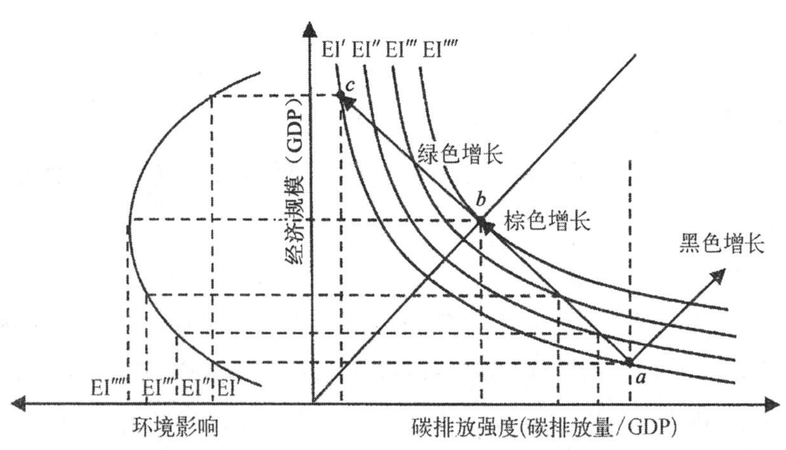

图 4-4　经济规模、碳排放强度与环境库兹涅茨曲线的关系

一、环境效率的内涵与评价

环境效率也称为生态效率，它最早由 Freeman 等于 1973 年提出（Freemanetcal，1973）；Schaltegger 和 Strum（1990）提出生态效率；此后，世界可持续发展工商业委员会（WBCSD）、世界经济合作与发展组织（OECD）等组织以及相关学者对环境效率的概念进行了界定，并给出相应环境绩效指标用以衡量环境效率

(Tyteca,1996)。WBCSD(1992)指出,环境效率指满足社会需求的产品、服务的经济价值与其所对应的环境负荷的比值。简言之,即为单位环境负荷上的经济价值。OECD(1998)指出,生态效率可以用来衡量生态资源满足人类需求的效率,数值可以用产品(服务)的经济价值与其产生的环境污染(破坏)之间的比值来衡量。Reinhard 等(2000)将环境效率定义为多个有害投入的最小可能值与实际使用量的比值。而 Kuosmanen(2005)、Kortelainen(2008)则认为环境绩效是价值增加量与由此带来的环境破坏损失的比值。Jollands(2003)也对生态效率做出定义,其内涵基本上为经济活动产生的增加值与其环境破坏的比值。尽管环境效率内涵的界定上存在些许差异,但大多数都是从经济与环境之间的关系着手,以经济价值与环境影响之间的比值来表征。可见,环境效率的评估在涉及生产过程对环境造成的影响的同时又兼顾其经济价值;如果生产活动能够增加正向经济总产出的同时减少环境破坏程度,则环境效率越高(杨文举,2009)。

依据环境效率的内涵,环境效率即单位环境负荷的经济价值。为此,可以运用 DEA 方法对环境效率进行评价。DEA 方法是环境效率评价的确定性非参数方法,以环境负荷最小化或经济效果最大化为原则,根据数学模型计算结果来实现对评价对象的相对效率的有效评价。由于各地通常期望在维持现有产出水平的同时实现最少的废弃物产出,环境效率提高的规模报酬一般是可变的。因此,本书采用假定生产规模报酬改变的 BCC 模型,即以投入为导向,在维持现有产出水平的情况下实现最小化投入。

二、评价指标与数据来源

依据环境效率的内涵与研究目标,并考虑统计数据的可获取性,本书的投入指标主要选择废弃物排放指标,产出指标为 GDP,这反映了一定经济产出水平下,环境污染废弃物的排放水平。由于中国各城市能源供应缺乏历年连续的数据,以及统计口径存在不统一等问题,而《中国城市统计年鉴》有各城市相对较全的废弃物排放数据,本书主要采用《中国城市统计年鉴(1988—2013)》中的废弃物排放数据。同时,由于固体废弃物一般被储存起来,对环境影响相对范围有限,且各城市历年的固废排放数据难以获取;废水和废气对环境影响较大,且废水是当前我国环境治理的重点(符森、黄灼明,2008),因此这里采用废水、废气(用 SO_2 表示)排放量两项指标。一般来说,南方废水排放量较大,而北方因为燃煤,SO_2 排放量较大。这在部分学者的研究中也得到了较为广泛的认可(王俊能等,2010;符淼、黄灼明,2008)。

三、各模式环境绩效分析

为了对各地区环境效率进行横向比较,这里视同一年份中各地区为不同决策单元,从而比较不同年度各地区的环境效率。环境绩效值的高低是评价环境效率水平高低的标尺。由表 4-8 可知,各地区环境效率最高的是深圳,2003—2012 年一直处在环境效率的前沿面,长期领先并远高于其他地区,可视为环境友好型发展的“最佳实践者”;以 2012 年为例,深圳的单位 GDP 废水排放强度仅为0.92 吨/万元,仅次于鄂尔多斯和长沙市,不到排放强度最高泉州的 1/5,SO_2 排放强度仅为 0.76 吨/亿元,远低于其他地区,不到排放强度次低的长沙 10/33,仅为排放强度最高的鄂尔多斯和重庆的 1/81 和 1/59。长沙的环境效率也保持较高水平,尤其是 2007 年以后,基本保持在 0.8 以上,并稳步上升;2007 年,经报请国务院同意,以长沙为首的长株潭城市群被批准为全国资源节约型和环境友好型社会建设综合配套改革试验区,这在一定程度上促进了长沙环境效率的快速提升。以 2012 年为例,长沙废水和 SO_2 排放强度均居于各地区第二位,分别仅次于“无水可用、无水可排”的鄂尔多斯和环境绩效长期领先的深圳。重庆、东营、苏州、东莞、西安等的环境效率则长期保持较低水平,大部分年份在 0.2以下。以 SO_2 排放强度为例,2012 年重庆等 5 市分别为 44.68 吨/亿元、18.48 吨/亿元、15.27 吨/亿元、23.68 吨/亿元和 19.02 吨/亿元,高于各地区的平均水平 17.50 吨/万元。尽管苏州低于各地市的平均水平,但排放总量仍高达 183 401 吨,且废水排放强度为 5.89 吨/万元,为各地区最高水平。上述地区在 2003—2012 年,环境绩效长期较高,或长期处于较低水平,而其他地区在不同年份的环境绩效则或上升,或降低,或在某一水平波动,如大连的环境绩效长期保持在 0.233～0.333。

表 4-8 各地区相对环境绩效

地区	2003	2004	2005	2006	2007	2008	2009	2010	2011	2012
重庆	0.048	0.055	0.053	0.050	0.094	0.092	0.097	0.165	0.209	0.215
泉州	0.999	0.472	0.286	0.276	0.248	0.233	0.230	0.227	0.163	0.130

（续表）

地区	2003	2004	2005	2006	2007	2008	2009	2010	2011	2012
东营	0.137	0.169	0.187	0.172	0.231	0.221	0.198	0.210	0.201	0.176
天津	0.178	0.208	0.169	0.210	0.331	0.351	0.378	0.440	0.406	0.394
大连	0.283	0.255	0.294	0.268	0.264	0.233	0.333	0.278	0.278	0.296
青岛	0.301	0.376	0.391	0.362	0.539	0.485	0.456	0.493	0.420	0.386
上海	0.253	0.235	0.236	0.237	0.355	0.340	0.358	0.439	0.341	0.261
金华	0.246	0.285	0.270	0.266	0.216	0.202	0.233	0.256	0.196	0.187
温州	0.201	0.196	0.177	0.188	0.274	0.243	0.314	0.392	0.332	0.295
深圳	1	1	1	1	1	1	1	1	1	1
东莞	0.093	0.122	0.130	0.138	0.147	0.149	0.153	0.145	0.133	0.121
苏州	0.147	0.152	0.150	0.156	0.143	0.174	0.201	0.160	0.137	0.13
鄂尔多斯	0.230	0.282	0.204	0.225	0.680	0.615	1	0.735	1	1
长沙	0.402	0.485	0.571	0.564	0.798	0.846	0.974	0.985	1	1
贵阳	0.103	0.130	0.137	0.148	0.238	0.360	0.387	0.443	0.486	0.477
西安	0.150	0.133	0.122	0.122	0.132	0.135	0.203	0.220	0.206	0.251

为了比较各地区环境效率所处水平，这里将各地区的环境效率转化为排名，绘制2003—2012年环境效率排序变化，环境效率越高，排名越靠前，数值越小。总体上，各地区环境效率排序变化特征大致分为以下五类：排序靠后型、排序靠前型、逐步下降型、逐步上升型、排序波动型（图4-5）。

排序长期靠后的有重庆、东莞、苏州、东营、西安等，说明这类地区环境效率持续处于较低水平。其中，重庆、东营、西安环境效率较高，是由于石油采掘、化工、黑色金属冶炼及加工等产业占比较大，这类产业水耗、能耗均较高，产生的废水、废气也较多；而西安则由于靠近煤炭生产地，2012年，一次性能源消费中，煤炭占能源消费总量的77.42%，而石油为22.41%，天然气仅占0.17%，以上原因使得这些地区环境效率较低。例如，2012年重庆废水排放量为30 661万吨，SO_2排放则达到50.98万吨，分别居于各地区的第二位和第一位；而苏州、东莞的废气、废水排放也处于较高水平，2012年废水排放强度居于前两位，分别为5.89万吨/万元和5.37万吨/万元，为各地区平均水平的2倍以上。以苏州为例，尽管近年来计算机通信和其他电子设备制造业等得到较快发展，但化学原料和化学制品以及电力、热力生产和供应业仍是能耗大户，2012 年，这两类产业能耗占总能耗的 62.26%；从能源消费结构来看，原煤、精洗煤、焦炭以及煤制品等占能源总消费量的 91.28%，远超过其他地区平均水平。可见，产业结构与能源消费结构是这类地区环境效率较低的重要原因。

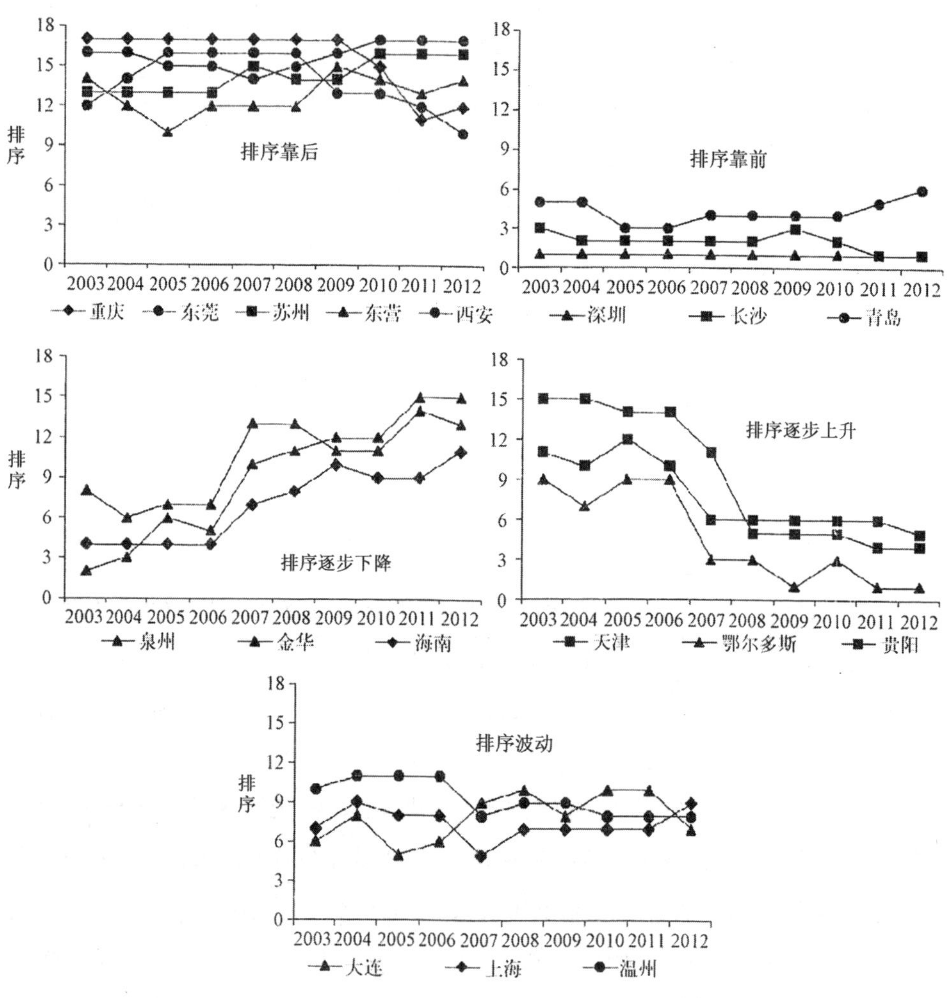

图 4-5　各地区环境效率排序变化

排序靠前的主要为深圳、长沙，说明其环境绩效长期处于较优水平。深圳依托经济特区，大力吸引外资，实现了产业结构向电子信息产业等转型，经济发展对资源依赖程度逐步下降，三废排放量也整体上有所下降。其中，2003—2012 年，SO_2 排放量由 40 800 吨下降为 9 847 吨，而 GDP 却增长为原来的

3.61倍。长沙依托“两型社会”建设的机遇，也实现了废弃物排放量的快速下降，2012年，废水和SO_2排放量分别为3 777万吨和21 209吨，仅分别为2003年的94.28%和38.94%，而GDP则增长了5倍。青岛的环境绩效在大多数年份均居于各地区的第3～5位，即环境绩效水平相对较优。以2012年为例，青岛的废水排放强度为1.52吨/万元和9.94吨/亿元，而各地区平均水平为2.66吨/万元和17.50吨/亿元。

排序逐步下降的主要包括泉州、金华，这反映出随着经济的发展，其环境效率不断降低。2003—2012年，各地区废水和SO_2的排放总量分别由36.70亿吨和238.61万吨下降到32.25亿吨和212.49万吨，分别下降了12.12%和10.95%；GDP总量由30 381.95亿元上升到121 408.66亿元，上升了3倍。而金华的废水和SO_2排放量不降反升，分别上升了28.89%和13.01%；GDP仅上升了2.58倍，污染物排放量不断上升，GDP增长却慢于其他地区，这使得金华的环境效率不断下降。泉州也类似，废水和SO_2排放量分别上升了21.39%、627.13%和3.95%、47.05%，而GDP增长了253.13%和300%。泉州在此期间，基本上为RMEx模式，即经济发展依赖于传统资源的大量投入，这也大致反映了资源驱动型经济发展模式对环境影响程度相对较大，环境效率相对较低的特征。尽管金华不属于资源驱动型模式，但污染物排放增加，且经济增长速度较慢，使得环境效率也相对较低。

排序逐步上升的主要包括天津、鄂尔多斯和贵阳，尽管这三个地区经济发展模式也基本上为RMEx模式，这似乎与泉州等呈相反的结果，但天津等的经济增长速度却远高于泉州，且废弃物排放量也有不同程度的下降。2003—2013年，天津、鄂尔多斯、贵阳的废水和SO_2排放量增减情况分别为−11.52%、−6.38%，−1.48%、74.77%，−65.63%、−68.30%，GDP分别增长了400.14%、1 213.20%和361.21%，均高于各地区的平均水平。这需要对三个地区进行单独分析。天津尽管资源型产业占据较大比重，但自滨海新区批准为国家级新区以后，经济得到飞速发展，且技术发展水平也较高，使得在节能减排方面具有更强的技术优势与经济实力。鄂尔多斯尽管废水排放有所下降，但SO_2排放量却快速上升，但在此期间，其经济总量飞速增长，增长幅度居各地区之首，高速增长的GDP使得其环境效率不断下降。贵阳的环境效率下降则依赖于产业结构的调整，资源型产业比重由2003年的70.10%下降到2012年的54.39%；2008年以后，贵阳有色金属、黑色金属、钢铁行业遭受重创，2008年规模以上企业有色金属冶炼及压延增加值比上年下降14.6%；贵阳在建设生态文明上也进行了积极的努力，加上高污染、高排放的产业相对萎缩，使得贵阳环境效率得到快速提升。

环境效率排序在一定范围内波动的主要包括大连、上海、温州等。其中，上海和大连的石化工业均占较大比重，而石化工业属于高水耗、高能耗产业，这使得两地废水、SO_2 排放量居于各地区前列，其中废水排放量分别为47 700万吨和21 795万吨，居各地区的第二位和第六位，SO_2 排放量则居于第一位和第六位。尽管环境效率排序不够靠前，尤其是大连作为环境经济模式的典型，但上海和大连的废水和 SO_2 排放强度则分别为2.36吨/万元、11.89吨/亿元和3.11吨/万元、9.22吨/亿元，而各地区的平均水平为2.66吨/万元和17.50吨/亿元，除大连的废水排放强度高于平均水平以外，其他均远小于平均水平。基于两地重化工业占据较大比重的现实，两地在单位GDP废弃物排放方面的成绩已经处于较优水平。温州的废水、SO_2 排放总量相对较小，且排放强度也低于平均水平，但其经济总量较小，2012年GDP仅为3 669亿元，居于17个地区的第12位，使得其环境绩效呈现出低排放、低产出，导致环境绩效处于中游水平。

需要指出的是，这里计算所得的环境效率仅表示相对效率，并不是绝对效率；一个地区位于环境生产前沿面，即环境效率达到1，并不意味着污染物排放已经达到最低，而是相对于其他地区来说，实现了相对最优。例如，鄂尔多斯作为煤炭产区，煤炭采掘加工、煤化工等产业为支柱产业，SO_2 排放量巨大，排放强度居各地区之首；但在2009年、2011—2012年环境效率为1，这是建立在其经济高速增长，位于缺水的内蒙古高原地区导致废水排放很少的基础上。这可能与指标选取与数据可获取性有关，但也能通过有限的资料在一定程度上反映各地区环境效率水平差异。同时，各地区环境效率是一个复杂、综合的问题，需要从多个角度进行系统分析。为此，针对各地区环境效率差异应具体情况具体分析。此外，我们还需要认识到，我国绝大多数地区在环境保护、污染物减排、环境技术应用等方面与发达国家仍存在较大差距，各地区尤其是环境效率水平相对较低的地区应进一步降低污染物排放量，提高环境质量。

第四节 区域经济发展模式的适用性

一、区域经济发展模式的绩效水平差异

通过对各种模式的平均绩效水平对比发现(图 4-6),平均绩效水平最高的为 RMEx 模式和 HMEx 模式。前者主要是由于泉州、天津、东营等模式,这些地区经济发展绩效普遍较高。泉州、天津由于地处沿海地区,对外开放程度较高,经济发展速度较快;东营则为资源驱动型模式,借助于国家经济快速发展对资源需求的提升,使得其经济快速发展。与天津这种高投入、高产出相比,相对绩效排名前四的模式有两个特点:一是均属于市场驱动型模式,说明市场机制建立对于优化资源配置,提高经济产出具有重要作用;二是整体时间晚于其他四种模式,排名前四的模式其时间中位数分别为 2007 年、2002 年、2005 年和 1995 年,同时在资源驱动型与人力资本驱动型,以及外生型与内生型均有分布,这也反映在当今技术水平、产业能级相对不高的情况下,仍有大量地区以依赖资源采掘与加工作为经济发展追求的目标,在投入产出绩效较高的利益驱动下,这成为各地区经济发展的自发性行为。而 RMEn、HMEn 两种以内生型模式为主的经济发展模式绩效水平也相对较高,前者主要为东营、鄂尔多斯这两个典型的资源驱动型经济发展模式所体现。由于国家对资源需求的加大,这两个地区经济飞速发展,其投入产出水平也相对较高;后者则为温州、金华 20 世纪八九十年代所体现,尤其是温州模式在 90 年代作为我国经济发展的一颗明珠,而温州模式则属于典型的内生型模式。

排名靠后的四种模式,大多数为 20 世纪八九十年代所出现的,这也反映当时中国经济发展整体为高投入、低产出的粗放型经济发展模式。其中,RGEn 模式和 HGEn 模式平均绩效值居后两位。前者主要出现地区为 1987 年的天津、上海和 2002 年以前的贵阳、鄂尔多斯,1987 年天津和上海在中国经济发展中处于边缘化的位置,尽管对外联系较强,但资源驱动、政府导向作用明显,这两者在当时技术水平相对较差、市场机制尚未建立的情况下,其经济发展绩效相对较低也在所难免。同样,2002 年以前的贵阳和鄂尔多斯仍处于中西部经济发展十分落后的地区，导致其经济绩效相对较低。HGEn 模式尽管为人力资本驱动型模式，但经济发展绩效却居于最后，出现该模式的为 1987 年的金华、2002 年的重庆和 1992 年的苏州，1987 年和 2002 年的金华和重庆经济十分低迷，尽管资源型产业比重下降，但由于技术水平较差，使得资金、技术、劳动力等生产要素投入产出效益较低。这既是经济发展阶段所致，也是从资源驱动向人力资本驱动的结构调整期资金、技术等产出效益周期较长所致。而 1992 年的苏州，也是处于苏南模式和后苏南模式转型时期，经济发展处于低谷。

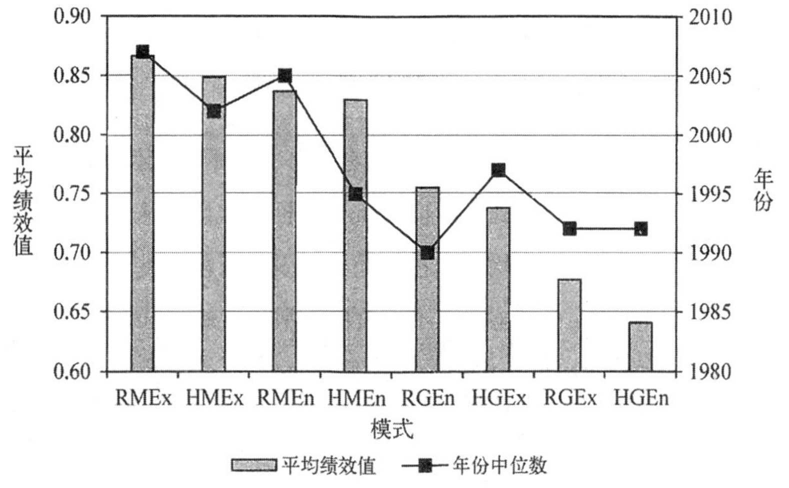

图 4-6　各区域经济发展模式平均绩效及年份中位数

二、区域经济发展模式的阶段适用性分析

如前文所述，区域经济发展模式应具有经济发展的持续性。由此，经济发展绩效水平可以作为判断模式适用性的重要指标。这里将从要素、制度、关系三个维度对经济发展模式平均绩效在不同经济发展阶段的变化进行分析。从图 4-7 可看出，各模式在经济发展不同阶段的平均绩效呈“U”形分布，即在经济发展初期实现低投入、低产出的绩效水平相对较高，经济发展中期表现为高投入、低产出的绩效水平较低，经济发展后期则表现为低投入、高产出的绩效水平相对较高。

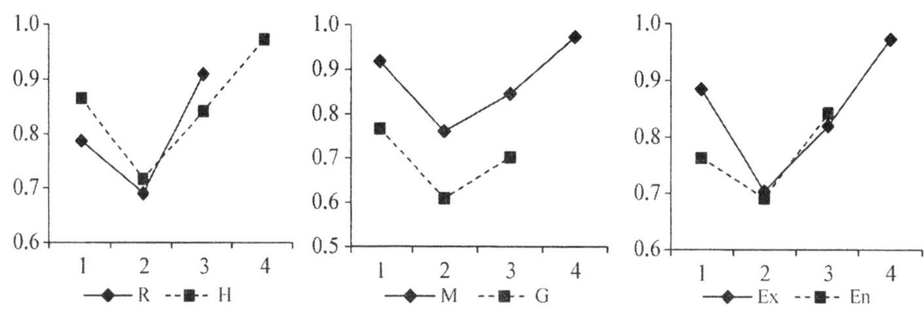

图 4-7 各经济发展阶段的区域经济发展模式平均绩效

注:图中横轴的 1、2、3、4 分别表示工业化初期、中期、后期和后工业化阶段,纵轴表示相对绩效水平;R 为资源驱动型模式,H 为人力资本驱动型模式,M 为市场推动型模式,G 为政府推动型模式,Ex 为外生型模式,En 为内生型模式。

从要素维度上看,资源驱动型经济发展模式在传统经济发展阶段和工业化初期具有相对较高的经济绩效水平,随着工业化中后期经济进入高速发展阶段以后,对资源依赖程度的加深,资源驱动型经济发展模式以相对较低的投入带来较高的产出,使得其绩效水平高于人力资本驱动型。但可以预见的是,进入后工业化阶段以后,人力资本驱动型经济发展模式的绩效水平将超过资源驱动型模式。可见,资源驱动型模式短期经济效应更加明显,尤其是在对自然资源需求较大的工业化阶段具有较强的适用性;而人力资本驱动型长期经济效应更加明显,尤其是在工业化中后期或后工业化阶段,其优越性逐渐显现。

从制度维度上看,在整个经济发展阶段周期中,政府推动型模式在工业化初期具有相对较强的适用性;而市场推动型模式与政府推动型模式相比则在各阶段均具有较强的生命力,这也反映出市场经济在资源优化配置上的优越性。尽管在传统经济阶段和工业化初期阶段,政府导向型模式具有相对较高的经济发展绩效,但进入工业化后期以及后工业化阶段以后,依靠政府导向的经济发展模式与经济发展需求不相适宜。综合来看,在任何经济发展阶段,市场导向型的经济发展绩效均优于政府导向型,而政府导向型仅适用于市场经济尚不发达的传统经济阶段和工业化初期。

从关系维度上看,在工业化初期,依赖于经济全球化带来的资源的全球配置效应,劳动分工使得区域经济发展整体水平得到提升,外生型经济发展模式在绩效水平上相对优于内生型模式。而进入工业化中后期，外生型模式与内生型模式在工业化中期并无明显的优劣之分，对于两者孰优孰劣，不能简单地进行判断。全球生产网络学派强调全球商品链、全球价值链等外生型的全球链接对区域发展的重要意义，而新区域主义则强调一定区域范围内劳动力、技术、社会文化、制度因素、集聚经济等对区域发展的影响，两者均强调地方资产在全球化时代的作用，并强调熟练工人、生产网络、技术基础设施在知识形成、交换、处理、传播和溢出的效应(LIN G. C. S,2009)。可见，外生与内生均是区域经济发展的重要动因，以至于 Bathelt(2004)、曾刚(2008)、Wei Y H D(2010)等一大批学者提出区域发展应整合全球力量、国家机构和当地环境等。这在中国区域经济发展模式绩效水平、对外贸易依存度上也得到了体现。这要求中国区域经济发展模式在加快融入全球化时应注重内生因素对区域经济发展的贡献。

到后工业化时期，尽管尚无内生型模式作为参照，但其经济发展绩效水平几乎接近 1，即经济发展实现绩效最优，这反映出到后工业化阶段外生型模式的优势得到显现。随着经济全球化的不断深化，整合全球资源能力在一定程度上决定了区域国际竞争力的高低，因而外生型模式相较于内生型模式具有更加明显的优势。而从本书的分析中可见，到后工业化阶段全部为外生型模式，这也在一定程度上反映外生型模式将成为未来经济发展的主要方向。

三、区域经济发展模式的环境适用性分析

前文从要素、制度、关系三个维度建立了区域经济发展模式的划分框架，进而将各种模式分为资源驱动型模式与人力资本驱动型模式、政府导向型模式与市场导向型模式、内生型与外生型模式，同时将三个维度进行综合形成 8 种模式。由于环境绩效分析的数据时间为 2003—2012 年，而缺乏 RGEn 模式，且 HGEn、HMEn 等模式出现次数过少，因此不具有普遍意义。为此，这里从要素、制度、关系三个维度分析 2003—2012 年的不同模式的平均环境效率水平(图 4-8)。通过对不同模式的环境效率可知，资源驱动型模式的平均环境效率为 0.351 2，而人力资本驱动型模式为 0.366 6。其中，鄂尔多斯 2007 年以后，环境效率快速上升，2012 年甚至达到 1(环境效率最优)，这是建立在经济高速增长以及废水排放很少的前提之下，在一定程度上影响了资源驱动型模式的实际环境效率，具有环境效率“虚高”的特征。剔除鄂尔多斯的影响之后，资源驱

动型模式环境绩效仅为 0.304 4。可见，人力资本驱动模式的环境效率相对较优。政府导向型与市场导向型模式的平均环境效率相差较大，分别为 0.133 0 和0.364 8。可见，市场经济体制更有利于实现资源优化配置，有利于资源利用效率的提升，进而实现环境效率的增加。外生型模式与内生型模式的环境效率分别为 0.322 0 和 0.572 9，从数据上看，似乎内生型模式的环境效率更高。这主要是由于环境效率"虚高"的鄂尔多斯，以及 2012 年长沙的环境效率达到最优所致；在剔除鄂尔多斯的影响之后，内生型模式的环境效率仅为 0.313 2，与外生型模式的环境效率基本持平。

综上可知，人力资本驱动型模式环境效率整体高于资源驱动型，市场导向型模式环境效率远高于政府导向型模式，内生型与外生型模式之间的环境效率不具有明显特征。尽管以上分析受研究样本、获取数据有限所限制，导致各种模式环境效率研究结果不一定十分精确，但本书为各区域经济发展模式的环境效率差异提供了一种研究思路。

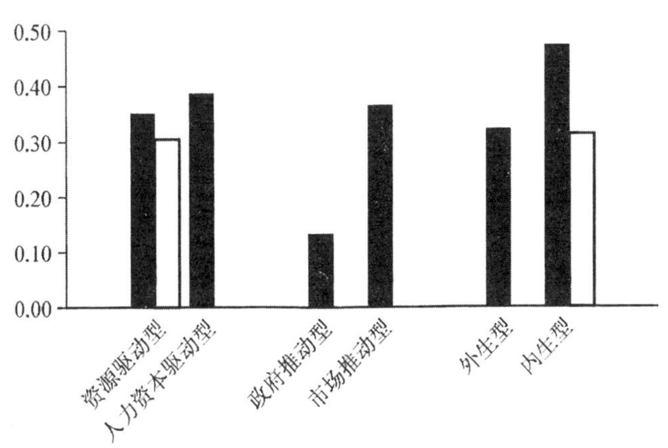

图 4-8　各模式的平均环境效率

注：图中黑色柱状图为包含鄂尔多斯的平均环境绩效，白色柱状图为剔除鄂尔多斯之后的环境平均绩效。

第五章 区域经济发展战略与区域规划

第一节 区域经济发展战略

本节主要包括区域经济发展战略的基本概念、区域经济发展战略的主要内容、区域经济发展的战略抉择、区域经济发展战略的模式四个部分。

一、区域经济发展战略的基本概念

(一)战略

1. 战略的概念

战略(Strategy)泛指具有全局性和长远性的重大谋划。在《辞海》中,战略是指重大的具有决定全局性的谋划。这个词起源于军事用语,通常指战争的谋划,是和“战术”相对应的一个概念。英文“Strategy”源于希腊语,意思为“指挥军队的才干”。第二次世界大战以后,“战略”被引申到科技、教育、社会、经济等各个领域,泛指具有全局性和长远性的谋略。耶鲁大学的教授赫希曼在1958年出版的《经济发展战略》一书中,把“战略”应用到经济研究领域。中国的经济学家于光远也在20世纪80年代初期提出“经济社会发展战略”的倡议,逐渐在中国掀起了发展战略研究的思潮。

2. 战略的特征

(1)全局性。战略的全局性包括两个方面:一方面是指要从全局出发制定战略;另一方面是指战略所涉及的问题通常为全局性的重大问题。

(2)长远性。战略的长远性是指制定战略的时限通常都在10年以上,有的甚至在50年以上。

(3)综合性。战略的综合性是指战略的制定要综合考虑到社会、经济、自然、科技等各种因素。

(4)层次性。战略的层次性是指战略本身是一个系统,因此进行战略研究时要用系统的方法,分层次地对战略进行研究。

(二)区域经济发展战略

1. 区域经济发展战略的概念

区域经济发展战略(Regional Economic Development Strategy)是指经过对区域经济发展的分析和判断后,而做出的具有重大的决定性作用的谋划。即根据区域经济发展的基本条件、面临机遇、面临挑战,提出的在一定时期内的战略思想、目标、重点、步骤、措施等。

2. 区域经济发展战略的主要类型

(1)区域经济总体发展战略。区域经济总体发展战略主要是指把发展的指导思想、远景目标和阶段目标、人口控制目标、产业结构、产业比例、主导产业和发展方向作为区域经济总体发展谋划重点的战略类型。

(2)区域经济部门发展战略。区域经济部门发展战略主要是指明确区域各部门的远景目标、重点建设项目、发展方向和实施政策的战略类型。

(3)区域经济空间开发战略。区域经济空间开发战略主要是指对区域经济活动的内容进行地区配置,以建立合理的空间开发战略结构。其区域经济空间开发战略的重点是:确定开发方式、明确开发重点、剖析土地结构、提出开发措施,并制定区域开发重点建设项目的近期安排。

二、区域经济发展战略的主要内容

区域经济发展战略主要包括战略思想、战略目标、战略重点、战略步骤、战略措施五个方面。

(一)战略思想

战略思想也叫作战略方针,是指确定战略的总原则和总策略,是区域经济发展战略的总纲。区域经济发展战略思想是对战略理论的高度概括,在区域发展战略中处于主导地位,是区域发展的行动指南。因此,在制定战略思想时切忌一般化和公式化。

(二)战略目标

战略目标是指在战略时期内要达到的目的,是区域发展战略的核心,是战略思想的集中体现,一般是指战略期限内希望达到的最佳程度和发展方向。战略目标是战略的出发点,也是战略的最终成果。战略目标按期限长短可分为短期目标(通常为5年左右)、中期目标(通常为10年左右)、长期目标(通常为20年左右)。

(三)战略重点

战略重点是指在实现战略目标的过程中具有决定性作用的战略任务。战略重点不是某一个项目或企业,而是涉及全局性的关键部门、项目和地区。战略重点具有相对稳定性,是在区域经济发展中能够较长时期发挥作用的部门或地区,而不是只在短期内发挥作用的某一行业或局部地区。

(四)战略步骤

战略步骤是指为了实现战略目标,对战略实施过程的一种时间界定。战略步骤主要包括三个时期:战略准备期、战略发展期、战略完善期。

(五)战略措施

战略措施是指为了实现战略目标而制定的具体措施和对策,是战略目标实现的手段保障。战略措施的制定是指把抽象的战略思想、战略目标具体化的过程。战略措施主要包括战略实施机构、资源分配、资金政策、产业政策、劳动政策以及控制、激励、协调等经济手段。此外,如社会文化、社会福利、环境保护等有关国家发展和人民生活需求的各种手段和策略也是战略措施的主要构成部分。

三、区域经济发展的战略抉择

区域经济发展的战略抉择包括评估区域经济发展的内部条件、分析区域经济发展的外部环境、提出区域经济发展的战略构想三个部分。

（一）评估区域经济发展的内部条件

区域经济发展的内部条件主要是指区域的自然资源、人力资源、技术资源，地理位置、基础设施、文化传统、生活习俗、对外的适应能力等。对区域经济发展内部条件的评估主要包括区域地位、区域优劣势、区域容量、创新活动四个方面。

1. 区域地位

区域地位是指某一研究区域在整个区域系统中或同一层次区域系统中的重要性、排序、作用以及影响等。区域地位与区域规模、资源状况、地理位置、经济发展阶段、发展水平等因素密切相关。评估区域地位的主要目的是明确某一研究区域在整体地域分工中所处的位置、作用及所适宜扮演的角色。

2. 区域优劣势

区域优势与区域劣势两个概念是相比较而言的。确定区域优势和区域劣势通常使用比较法，主要包括区内比较和区际比较。区域优势主要包括资源优势、技术优势、区位优势、产业优势等。促进潜在区位优势转化为现实区位优势的条件包括经济上有利、技术上可能、整体上适宜、生态上允许四个方面。

3. 区域容量

区域容量是指在一定的生产力水平下，一定区域范围内的水、土地、矿产等资源对人类经济活动所能承载的最大限度。区域容量的主要内容包括区域人口承载力、矿产资源承载力、水资源承载力、土地资源承载力等。其中，土地资源是自然资源中最根本的物质基础，所以对于区域容量的研究主要集中在土地人口承载力上。土地人口承载力是指在一定的投资水平下，一个国家或地区的土地资源持续利用过程中的食物生产能力及其在一定营养水平下所能供养的人口数量。

4. 创新活动

（1）创新的基本概念。创新是指首次应用于新领域的一项发明，包括新产品、新技术、新市场、新原料、新组织等。创新的基本要素包括环境、机会、支持系统、创新者四个要素。创新的基本类型包括组织创新、技术创新、制度创新三种类型。创新的基本条件包括充足的资金、灵通的信息和专门人才。创新具有随机性、突出性、偶然性等特点。

(2)创新的基本理论。创新的基本理论主要包括熊彼特的生产创新理论、冯·杜因的技术创新生命周期理论、R.弗农的产品循环学说、赤松雁行的形态学说四种。

①熊彼特的生产创新理论。在《经济发展理论》一书中,熊彼特提出创新是指建立一种新的生产函数,将生产条件和生产要素进行新的组合并引入生产体系的活动。它包括新的产品、新的原材料、新的市场、新的组织、新的生产方法五种情况。

②冯·杜因的技术创新生命周期理论。荷兰经济学家冯·杜因提出创新活动是经济波动的内在原因。创新活动包括介绍阶段、扩散阶段、成熟阶段、衰落阶段四个阶段。这四个阶段与宏观经济波动的四个阶段(复苏阶段、繁荣阶段、衰退阶段、危机阶段)存在着一定的对应关系。

③R.弗农的产品循环学说。1966年,美国麻省理工学院的R.弗农提出产品创新存在四个过程(产品导入期、产品增长期、产品成熟期、新循环起点期)。产品导入期主要是指"本地研制新产品的问世→扩大市场→国内市场饱和时期"。产品增长期主要是指"新产品出口到国外一开拓国外市场时期"。产品成熟期主要是指"国外市场的形成→产品的输出→资本和技术的出口→工厂外迁到国外生产成本低的地方进行生产时期"。新循环起点期主要是指"新产品研究开始时期"。

④赤松雁行的形态学说。日本经济学家赤松提出要使幼小产业变成具有强竞争能力的出口产业,对于落后地区来说应当遵循"进口→国内生产→出口"的模式,并相继交替发展。这种"进口→国内生产→出口"的模式发展过程在图形上像三只大雁在飞翔,第一只大雁就是进口,第二只大雁就是进口所引发的国内生产,第三只大雁就是国内生产所促进的出口。

(二)分析区域经济发展的外部环境

分析区域经济发展的外部环境主要包括总体环境、产业环境、企业或公司环境三个方面。

1.总体环境(宏观环境)

总体环境也就是宏观环境,主要包括世界经济环境、全国经济环境、周边地区经济环境。

(1)世界经济环境。世界经济环境主要是指要审时度势，了解世界经济发展变化的总趋势。

(2)全国经济环境。全国经济环境主要是指要了解全国经济发展形势，接受全国或高层次区域经济发展战略的约束。

(3)周边地区经济环境。周边地区经济环境，主要是指要了解周边地区的经济情况，分析区域与周围地区经济环境的关系。

2. 产业环境(中观环境)

产业环境也就是中观环境，主要包括产业结构分析、生产状况分析、产品状况分析、产品市场状况分析、产品生产环境分析五个方面。

(1)产业结构分析。产业结构分析主要是指对影响产业发展的决定性因素和各种动力行的具体分析。

(2)生产状况分析。生产状况分析主要是指对生产类型、生产成本、生产附加值、原材料来源、规模经济利益等进行的具体分析。

(3)产品状况分析。产品状况分析主要是指对产品类型、替代品等进行的具体分析。

(4)产品市场状况分析。产品市场状况分析主要是指对产业成熟度、进出口状况、销售范围、销售对象等进行的具体分析。

(5)产品生产环境分析。产品生产环境分析主要是指对相关联的产业发展、相关技术研究、开发状况等进行的具体分析。

3. 企业或公司环境(微观环境)

企业或公司环境也就是微观环境，一般是指在极小地域范围编制规划时研究的一种环境。企业或公司环境分析不同于产业环境分析，其差别是产业环境分析是指从同一行业的全体角度去分析，而企业或公司环境分析更多的是从公司或单一企业的角度去分析。

(三)提出区域经济发展的战略构想

战略构想是指在对区内发展条件、区外发展环境的分析基础之上，综合思考出的一条适合未来发展道路的构想和规划。战略构想的基本方法是SWOT分析法，其基本步骤为综合分析区域发展机会与障碍→区域发展的优势与劣势→机会与障碍、优势与劣势的组合分析比较→选出较合适的方案。

1. SWOT 分析法的概念

SWOT 分析法也称为态势分析法。在 20 世纪 80 年代初，由美国旧金山大学的管理学教授韦里克提出，首次将 SWOT 分析法用于企业战略规划分析的是麦肯锡（Mckinscy）咨询公司。SWOT 分别是优势（Strength）、劣势（Weakness）、机会（Opportunity）、威胁（Threat）四个字母的首字母。

2. SWOT 分析法的组成

SWOT 分析法的组成主要包括两个部分：第一个部分是 SW（主要用来分析内部条件）。第二个部分是 OT（主要用来分析外部条件）。用 SWOT 分析法可以找出值得发扬的、对自己有利的东西，以及要避开的、对自己不利的东西，发现问题，提出解决措施，并明确未来的发展方向。

3. SWOT 分析法的思路

SWOT 分析法的思路是发挥优势，克服劣势一利用机会，化解威胁→考虑过去：立足现在，着眼未来。

4. SWOT 分析法在区域经济发展战略中的应用

区域经济发展特性的组合有四种可能。第一种：环境中有机会，区域处于优势。第二种：环境中有障碍，区域处于优势。第三种：环境中有机会，区域处于劣势。第四种：环境中有障碍，区域处于劣势。其综合分析结果如下：

(1)第一种可能。区域要在第一种可能的方面去努力，并且根据第一种情况制定战略，提出决策。

(2)第二种可能。在第二种可能方面，区域将面临不少竞争和不利的因素。制定战略的重点在于如何应付危机、如何排除障碍。

(3)第三种可能。在第三种可能方面，区域要把握一切发展的机会，或者其他周围地区的实力也不强，应努力争取，否则会错过大好时机。

(4)第四种可能。在第四种可能方面，区域不应该去发展，不应该根据这种情况提出发展的努力，避之仍唯恐不及。

四、区域经济发展战略的模式

区域经济发展战略的理想模式是一种人们向往的社会和经济体系，是一种想象的合理结构，是当代人们掌握的技术、知识、行为方式等对未来发展的描述。其发展目标主要分为两种：一是区域经济总体发展目标，是指对区域经济发展战略方案的高度概括，目的在于明确区域发展方向，概括区域理想模式的总体面貌；二是区域经济具体发展目标，是指一系列的指标体系，以总体目标为依据，又具体反映总体目标。目前，实现区域经济发展目标的战略模式主要分为经济发展战略模式和空间发展战略模式。

（一）经济发展战略模式

区域经济发展战略模式主要有自主发展战略、高速增长战略、变通经济发展战略、初级产品出口战略、进口替代发展战略、出口替代发展战略、信息化发展战略七种。

1. 自主发展战略

自主发展战略主要是指要发展就要独立，要摆脱不发达国家对发达国家的依附关系。它是从殖民地与宗主国之间的关系出发而提出来的一种发展战略模式。它认为依附关系的存在，造成不平等，造成发达与不发达的共存。要发展就要摆脱依附关系，只有不发达的国家和地区实现自立，才能改变落后的经济状态。

2. 高速增长战略

高速增长战略主要是指以追求经济的高速增长为目标的战略发展模式。它认为发展中国家和经济比较落后的地区只有加快经济发展速度，才能赶上发达国家和地区。经济的高速增长必须以技术、资源、资金、设备为基础，要有良好的设备和技术改进、丰富的资源、大量的投入，使产品具有竞争力，进入国际市场，才能维持较高的增长速度。

3. 变通经济发展战略

变通经济发展战略是传统经济发展战略的进一步发展，把满足人们的基本需要、人民生活水平的提高作为发展战略目标，也叫作以生活质量为中心的发展战略模式。变通经济发展战略强调经济增长与经济发展的区别，重视经济增长，更重视提高人民的生活水平。经济增长与人民生活水平的提高两者之间的关系存在以下三种情况。

（1）福利“滞后型”。福利“滞后型”主要是指经济增长速度远远快于人民生活水平提高的速度。

（2）生产与福利“同步型”。生产与福利“同步型”主要是指经济增长速度与人民生活水平提高速度大体平衡。

(3)福利“超前型”。福利“超前型”主要是指人民生活水平提高速度比经济增长速度还要快。

4. 初级产品出口战略

初级产品出口战略主要是指经济起飞国家和地区的一般经济发展战略模式。它认为出口是拉动经济增长的主要动力,而经济不发达地区只能以出口初级产品为主。历史上几乎每个发展中国家都是通过初级产品出口的增加来启动经济增长的。区域的进一步发展要求出口产品应由原材料的出口向加工制成品转化,由初加工产品向精加工产品转化。

5. 进口替代发展战略

进口替代发展战略主要是指用国内生产去替代依靠进口的产品,以满足市场需求的战略发展模式。进口替代发展战略的实施要求对相应的产业实行关税、进口限额、外汇等保护性政策。

6. 出口替代发展战略

出口替代发展战略主要是指利用本国的资源和国外的技术、资金来发展工业制成品生产,以替代传统初级产品出口,将本国制造业产品推向国际市场。这是在发展中国家工业化有了一定的发展程度后,所采取的战略模式。20 世纪 60 年代以后,中国香港、新加坡、巴西、韩国、中国台湾等国家和地区采用出口替代战略模式都取得了显著的成效。

7. 信息化发展战略

信息化发展战略主要是指以信息化发展为目标的发展战略模式。面对新技术发展的态势决定一个国家或地区经济发展的关键,不仅是工业化,而是比工业化更为重要的信息化。信息社会到来之际,信息将成为经济发展的主要动力,所以应加快信息产业发展以促进经济发展。

(二)空间发展战略模式

空间发展战略模式主要有平衡发展战略、不平衡发展战略、梯度推移战略三种。

1. 平衡发展战略

平衡发展战略是指为了逐步缩小地区间经济发展差距,平衡布局生产力,使地区间经济发展水平和人均分配收入水平趋于平衡的一种发展战略。但平衡发展与经济效益很难统一。平衡发展战略的思想主要是从地区关系提出来的要求，而不是把经济效益摆在首位。

2. 不平衡发展战略

(1)不平衡发展战略概念。不平衡发展战略主要是指地区之间经济发展的平衡是有条件的、暂时的和相对的；不平衡是客观的、永恒的和绝对的。采取不平衡发展战略符合经济不平衡发展的客观规律。区域经济不平衡发展主要包括以下三个因素：一是经济发展条件的地区差异，特别是自然资源禀赋、自然条件的差异；二是由于区位、发展基础不同而导致的差异；三是集聚经济和规模经济的乘数效应使自身获得不断增长的动力。

(2)不平衡发展战略的后果分析。不平衡发展战略的后果主要包括两个方面：一是通过不平衡发展可以达到平衡发展的目的，在不平衡发展中，平衡的力量会发生作用，使区域发展不平衡趋向区域发展平衡；二是不平衡发展会造成恶性循环，贫富差距进一步加大。

3. 梯度推移战略

梯度推移战略主要是指经济梯度是客观存在的，经济发展战略应遵循新产品、新产业由高水平地区向低水平地区推移的规律，从而实现区域经济的相对平衡发展。梯度推移的动力主要来源于产业的创新活动。以有序推移，即由高梯度地区向低梯度地区转移逐级向下传递的方式，通过多层次的城镇系统进行的途径实现梯度推移。

第二节 区域经济发展规划

本节主要包括区域经济发展规划的概念，区域经济发展规划的特点，区域经济发展规划的发展历程，区域经济发展规划的任务、目标和作用，区域经济发展规划的内容，区域经济发展规划的类型，区域经济发展规划的程序七个部分。

一、区域经济发展规划的概念

区域经济发展规划(Regional Economic Development Planning)是指为了实现一定地区范围的开发和建设目标而进行的区域经济发展总体安排和部署。

广义的区域经济发展规划包括区际经济发展规划和区内经济发展规划。区际经济发展规划主要是解决区域之间的经济发展不平衡或区际分工协作问题的发展规划。区内经济发展规划主要是对一定区域内的经济发展和建设布局而进行的全面规划。狭义的区域经济发展规划则主要是指一定区域内与国土开发整治有关的建设布局总体经济发展规划。

二、区域经济发展规划的特点

（一）目的性

区域经济发展规划的目的性主要是指区域经济发展规划的制订要明确区域经济发展所需要解决的具体问题。

（二）前瞻性

区域经济发展规划的前瞻性主要是指区域经济发展规划要突出规划的超前性，加强区域经济发展规划的科学性、指导性和有效性。

（三）综合性

区域经济发展规划的综合性主要表现在以下三个方面：一是规划的内容广泛，对区域内各组成要素、各系统进行全面的考虑，对社会经济各部门进行统筹安排，在综合各行业、各部门专业经济发展规划的基础上，对区域经济发展的整体发展做出统一决策；二是规划的思维方法要着重全面权衡利弊，综合评价与分析论证，强调各地区之间、各部门之间的相互协调，弥补单一部门、专项论证的不足；三是规划方案的决策是多方向、多目标、多方案比选的结果。区域空间布局方案不是唯一的，区域经济发展规划应注重发挥区位优势，区域经济发展规划方案的决策要在多方面、多目标、多方案的综合比较中遴选出来。

（四）战略性

区域经济发展规划是战略性的规划，主要是指区域经济发展规划时间的跨度长、关注的问题大、指标的弹性大、规划实施的影响深远，从而决定了区域经济发展规划是战略性的经济发展规划。

1. 规划时间的跨度长

区域经济发展规划的时间跨度较长，通常区域经济发展规划的期限在20年以上，有的甚至可达30年或更长时间。由于区域经济发展规划期限较长，要求区域经济发展规划方案有明显的超前性，而且又要有近期的区域建设重点项目规划，使区域经济发展规划方案既能指导近期的国民经济建设，又能引领区域经济的长远性发展，实现区域经济的可持续发展。

2. 规划关注的问题大

区域经济发展规划关注的问题是宏观的、全局性的、地区与地区之间需要协调的关键性的重大问题。区域经济发展规划总是从宏观着想，从长远着眼，追求区域经济发展的整体效益。区域经济发展规划的重点应是宏观性、全局性、关键性的区域重大建设项目。

3. 规划指标的弹性大

区域经济发展规划指标具有较大的弹性。区域经济发展规划是长远性的规划，而区域经济未来的发展往往有许多不确定的因素，很难准确预测未来.所以区域经济发展规划中对区域经济的发展方向、目标、布局、结构与土地利用安排只能勾画出大体的发展轮廓。区域经济发展规划中提出的区域经济发展指标不需要是一个定值，可以有一定的幅度，具有较大的弹性。

4. 规划实施的影响深远

区域经济发展规划的实施将对区域经济各方产生深远影响。区域经济发展规划是对国民经济建设的总体战略部署。区域经济发展规划方案制订时，既要从区域经济发展的整体利益出发，又要兼顾各个部门、各个地方的利益；既要考虑区域经济发展的近期利益，又要考虑区域经济发展的长远利益，以使区域经济发展获得持久的动力。

（五）地域性

区域经济发展规划的地域性主要包括两个方面的含义。一方面是指区域经济发展规划要具有地方特色，各地区的经济发展条件、资源环境、原有基础千差万别，区域经济未来的发展方向、发展目标、地域结构、产业结构和布局、服务设施与基础设施建设也各不相同。各地区具有各自的特殊性，区域经济发展规划要因地制宜、扬长避短，反映出区域经济发展的地方特色。另一方面是指区域经济发展规划要保持完整的区域经济发展规划范围。区域经济发展规划过程中不仅要从整体方面加以考虑，同时也要对区域经济发展规划内各个辖区进行全面考虑，体现出区域经济发展规划在区域空间上的完整性。

三、区域经济发展规划的发展历程

世界上最早实施具有地区经济发展规划性质的区域经济发展规划的国家是苏联。在1929—1932年的世界经济危机后，资本主义国家开始了对某些经济严重衰退地区的区域经济发展规划。早期的区域经济发展规划主要是对区域经济发展迅猛地区基础设施的统一协调性发展规划。如1929年，美国的纽约城市区域经济发展规划；1934—1936年，苏联的顿巴斯矿区规划等。20世纪30年代，尤其是第二次世界大战以后，经济工业化和社会城市化的迅速发展，以及生产力的巨大进步和广泛应用，在很大程度上改变了原有的区域社会结构、经济结构和生活环境。大城市人口持续增长，交通和工业设施高度集中、土地供应越来越紧张、空气和水体环境卫生状况日益恶化等导致了社会经济区域空间组织矛盾日益尖锐化、复杂化。为了建立和保持区域经济发展生产、生活的适宜条件和状况，各国纷纷提出了在区域经济发展进程中，要重整经济社会的地域结构、适当分散布局工业生产、规划开发新区、控制疏散大城市人口、加强土地利用管理、改善区域交通运输网络、保护生态环境等。区域经济发展规划是解决以上问题的重要前提与手段，是区域经济发展立法和行政部门制定有关法令和区域经济发展政策的基础，因此区域经济发展规划得到了广泛的推行。

20世纪50年代中期，伴随着新中国成立后大规模基本建设，中国的区域经济发展规划工作逐步展开。1956年，国家建委设立了区域经济发展规划与城市规划管理局，并出台《区域规划编制与审批暂行办法》。1980年，中共中央13号文对区域经济发展规划工作做出了重要决定："区域经济发展规划是为了搞好工业的合理布局，落实国民经济的长远计划，使城市规划有充分的依据。"1985年，国务院发文，要求编制全国和各省、市、区的国土总体规划。在国土总体规划的推动下，不同层次的区域经济发展规划在全国范围内逐步展开。1990年，国家计委组织编制了《全国国土总体规划纲要(草案)》；内容包括国土资源的基本状况、国土开发的地域总体布局、基础产业布局、国土开发整治的目标、综合开发的重点地区、国土整治与保护、国土开发中的问题对策(耕地问题、人口的

地域分布和劳动就业问题、水资源供需平衡问题、城市化问题等)、有待进一步研究的若干问题和规划纲要的实施。1990 年,在实施的《中华人民共和国城市规划法》中,区域经济发展规划被作为法定内容。近年来,为了适应社会经济形势的变化,区域经济发展规划又有了新的发展。

四、区域经济发展规划的任务、目标和作用

(一)区域经济发展规划的任务

区域经济发展规划的任务就是要建立合理的区域生产和生活体系。也就是说,在区域经济发展规划地区,从整体与长远利益出发,因地制宜,统筹兼顾,正确配置生产力和居民点,全面安排好地区经济发展和社会发展长期计划中有关生产性和非生产性建设,使之比例协调、布局合理,发展快速,为居民提供最优的生活环境、生产环境和生态环境。

(二)区域经济发展规划的目标

区域经济发展规划的目标主要包括六个方面:一是在全面分析评价区域资源与建设条件基础上,发挥地区优势、扬长避短,明确区域经济发展方向和地域开发方向;二是改善工业布局,调整和改造老工业基地、选址和定点新建骨干企业、协调和组合一定地域范围内的新老企业、正确处理工业布点的集中与分散的矛盾;三是合理安排商品性农业生产基地的建设布局和农林牧副渔的用地结构,妥善化解工农业和各项建设间的用地矛盾;四是预测区域内城镇人口增长的趋势,确定各主要城镇的规模、性质和布局,组织城乡居民点体系中各类城乡间和城镇间的合理分工与联系;五是使能源、给排水、交通运输、生活服务、通信等各项基础设施的布局同城镇居民点和工农业生产的布局相互协调;六是加强环境整治,防止城镇、重要水源地、风景游览区污染,对文物、古迹和自然区严加保护,逐步恢复生态平衡,改善和美化环境。

(三)区域经济发展规划的作用

区域经济发展规划无论从理论上还是实践上,对于加速社会主义现代化建设都具有十分重要的意义和作用。区域经济发展规划是社会发展和国民经济长期计划与城市规划的中间环节，是合理布局地区生产力、协调发展各项建设事业的重要手段与步骤。

五、区域经济发展规划的内容

区域经济发展规划是经济建设的总体部署，是描绘区域发展的远景蓝图，内容庞杂，涉及面广，但区域经济发展规划工作不可能包括区域经济发展和区域经济建设的各个方面。区域经济发展规划的内容主要包括发展战略、布局规划、体系规划、基础设施、土地利用、可持续、发展政策七个方面。

（一）发展战略

区域经济发展战略包括战略依据、战略目标、战略方针、战略重点、战略措施等内容。区域经济发展战略既有经济发展战略，也有空间开发战略。制定区域经济总体发展战略通常把区域经济发展的指导思想、远景目标和分阶段的目标、主导产业、产业结构、人口控制指标、三次产业就业结构、实施战略的基本措施或对策作为区域经济发展战略的研究重点。

（二）布局规划

区域经济发展规划的主要内容是区域产业发展布局，区域产业布局规划的重点是工农业产业布局规划。区域经济发展规划的核心内容是合理配置资源、科学布局生产力、优化地域经济空间结构。区域经济发展规划要系统地调查研究区域经济发展的产业结构、工农业生产特点、地区分布状况。并根据市场需求，结合当地生产发展条件，揭示产业发展进程中存在的基本矛盾和问题，确定重点发展的行业、部门和区域。区域经济发展规划要确定主导产业部门的远景发展目标，结合地域分工状况和产业链条关系，明确与主导产业直接相关部门发展的可能性。与工农业生产发展紧密相关的交通运输、土地利用和大型水利设施建设项目，在工农业生产布局发展规划中统一研究，统筹安排。

（三）体系规划

体系规划主要包括城镇体系和乡村居民点体系规划。城镇体系规划是区域生产力综合布局的进一步深化和协调各项专业区域经济发展规划的重要环节。城镇体系和乡村居民点体系是社会生产力和人口在地域空间组合的具体反映，但由于农村居民点点多面广、比较分散，因此区域经济发展规划多数只编制城镇体系规划。研究城镇体系现状特征、演变过程，预测城镇化发展水平。城镇体系规划的基本内容包括七个方面：一是拟定区域城镇化发展目标和发展政策；二是确定规划区的城镇总体布局和发展战略；三是确定各主要城镇的性质和方向，明确城镇之间的经济联系与合理分工；四是确定城镇体系规模结构，各阶段主要城镇的用地规模、人口发展规模；五是确定城镇体系的空间结构、中心城镇分布、新城镇出现的可能性及其分布；六是确定重点发展的城镇和地区，以及重点城镇建设规划建议；七是提出基础设施建设和生活服务设施建设规划建议。

（四）基础设施

基础设施是衡量现代化水平的重要标志，具有基础性、先导性、公用性等特点。基础设施对生产力和城镇的发展与空间布局有着重要的影响，应同步或超前于经济社会发展。基础设施分为生产性基础设施和社会性基础设施两类。生产性基础设施是指为生产力系统运行直接提供条件的设施，包括邮电通信、交通运输、供水、排水、供热、供气、供电、仓储设施等。社会性基础设施是指为生产力系统运行间接提供条件的设施，也叫作社会服务事业或福利事业设施，包括文化、体育、教育、医疗、金融、商业、贸易、园林、旅游、绿化等设施。区域经济发展规划根据各种基础设施发展现状，结合人口和社会经济发展要求，预测未来对各种基础设施的需求量，确定各种设施的数量、规模、等级、建设工程项目及空间分布。

（五）土地利用

土地利用是实现区域战略目标、提高土地生产力的重要保证。要求准确确定土地利用方向、合理组织土地利用结构、科学安排各类用地在空间上和时间上优化组合。土地利用规划应在土地质量评价、土地资源调查基础上，以达到区域最佳预期目标为目的，对土地利用现状进行评价，确定土地利用结构及其空间布局。土地利用规划主要包括三种要素：枢纽、联线和片区。枢纽起定位作用；联线既是联结（如枢纽之点的联结），又是地域划分（如片区的划分）的构成要素;片区则是各类型功能区的用地区划(如经济开发区、城镇密集区、开敞区、生态敏感区、环境保护区等)。区域经济发展规划中土地利用规划的内容主要包括五个方面:一是土地资源调查和土地利用现状分析;二是土地质量评价;三是土地利用需求量预测;四是未来各类用地布局和农业用地、林业用地、牧业用地、园林用地、城乡建设用地、特殊用地等各类型用地分区规划;五是土地资源整治、保护规划。

(六)可持续

可持续是指规划区域应在不超越资源和环境承载能力的条件下,谋求资源的开发和经济的发展,保持资源永续利用并提高生活质量,使自然、经济、社会、生态相互协调和可持续发展。

(七)发展政策

区域经济发展政策是为实现区域战略目标而设计的一系列政策手段的总和。发展政策主要分为两类:一是影响企业布局区位的政策,属于微观政策范畴,如补贴政策、区位控制和产业支持政策等;二是影响地区投资和区域人民收入的政策,属于宏观政策范畴,可以用来调整区域问题。

六、区域经济发展规划的类型

(一)按规划内容的侧重点分类

按规划内容的侧重点分类,可以分为策略性的区域经济发展规划、物质性的区域经济发展规划、综合性的区域经济发展规划三类。

1. 策略性的区域经济发展规划

策略性的区域经济发展规划相当于区域发展战略研究,内容侧重于制定区域社会经济发展的战略目标、战略方针,区域经济发展的重点,确定区域经济发展的产业结构调整方向和产业布局,保证战略目标实现的措施和政策。策略性的区域经济发展规划的特点:一是重视区域经济发展所处的环境和区域发展条件的分析论证;二是注重区域经济发展方向、战略目标和经济结构;三是对于区域经济发展政策、规划方案实施对策、策略的研究较深入,但往往对于区域经济建设工程的规划布局研究较为简略。

2. 物质性的区域经济发展规划

物质性的区域经济发展规划内容偏重于区域经济发展的物质环境和建设工程项目的空间布局规划，区域经济发展规划成果注重区域土地开发利用的总体蓝图。对于资源的开发利用、城镇的发展和布局、工农业生产布局、各种基础设施的空间分布极为重视。物质性的区域经济发展规划的特点：一是重视技术经济指标；二是重视各部门、各物质要素的功能、相互关系和空间表现形式；三是注重各类土地利用和空间分布；四是强调区域经济建设项目和城镇的发展规模、空间布局和相互关系。

3. 综合性的区域经济发展规划

综合性的区域经济发展规划是指比较规范性的区域经济发展规划。综合性的区域经济发展规划兼具策略性规划和物质性规划的特点，内容全面、系统，既有区域社会经济发展战略研究的内容，又有各个系统、各个部门完整的经济建设空间布局规划的内容；既描绘出区域经济建设未来的发展蓝图，又有明确的区域经济发展政策和区域经济发展规划的实施措施。

（二）按规划区域的属性分类

按照区域经济发展规划的地域属性不同，可以把区域分为自然区、经济区、社会区、行政区四种类型。由于区域属性不同，各类区域在规划中所要着重解决的问题往往各不相同。因此便会产生不同的区域经济发展规划类型。目前研究重点是经济区区域经济发展规划。

1. 自然区

自然区是指自然特征基本相似或内部有紧密联系、能作为一个独立系统的地域单元。它一般是通过自然区划，按照地表自然特征区内的相似性与区际差异性而划分出来的。每个自然区内部，自然特征较为相似，而不同的自然区之间则差异性比较显著。

2. 经济区

经济区是指经济活动的地域单元。它可能是通过经济区划划分出来的地域单元，也可以是根据社会经济发展和管理的需要而划分出来的连片地方。经济区分为聚类经济区、经济特区、经济协作区、部门经济区、综合经济区五种类型。

(1)聚类经济区。聚类经济区,国外称为“均质区”。其中,有的是经济发展水平或发展速度相类似的聚类经济区,也有的是经济结构特征或产业优势和发展方向相似的聚类经济区。

(2)经济特区。经济特区是指享有较多优惠政策,有一定相对独立性和特殊管理的地域。如出口加工区、保税区、经济技术开发区、工业开发区等。

(3)经济协作区。经济协作区是指根据各地区经济发展条件、经济联系而组织起来的地域单元。经济协作区是加强区域经济横向联合的一种重要形式。它和经济发展区域化的趋势相适应。

(4)部门经济区。部门经济区是指根据某些资源或产业相对集中,或者按主导产业为标志划分出来的地域。如农业区、工业区、能源区、矿区、加工工业区、商业贸易区、风景旅游区等。

(5)综合经济区。综合经济区是指通常一般所说的经济区,经济门类较多,内部有紧密的联系,由经济中心城市和广阔的乡镇结合在一起的区域。

3. 社会区

社会区是以民族、文化、风俗、习惯等社会因素的差别,按人文指标划分的地域单元。

4. 行政区

行政区是为了对国家政权职能实行分级管理而划分出来的地域单元。

(三)按规划区域的不同特点分类

按规划区域的不同特点,可分为农业地区、城市地区、工矿地区、风景旅游地区、流域综合开发地区、工农业综合发展地区等多种类型地区的区域经济发展规划,规划内容各有侧重。按规划区的界限,既可按不同等级的经济区,也可按行政区进行。在规划过程中,必须把地域综合研究和系统分析方法贯彻始终。在综合调查分析的基础上,对提出的各种可比较的规划布局方案的经济、社会、文化和生态效益进行定性与定量相结合的综合论证,以及对各项专业规划在区域和国家整体利益基础上的综合协调。因区域经济发展规划是多变量、多因素、多目标,并随时间而变化的动态系统,可用系统工程方法和电子计算机,对区域系统的模拟和规划方案的优化决策进行探索,逐步提高区域经济发展规划的科学性。

七、区域经济发展规划的程序

（一）区域经济发展规划思路

区域经济发展规划一般通行的程序是系统分析和系统综合程序。其基本思路是根据区域的现状和问题，提出了区域经济发展规划的要求，是形成未来区域系统的基础。但是，区域是一个开放的系统，要受到内外环境和多种因素的影响。所谓区域经济发展规划，就是要在研究影响区域系统发展变化的诸因素和条件的基础上，探讨区域经济发展未来变化的各种可能和多种多样的方案。区域经济发展规划决策，要对区域经济发展未来变化的多种可能进行比较，描绘出较为理想的意向状态，从而形成规划，并促成其实施。在实施区域经济发展规划方案过程中，必然会遇到许多未发现的新问题或认识不足之处，从而有必要对区域经济发展规划进行调整或进行新的规划。

（二）区域经济发展规划工作步骤

根据系统分析和系统综合的要求，区域经济发展规划工作主要包括七个步骤。

1. 区域经济发展的现状调查与资料收集

调查区域经济发展现状和收集有关影响区域社会经济发展各种条件、各种要素的基础资料，并加以分析研究，认识区域经济发展的本质特征、区域经济发展的演变过程，明确区域经济发展的优势和限制因素，找出区域经济发展中的关键问题和潜力，为研究区域经济发展战略、制定区域经济发展目标及设计区域经济发展规划方案提供依据。

2. 确定区域经济发展目标

区域经济发展目标是区域经济发展战略中的核心部分。区域经济发展目标是区域经济发展的导向。在区域经济发展规划方案设计之前，必须首先确定区域经济发展的总体目标。可以采用“形势发展的需要为原则”，也可以采用“地方的发展条件和资源的可能性为原则”，或者是两者结合。区域经济发展目标有高目标、低目标和适中目标等多种层次。为决定区域经济发展目标，需要根据社会发展的总趋势、区域内外的条件和资源状况，对区域经济未来发展变化进行大量的预测。

3. 区域经济发展的课题与对策研究

课题研究实际是对区域各经济部门和重大建设项目或重点开发区域、不许开发的保护区域的深化研究，这是生产力总体布局的工作基础。区域经济发展的研究课题一般是根据历史发展背景、自然环境、未来的发展目标、重大建设项目而提出来的。通常的课题有：水、土、林业、矿产资源的开发利用，人口增长，主导产业，经济结构，交通运输系统，就业问题，自然保护区，生态与环境保护，重点开发区域等。

4. 规划方案设计

根据区域经济发展战略和课题研究的对策，规划工作者综合各种各样的设想和方案，拟订区域经济发展的总体方案。这是规划工作者在规划中最富有创造力和想象力的阶段。他们要使各个部门、区域的各个部分尽可能协调、和谐、有效地发展，要设计出可供选择、比较的若干个方案。规划设计时既要有部门发展的专项规划方案，也要有综合的总体规划方案。他们通常是以规划图来表示，同时编写区域经济发展规划报告或附上规划说明，往往还同时附上其他有关的图表和研究资料作为补充。

5. 规划方案评估

这一步骤可分为两个不相连的阶段。第一阶段是在规划方案未决定之前，对若干个供比较、选择的方案进行评估，以判断规划设想或规划方案构想的合理性和优劣性。在评估的基础上，选定出较为适当的方案。第二阶段是在规划方案初步拟订后，请当地政府的负责人、业务主管部门和各方面的专家对规划方案进行评估、论证或评审。

6. 规划定案

根据规划评估、论证或评审意见，认真研究，做必要的修改，最后形成规划文件。规划成果应按有关规定程序报上级主管机构或政府权力部门审批，方具有实施的权威性。

7. 实施阶段

在实施区域经济发展规划方案的过程中，要经常检查规划的可行性和实际效益，根据新发现的情况和问题，对原规划方案做出必要的调整、补充或修改。

第三节 案例——黑龙江省县域经济发展战略与规划

本战略规划主要以《黑龙江省国民经济和社会发展第十二个五年规划》为依据，以进一步深入推进“八大经济区”和“十大工程”建设目标为方向，结合黑龙江省县域经济发展实际情况编制。主要阐明黑龙江省县域经济的发展基础、发展潜力、主要挑战、发展机遇、总体要求、发展目标、主要任务和保障措施等。

一、发展基础

（一）黑龙江省得天独厚的土地资源优势，有利于县域经济做大做强

黑龙江省土地条件居全国之首，农用土地面积达 40 万平方公里，全省黑土、黑钙土和草甸土等占耕地的 60%以上，农业生产条件较好的松嫩平原和三江平原的面积分别达到 13 万平方公里和 7.5 万平方公里，是世界著名的三大黑土带之一；肥沃的寒地黑土、优良的生态造就了黑龙江省农牧业发达、物产丰富，粮食产量和绿色食品产量均居全国首位；绿色食品种植面积达 6 430.2 万亩，为黑龙江省农产品加工业，特别是绿色农产品加工业的发展提供了不可多得的条件；黑龙江省作为全国拥有大草原的 10 个省份之一，草原占全省土地总面积的 11.2%，为黑龙江省畜牧业的发展奠定了基础，这些资源禀赋有利于县域经济农产品加工业更快发展。

（二）黑龙江省得天独厚的森林矿产资源优势，有利于县域经济做特做新

黑龙江省拥有森林面积 3 175 万公顷，森林面积、森林总蓄积和木材产量均居全国前列，是我国最重要的国有林区和最大的木材生产基地；煤炭储量居东北三省第一位；已发现的矿产达 130 多种，已探明储量的矿产有 80 多种，石油、石墨、矽线石、铸石玄武岩、岩棉用玄武岩、水泥用大理岩、黄黏土、火山灰、玻璃用大理岩和钾长石 10 种矿产的储量居全国之首，已开发利用的矿产达 70 多种，各类矿产年产值居全国第二位。丰富的自然资源，为黑龙江省煤化、石化、

矿产经济、林产品加工业、生物、能源等工业产业的发展准备了良好的资源条件。

（三）黑龙江省得天独厚的区位资源优势，有利于县域经济做好做精

黑龙江省与俄罗斯有 3 000 多公里的边境线，处于东北亚经济贸易区的中心位置，是国内通往俄罗斯的重要通道。全省沿边共有 35 个市县对俄开放，有绥芬河、黑河等 20 多个对俄国家一级边境贸易口岸，为开展同东北亚各国贸易往来提供了独特的地缘优势。省内铁路、航空、水运条件良好，具备了发展贸易的交通优势，对俄及东北亚贸易及合作提供了新的机遇。

（四）黑龙江省得天独厚的地理气候优势，有利于县域经济旅游业做美做亮

黑龙江省地域辽阔，四季分明，有冰雪夏都的气候优势，加之大山大水的原生态地貌和多民族的异域风情，使黑龙江省旅游资源特色鲜明，森林、冰雪、大湿地、湖泊、草原、石油、农业观光旅游、熔岩等都积聚在县域之内，世界旅游组织专家把凉爽怡人的气候、独特神奇的生态旅游资源和独具地域民族特色的人文景观的黑龙江高度概括为“中国旅游 COOL（酷）省”，这些都是黑龙江大力发展旅游业的明显优势，更是县域经济寻求新的产业重要突破点。

二、发展潜力

发展速度加快说明县域经济具有较大发展潜力。黑龙江省县域经济总量与全国其他省份和本省非县域经济相比都有较大差距，但这种差距在快速缩小。黑龙江省县域经济的三次产业发展都具有较大上升空间。随着公众对食品安全关注度的上升，绿色食品的浪潮已经袭来，农业和食品加工行业即将面临重新排序，为黑龙江省发展绿色经济，发挥生态和环境优势，发展绿色生态农业和循环经济提供了难得的机遇。随着黑龙江省工业化、信息化、市场化、城镇化步伐的加快，推动区域经济、产业分工和经济结构调整不断向更高层次发展，特别是新型工业化、新型城镇化和农业现代化同步加快推进，对生产性服务业的需求将会快速扩张，必然推动第三产业的快速发展。县域三次产业的发展将会为黑龙江省县域经济加速发展提供强大的发展动力。这说明黑龙江省县域

经济具有较强的发展潜力。

三、主要挑战

复杂多变的国内外经济环境将会影响县域经济发展。当前国际经济环境严峻复杂，世界经济放缓、全球通货膨胀压力增大、各国失业率普遍提高、欧债危机呈现进一步扩散和恶化的趋势，国际金融市场动荡不已，发达经济体需要实施结构调整、削减财政赤字、应对危机，导致贸易政策空间萎缩等因素，增加了全球经济增长的艰巨性、复杂性、不确定性。与此同时，以绿色、智能和可持续发展为特征的新一轮科技革命和产业革命带来的产业发展竞争更趋激烈，这对于我国来说既面临着充满变数的外部经济环境又面临着发达经济体对我国崛起的围堵打压等多重因素挤压，我国经济增长将面临更加严峻复杂的国际环境。

从国内看，受国际经济形势影响，近年来我国出口形势十分严峻，经济增长速度有所放缓，结构性物价上涨压力较大；与此同时，国内经济运行中又需要妥善化解房地产市场、地方财政系统、金融行业等领域存在的各类风险。加快发展和经济转型的双重压力将制约县域经济发展。

黑龙江省是农业大省，但是县域经济发展实力不强，由于缺乏大的项目带动，没有形成县域主导产业，导致县域工业发展缓慢，综合实力并不强，对全省经济贡献率低，与先进省份，甚至与吉林、辽宁相比，在地区生产总值、人均地区生产总值、农民人均纯收入以及地方一般预算财政收入上都存在经济总量小、发展速度较慢的较大差距。因此，加快发展，是黑龙江省县域经济亟待解决的关键问题；同时，黑龙江省新兴项目、高端产业主要集中在大中城市，县域经济的产业层次普遍偏低，二、三产业的发展不足，所占比例明显偏低，高新技术和战略性新兴产业更是稀缺。随着工业化、城镇化步伐加快，资源、能源的供需矛盾日益突出，劳动力、资源成本进入上升通道，依靠资源消耗的粗放型增长模式难以为继。二、三产业因生产要素和资源环境的约束，节能减排的压力加大，生态环境保护任务更加艰巨，收益空间也将缩小。因此，实施转型，是黑龙江省县域经济需要尽快解决的问题。可见，黑龙江省县域经济面临着加快发展和加快转型的双重任务和压力。

四、发展机遇

宏观经济政策给黑龙江省县域经济发展带来了巨大机遇。在国家政策层面上，我国加大力度实施东北老工业基地振兴战略；坚持工业反哺农业、城市支持农村和多予少取放活方针；加快发展现代农业，健全农产品价格保护制度；千亿斤粮食产能巩固提高工程；加大粮食主产区投入和利益补偿机制；国家财政向农业大省倾斜等宏观经济发展政策，将会给黑龙江省县域经济的发展带来难得的机遇。在黑龙江省政策层面上，县域经济是黑龙江省经济发展的一块短板，省委、省政府提出做大做强县域经济，并不断加大政策支持；中央政府和黑龙江省政府都提出了强县扩权的体制改革，县域发展的自主权不断扩大；《黑龙江省“十二五”规划》更是系统规划了县域经济发展方向；黑龙江省提出的“八大经济区”和“十大工程”建设战略，以及城乡一体化发展目标，都是强力推进县域经济发展的利好政策因素，强力推进县域经济发展的政策环境，把县域经济作为新的经济增长点。国际经济发展放缓将强化农业的基础地位，更好地促进县域经济发展。国外经济环境的恶化，使粮食安全问题更加突出，我国食品安全问题，会使黑龙江省绿色食品生产迎来新的机遇。黑龙江省县域经济中第一产业的发展受到国内外经济环境的负面影响较小。同时，由于黑龙江省毗邻俄罗斯，尽管国际经济环境复杂，但中俄关系依然良好。

五、总体要求和发展目标

坚持以科学发展观为主题，以转变经济发展方式为主线，以“八大经济区”和“十大工程”发展战略为支撑，以新型工业化、农业产业化和经济外向化为方向，以招商引资、园区建设、结构调整、优势突出为原则，进一步发挥“十大重点产业”的牵动作用，在加快县域工业化上实施突破，把资源变产业、生态变产品、存量变增量，分工协作、错位发展，加快培育壮大县域特色优势主导产业，推进农业现代化、县域经济工业化、农村城镇化、区域经济一体化，推进全省县域经济跨越式发展，到 2016 年实现总量翻番，GDP 达 8 400 亿元左右，年均增长 16%以上，占全省 GDP 总量的 45%以上，占全省比重提高 5 到 7 个百分点，努力走出一条具有黑龙江特色的县域经济科学发展之路。

六、基本原则

（一）坚持产业立县、强县富民的原则

县域经济是强省富民的基石，只有县域经济发展了，居民富裕了，全省才能富裕。尽管黑龙江省县域经济发展不平衡，但多数县域都有自己的资源优势。就县域个体而言，应围绕《黑龙江省“十二五”规划》和“十大重点产业”和“八大经济区”和“十大工程”发展战略，依托县域内的农业资源、矿产资源、工业资源、生态资源以及文化旅游等资源，以产业化为主导方向，以农业为基础，以工业化为核心，以城镇化为有力支撑，延长主导产业链，围绕高效益综合开发利用，进行大力度的整合，加快培育支撑县域经济发展的优势支柱产业。实现资源的高效利用、产业强劲、持续发展，为更多的居民提供就业机会，增加居民的经营性和工资性收入，实现强县富民的目标。

（二）坚持统筹发展、强化合作的原则

统筹发展是加快转变经济发展方式的根本方法。促进经济社会发展相协调、城乡区域发展相协调，努力实现各个区域相互融合、重点领域相互促进、关键环节相互衔接。坚持县域间合作原则。县域之间和县域内要注重对市场需求和产业发展方向的把握，统筹规划，积极推进区域化合作。鼓励资源优势相同的县域协同发展。坚持城乡统筹，加快推进城镇化进度，强化城镇产业支撑，加强城镇基础设施和社会事业建设，加强城镇管理，推进城乡一体化发展，实现以工促农、以城带乡，扎实推进新农村建设。推进城乡社会制度改革，促进各类要素向县市聚集，增强县域经济发展活力。

（三）坚持市场导向、政府引导的原则

坚持市场导向，充分发挥市场机制在黑龙江省县域经济资源配置中的基础性作用，立足于用市场的办法解决县域经济发展出现的各种问题。发挥政府对地方经济发展的引导作用，通过宏观经济政策引导县域经济向科学合理的方向发展，实现国家、黑龙江省以及县域级经济发展规划。加快转变政府职能，加强政府的规划、产业政策引导和服务功能，培育自主经营、竞争力强的市场主体。

改革和完善县域经济建设评价考核制度，实行各有侧重的绩效评价，按照不同区域的主体功能定位，实行差别化的评价考核制度。

（四）坚持绿色经济、持续发展的原则

以绿色经济理念和原则发展农业，推动黑龙江省向绿色农产品生产基地转变。以生态环保原则发展黑龙江省县域工业和服务业，始终坚持我国生态环境保护的基本原则，把建设资源节约型、环境友好型社会作为加快和转变黑龙江省县域经济发展方式的重要着力点，大力发展低碳经济、循环经济、生态经济，加大绿色投入、倡导绿色消费，促进绿色经济增长，实现经济增长与生态环保并重，推动黑龙江省县域经济发展健康持续发展。

七、主要任务

（一）注重科技带动，发展产业集群

围绕黑龙江省农业发展优势，引进、推广、应用先进的农业技术，发展品质优良、特色明显、附加值高的优势农产品，扶持发展农产品加工业、休闲农业、乡村旅游、森林旅游和农村服务业，力争形成一批优势突出、特色鲜明的产业带、产业群。以科技为先导，稳步推进农村第二、三产业的发展，实现新型工业化的目标。各地在推进产业集聚发展时，应在资源整合中放大特色，在技术进步中提升特色，围绕县域主导产业，着力引进和培育领军企业，推动集群内企业联合重组，积极发展补链、配套产业，延长产业链，推进产业集聚、集群发展。

（二）培育壮大农产品加工龙头企业，打造农产品全产业链条

培育有一定影响力的农产品加工企业做大做强，包括粮食加工、肉制品、乳制品、山特制品以及特色渔业等在内的农产品加工企业。本着先做大再做强的原则，给予企业多方位的优惠政策支持。精心谋划主导产业链上的龙头产业，通过龙头产业带动项目的延伸和拓展，全省每年谋划10个重大产业链。主打安全无公害的农产品，打造在全国具有影响力的农产品加工企业。按照安全绿色食品强省的发展目标，鼓励和支持无公害农资研发、生产及销售，扩大绿色无公害农业生产园区规模和数量，大力扶持后期加工储存、销售的农产品流通企

业。加强各个环节的监管力度，按照相应的法律法规进行严格的监管，确保食品绿色安全。

（三）依托边境优势，发展外向经济

黑龙江省与俄罗斯拥有3 000多公里的边境线，拥有外向经济发展的基础。充分发挥边境城市资源优势、区位优势，吸引各类企业注资和发展，促进边境城市经济的发展，对促进外向经济的发展具有重要的作用。完善边境城市基础设施建设，给企业发展提供保障，吸引外向型企业的入驻和发展。依托黑龙江省劳动力资源丰富的现状，做好劳动力输出培训，鼓励和支持对外的农村剩余劳动力输出。加强与国外的农业合作和外向型农业发展，一方面，转移出剩余劳动力，增加农民收入，解决黑龙江省富余劳动力的就业问题；另一方面，边境口岸优势得以发挥，国际合作加强，促进黑龙江省外向经济的发展。通过边境口岸城市的特殊区位优势，做好跨国合作项目，使口岸城市的产业得到发展。强化口岸城市商贸业的繁荣和发展，充分发挥两国市场的优势，促进边境口岸城市的商贸业发展。

（四）实施重点园区牵动战略，统筹重点园区与县域经济发展

今后一段时间，应着力统筹园区与县域经济的建设和发展，整体推进重点园区的发展，重点培育30家县域重点工业园区，集中力量在大项目、好项目、产业集群项目等方面取得新的突破，推动产业集群，培育优势企业。各县市、区工业园区充分发挥各自资源和区位优势，紧紧围绕黑龙江省重点培育的产业，特别是“十大重点产业”，明确园区发展定位，体现园区产业特色，着力打造园区特色产业群。作为农业第一大省，农产品加工业必将成为全省县域经济的主导产业，有关县域工业园区应将农产品加工业作为园区建设的重点，把同类产品企业相对集中在园区，实现规模经营，树立特色品牌，推动农产品加工业的发展。推动十大产业向园区集聚，如黑龙江垦区的绿色农产品深加工基地、肇东经济开发区的农副产品加工产业、安达经济开发区的精细化工、石化工业等产业，提高园区单位面积用地产出效率，努力实现一个重点园区建设同时带动几个县域产业发展。

八、保障措施

(一)促进县域优势产业集群发展

围绕黑龙江省县域农业发展优势,引进、推广、应用先进的农业技术,发展品质优良、特色明显、附加值高的优势农产品,扶持发展农产品加工业、休闲农业、乡村旅游、森林旅游和农村服务业,力争形成一批优势突出、特色鲜明的产业带、产业群。以科技为先导,稳步推进黑龙江省县域第二、三产业的发展,实现新型工业化的目标。围绕县域主导产业,着力引进和培育领军企业,推动集群内企业联合重组,积极发展补链、配套产业,延长产业链,推进产业集聚、集群发展。

(二)提升县域园区产业带动能力

县域重点工业园区建设要集中力量,优先建设一批县域重点工业园区。黑龙江省县域工业重点打造食品、装备、石化、亚麻、木材、医药 6 个专业产业园,各县(市)要更加注重县域工业发展载体建设,引导产业向开发区和园区聚集,提高产业集约发展水平,在园区建设中,坚持布局合理,功能明确,用地节约,要素集聚,加快园区整合步伐。推进园区标准化厂房和公共服务平台建设;完善基础设施,形成生产服务基础设施配套、功能完备的综合功能的园区;加强园区的行政管理,增强园区的服务功能,增强园区对吸引企业和项目的吸引力。推动工业园区上规模、上水平,努力提高园区的产业发展承载力,发挥园区推动县域经济的增长极作用。

(三)改善县域重点项目招商质量

依托黑龙江省各县域资源禀赋分布不同的特点,以农为主的县域重点推进农业产业化发展招商,以工业为主的县域重点推进工业及生产性服务业发展招商,以商贸或口岸经济为主的县域重点推进商贸企业引进,实现因地制宜地发展经济。突出各县产业园区建设和发展的优势招商;吸引和承接关联产业项目,形成产业聚集;突出绿色环保的资源基础,发挥生态产业优势,促进生态环保企业发展,打响生态产业品牌。强化县域的知名度和影响力,广泛宣传各县域的资源优势，吸引国内外企业认识和进行投资选择，助力改善招商质量，创新招商方式。

（四）创新黑龙江省县域合作机制

创新本省县域与国内外、省内外的县域合作机制，支持区域内企业间开展技术、生产、投资合作，联合举办对外招商活动，提升合作层次，鼓励发展飞地经济、异地经济、结算经济、总部经济等模式，建立产业互动、利益共享、合作共赢的发展格局。完善省内各县市（区）的协作机制，开展跨区域重大基础设施项目、产业布局以及区域协调发展等多领域、高层次重大问题的交流与合作，提升合作层次，拓宽合作领域，深化合作内容，促进本省县域经济的共同发展。积极参与多种类型主体的合作，鼓励与科研院校的深度合作，实现项目、技术、企业以及人才水平的提升，孵化出更多、更强、更具有创新力的企业。

第六章 区域经济发展顶层设计与地方实践

在我国区域经济不同的发展阶段，中央从全局高度进行顶层设计，对全国区域经济发展提出要求，对区域开发做出明确规范，在长三角、珠三角、环渤海经济区规划建设基础上，对国土区域发展进行全局规划。面对新的形势，中央又推出福建、江西、贵州生态文明试验区建设决定。在此过程中，各级地方政府积极行动起来，竞相探索区域发展的路径，探讨行政区经济与跨行政区经济的合作发展问题。广东、福建作为两个最早开始改革开放的沿海省份，在区域经济发展中，积极行动，进行了一系列探索实践，在区域经济发展中创造了宝贵经验。广东提出的“泛珠三角经济区”构想，福建提出的“海峡西岸经济区建设”设想，最终上升为国家战略，在区域经济发展中都产生了积极影响。

第一节　区域经济发展差异化态势及客观条件

区域发展不平衡是一个世界性难题，也是我国的突出问题。由于各地区自然环境条件复杂多样，经济发展基础、生产要素资源组合、社会习俗等因素的差异，经济社会发展的非均衡性特征十分突出，解决区域经济发展严重失衡现象，加快落后地区经济社会的发展进步，已经成为紧迫的任务。

一、区域经济发展的差异化

广东、福建是我国改革开放的重要前沿，也是沿海地区的重要经济省份，尤其广东，已经成为我国经济规模最大，经济综合竞争力、金融实力最强的省份。但是，省内不同区域同样存在地区差距问题，内陆山区与沿海地带、东西两翼与珠三角地区之间差距明显。在这种情况下，如何缩小经济欠发达的内陆山区地区与经济发达的沿海地区的发展差距，处理好经济“中心区”与经济“边缘区”的关系，实现地方经济均衡协调发展，成为政府必须考虑解决的重大课题。

与广东相比，福建在沿海几个省市当中，其经济影响力北不及江浙、上海，南不敌广东，一个重要原因就是福建广大的内陆山区地区经济发展水平不高，地区发展存在“二元”格局现象，严重制约了全省经济实力的提升。在当前情况下，如何解决这一问题，出路何在？福建从20世纪80年代中期提出“念好山海经”，90年代提出“沿海、山区一盘棋”以及“山海协作，联动发展”，到21世纪初期提出“三条通道”战略构想，从财政、金融、基础设施建设、支柱产业培育等相关方面加大对内陆山区地区的扶持，政府对解决内陆山区与沿海地区之间的经济发展差距问题进行了积极探索。

对于这个问题，笔者曾在关于加快福建“一线带两翼”战略问题的专题研究中提出了这样的思考：福建的发展困难在山区，但山区也有潜力，通过“一线”“沿海地区”带动“两翼”“闽西北、闽东北山区”的发展，福建的总体发展水平就能够提高，在沿海各省中的地位就能提升。山区经济的发展任重道远，涉及因素很多、影响面广、难度很大。当前，山区的开发建设，面临着全新的宏观环境：社会主义市场经济体制逐步完善，市场机制配置资源的作用不断加强；沿海发达地区的经济竞争能力迅速提升，对山区经济的发展产生巨大的竞争压力；买方市场已经形成，产品普遍处于供大于求的状态；入世之后，在现代市场经济规则下，曾经在沿海地区实行过的许多特殊优惠政策很难继续复制到山区。尤其是在落实国家“一带一路”建设时，福建作为“建设21世纪海上丝绸之路核心区”，沿海一带迎来新的政策优势和发展机遇。因此，山区经济发展面临的竞争压力更大，必须通过一系列的制度创新，改变计划经济条件下形成的政府管理体制，建立新的企业制度、培育市场体系，使市场机制自身的运行结果有利于促成山区经济快速发展所需的各种条件，积极融入沿海经济发展。重新定位山区的开发建设目标，明确各项任务，重新制定符合实际的政策措施，特别是有针对性地研究解决山区基础设施建设、生态环境建设、老工业基地改造、产业发展、特色产业培育等方面的可行性问题。

二、发展山区地区的经济

在区域经济发展中，沿海地区如何做优做强，山区地区如何缩小差距，成为各级地方政府必须面对的紧迫问题。相较于沿海，山区地区的发展任务更艰巨更繁重。

(一)要明确山区地区的发展目标

面对全面建设小康社会的新形势新任务，扩大山区经济规模，提高山区农民收入水平，促进山区与沿海地区协调发展；加快发展速度，改善财政状况，增强自我积累和自我发展能力；提高农业产业化经营水平，优化产业结构，提高二、三产业在GDP中的比重；精准扶贫，使山区贫困户全面摆脱贫困，走向富裕；加强生态建设和环境保护，增强可持续发展能力；全面推进科技文化教育卫生等各项事业的发展。通过上下努力，把山区建设成为经济繁荣、基础设施比较完备、社会事业发展、生态环境良好、山川秀美，令人向往的新山区新农村。

(二)要确定山区地区的建设任务

(1)加强山区以市县公路、农村电网、乡村道路、人畜饮水、农田水利、市县防洪、景区配套、封山育林、教师住房等基础设施和公共服务设施为重点的富民基础设施建设。

(2)培育山区主导产业，逐步形成农业产业化经营、集团化发展的格局，为山区地区走向市场创造条件。

(3)发展民营经济、培育山区民营产业，加快小城镇建设。

(4)发展壮大乡村集体经济，加快山区产业化和专业合作进程。

(5)大力推广适合山区建设发展要求的应用科技，走科技兴山之路。

(6)继续组织社会各界积极参与山区建设。

(三)要找准山区地区工作的突破口

1.营造经济发展环境

山区发展环境包括制度环境和设施环境。若把市场比喻为水，环境便是源泉。政府的作用在于：挖塘蓄水——创造良好的发展环境，形成市场经济的“气候”；蓄水养鱼——投资环境形成了，把外面的资金引进来，培养一批适应市场竞争的企业；搭船出海——起步阶段没有自己的品牌，可以发展来样订货、订单农业，进行资本积累，解决本地劳动力的就业；造船出海——经过一段时间的发展，企业壮大起来，创出自己的名牌和知名度，就可以迈大步走出山门，增强市场竞争力。

2. 以市场经济的思路和办法考虑山区的发展

以市场经济的思路和办法考虑山区的发展，根据市场机制配置资源，根据市场需求发展产业。中央提出供给侧改革，其实质就是市场引导、消费导向。在市场竞争中发挥比较优势，进行农业结构调整，培育发展主导产业。积极鼓励和支持跨区域、跨县市、跨所有制的主导产业集团，发展更大规模的产业基地，发展特色产业。山区地区有着潜在的优势，山区潜力在山，希望在山。山多坡广，结合实施退耕还林还草，可以大力发展生态经济林，发展特色优质干鲜果产业；可以利用山区牧草资源和大面积人工种草，规模圈养，大力发展草食畜养殖业，满足居民饮食结构变化的需要；可以利用优越的自然地理条件，大力发展中药材种植；可以利用耕地土质条件和多样气候，大力发展小杂粮种植和蔬菜种植等。实施特色农业工程，培育发展优质杂粮、草食畜、干鲜果、蔬菜等山区特色产业。

3. 发挥地区资源优势

充分发挥当地资源优势，实现资源的有效转化。山区所处的区位特点和现阶段的发展水平，决定了山区要充分利用自身的资源条件和生态优势，集中发展具有资源特色和投入较少的生态农业、生态旅游、资源加工业、特色产业，争取以项目换资金，以资源换技术，力求吸引更多的外地资金到山区参与发展和建设，经过一段时间的发展积累，带出山区自己的一批企业。通过这一途径积累资金，安置就业，保持环境，创造条件迎接更多高新技术产业的植入。一旦时机到来，将可能形成资源型农业和特色高新技术产业。山区发展要避免产业雷同，要根据各自条件，使县县有特色，镇镇有品牌，村村有模式。要重视与发达地区的经济对接，充当经济腹地、配套基地和生态后方。

4. 跳出山门思考发展问题

全球化背景下，山区发展也要有国际视野，跳出“一亩三分地”思维定式，学会对接、融入及参与。

山区地区的发展是一项系统工程，涉及方方面面，既需要理论上的深入求证，又要有实践中的大胆探索，既要了解国内外其他山区地区发展的经验，又要克服其他地区所犯的错误。因此，一要充分认识和吸取国内外山区地区发展的经验教训。二要进行山区发展的方法论研究，从区域经济经典理论中接受教育。三要充分把握山区建设发展的环境条件、区位特点，从自然环境和人工环境，即从经济、人文、社会、历史、体制与政策等因素考虑发展问题。四要对山区发展做出必要的经济预测和经济评价。五要提出山区战略发展的总体框架。山区建设发展要把握以人为本、可持续发展和公平发展观；突出山区发展与提前全面建设小康社会和实现现代化建设战略目标相结合，与推动经济增长、建设美丽乡村和扩大城乡就业相结合，与加速农民市民化和消除城乡二元结构相结合，与改善生产力空间布局规划和实现区域经济协调发展相结合，与解决"三农"问题相结合；坚持人口资源环境经济社会协调发展。强调山区发展是实现区域协调发展战略的目标要求，一方面要推动发达地区更加繁荣，从而有足够的财力带动和帮助欠发达地区；另一方面要研究区域发展不协调的原因。通过发展山区经济，提高土地产出效率，提升经济竞争能力，缩小地区间发展差距，增强区域总体经济实力。

第二节　泛珠三角区域合作战略定位与实践探索

泛珠三角区域，包括广东、福建、江西、湖南、广西、海南、四川、贵州、云南 9 省区和香港、澳门两个特别行政区，内地 9 省区总面积 200 万平方公里左右，约占国土总面积的 1/5，区域生产总值约占全国的 1/3。

一、泛珠三角洲区域合作战略定位

泛珠三角区域合作概念，最早在 2003 年广东省政府内部文件中出现。文件指出：广东要"积极推动与周边省区和珠江流域各省区的经济合作，构筑一个优势互补、资源共享、市场广阔、充满活力的区域经济体系"，同时，推动 9 省区与港澳特区的合作，建立"9＋2"协作机制，从而形成泛珠三角经济区。2003 年 11 月 3 日，广东省首次正式公开提出泛珠三角经济区的构想。同时，在广东省政府的积极组织下，通过召开会议，签署一系列协议，逐步建立起泛珠三角跨区域合作组织。

二、泛珠三角洲区域合作实践探索

2003 年 10 月 10 日，第一届泛珠三角信息产业厅局长联席会议在广州举行，参会方包括广东、福建、江西、湖南、广西、海南、四川、贵州、云南 9 省区以及香港特区。参会各方在决议中共同承诺，将在信息产业领域的投融资、市场拓展、技术配合、应用等多个层面开展广泛的合作。联席会议决定，设立由9省区及香港、澳门参加的泛珠三角信息化联席会议，每年定期举办一次，各省区轮流主持。2003年11月28日，在广东省举行泛珠三角交通发展研讨会，签订《泛珠三角经济圈九省区暨重庆市道路运输一体化合作与发展议定书》，广东省交通厅还分别与周边五省区签订了《省际公路规划建设备忘录》。2004年2月22日，广西党政代表团对广东进行了为期七天的访问，代表团还赶赴东莞、深圳、珠海和佛山四市进行参观考察，洽谈经贸合作。2004年4月13—17日，广东党政代表团对广西进行了为期5天的考察，其间，两广企业在广西南宁签订了总投资达486亿元的100个项目合同。此举标志着2003年7月由广东率先倡导的泛珠三角经济区建设获得突破性进展，由前期务虚阶段步入实质性实施阶段。

2004年6月1—3日，首届泛珠三角区域合作与发展论坛在香港、澳门和广州三地连续举行，在广州共同签署了《泛珠三角区域合作框架协议》，确定了泛珠三角合作的宗旨、原则、要求、领域等。该协议的签署，是首届泛珠三角区域合作与发展论坛的重要成果，标志着区域合作的机制正式形成，泛珠三角区域合作正式启动。此后，该合作与发展论坛由各省区轮流举办，详见表6-1。

表6-1　泛珠三角区域合作与发展论坛举办情况

届次	论坛主题	论坛成果
第一届(2004年6月1—3日)香港一澳门一广州	合作发展，共创未来	签署《泛珠三角区域合作框架协议》
第二届(2005年7月26—28日)成都	合作发展，共创未来	通过《泛珠三角区域合作发展规划纲要》和《泛珠三角区域合作经济工作意见》。经贸洽谈签订合作项目4 473个，投资合同金额4 535亿元
第三届(2006年6月5日)昆明	合作发展，共创未来	通过交通、能源、科技、信息化、环保五个合作专项规划。经贸洽谈会签订合作项目1 019个，合同金额1 981.7亿元
第四届(2007年6月8日)长沙	合作发展，共创未来	通过专项规划实施和市场环境建设的两个工作意见。经贸洽谈会签订合作项目1 254个，合同金额3 376.2亿元

（续表）

届次	论坛主题	论坛成果
第五届（2009年6月9）南宁	产业转移与金融服务	达成坚持科学发展勇于先行先试、携手共进应对金融危机、凝聚各方力量共建美好家园、加强交通合作共建交通网络、加强产业合作提升产业竞争力、加强信息和旅游合作实现资源共享、建立联动机制增强应急能力七项共识。签约项目累计超过600个，签约金额2 261亿元
第六届（2010年8月27日）福州	区域经济发展规划与金融发展战略	联合签署《2010年泛珠三角区域合作行政首长联席会议纪要》，签署《泛珠三角各省区加强大通道建设合作备忘录》《泛珠三角各省区旅游合作福州宣言》《泛珠三角各省区"一程多站"精品旅游线路》等10个合作框架协议或备忘录。签约项目累计超1 263项，投资金额2 831亿元
第七届（2011年9月21日）南昌	加快转变发展方式、深化合作、绿色发展	联合签署《2011年泛珠三角区域合作行政首长联席会议纪要》。此外，各方还签署了《社会信用体系共建协议》《泛珠三角地区跨省流动人口一孩生育服务登记协作协议》《泛珠三角地区跨省流动人口社会抚养费协作协议》《第一届泛珠三角旅游深度合作协议》等一批合作协议。签约项目累计1 544项，金额4 512.83亿元
第八届（2012年11月28日）海口	绿色发展、合作共赢	大会取得了丰硕的合作成果，明确了加强跨省区基础设施建设合作等七项下年度重点工作。经贸洽谈会上签约项目达202个，投资总额2 772亿元
第九届（2013年9月9日）贵阳	合作发展、共创未来	签署《2013年泛珠三角区域合作行政首长联席会议纪要》和《贵州共识》，决定第十届泛珠论坛暨经贸洽谈会由广东、香港、澳门三方联合承办。录入签约项目183个，投资总额1 969.9亿元
第十届（2014年10月10）广州	合作发展、共创未来	签署《泛珠三角区域深化合作共同宣言（2015—2025年）》，决定在泛珠十年的基础上，携手参与"21世纪海上丝绸之路"建设等国家重大战略，打造泛珠合作"升级版"。达成合作项目780个，合同总金额5 493亿元

2004年7月14日，在首届泛珠三角区域经贸合作洽谈会上，国家相关部委、泛珠区域9个内地省区和香港、澳门特区的有关部门、企业分别签署了

472个合作项目和经贸合作合同，总成交额达2 412亿元人民币。7月16日，泛珠区域14个重点旅游城市的旅游主管部门负责人和香港旅游业协会负责人，在第16届全国(部分)旅游城市旅游局局长协作会议上，对推进泛珠三角区域城市旅游合作进行了深入探讨，并签订了10条合作协议，推动泛珠“无障碍”旅游区的形成。9月16日，首届泛珠三角省会城市市长论坛在广州开幕。来自泛珠三角区域的9个省会城市市长和香港、澳门特别行政区代表，围绕“充分发挥省会城市和港澳在泛珠三角区域合作与发展中的集聚、带动、辐射作用”的主题进行了深入探讨，签署了《泛珠三角区域省会城市合作协议》。

2005年7月26—28日，第二届泛珠江合作与发展论坛在成都举行。签署了《泛珠三角区域合作发展规划纲要》，对第一届论坛所确定的合作领域进行了细化，使合作项目更加具体。第二届泛珠三角合作与发展论坛进一步探索了建立健全经贸合作机制。通过建立经贸合作机制和措施落实，以及政府推动与市场运作相结合的方法，共同开拓市场、产业对接、资源开发、资产重组、科技创新和流通服务业现代化，从而实现资金、技术、人才、品牌、信息、资源、管理等要素的合理流动与优化组合，为区域间企业合作项目的实施营造良好环境。论坛在能源、交通、商贸、旅游、劳务开发等领域，开展了大量富有成效的合作，合作机制进一步健全和完善，经贸合作方面取得明显成效，共签订合作项目4 473个，投资合同金额4 535亿元人民币。

2005年12月，交通部发布《泛珠三角洲区域合作公路水路交通基础设施规划纲要》，区域高速公路网、区域公路运输枢纽和沿海港口建设，成为基础设施规划的重点内容。

①区域高速公路网。泛珠三角洲区域高速公路网由国家高速公路和部分地方高速公路组成，规划总里程约3.73万公里，其中，国家高速公路约2.85万公里，地方高速公路约8 800公里。珠江三角洲地区形成城际高速公路网，里程为3 300公里；泛珠三角区域高速公路网按“十射、六纵、五横、六条国际通道及三个环线”形态布局。

②区域公路运输枢纽。泛珠三角区域公路运输枢纽依托区域高速公路网，位于重要节点城市，与其他运输方式有机衔接，由国家公路运输枢纽和重要的区域性公路运输枢纽城市构成，共计65个。

③沿海港口。沿海港口是泛珠三角区域综合运输网络的重要枢纽、现代物

流的中心节点。以珠江三角洲、粤西、广西、福建等地区沿海为重点，建立与国际市场紧密连接的集装箱、原油、铁矿石运输系统，以及连接海南与内陆地区的琼州海峡滚装运输系统。

泛珠三角区域合作，从 2003 年概念提出，2004 年正式启动实施，到 2014 年，经历 10 年发展，泛珠三角各方坚持优势互补、互利共赢，凝聚共识、建立机制，搭建平台、落实项目，跨界基础设施互联畅通成效显著，经贸产业合作日渐紧密，跨省区规划合作有序推进，区域开放合作卓有成效，跨域生态协调与共同治理逐步加强，有力推动了泛珠三角区域合作取得显著成效。2013 年，泛珠三角区域内地九省区 GDP 为 18.6 万亿元，是 2004 年 4.9 万亿元的 3.8 倍，约占全国总量的 33%。10 年间，泛珠区域内“五纵七横”高速公路主干线建设全部完工，泛珠内地九省份高速公路里程由 2004 年的 1.14 万公里增加到 2013 年的 3.46 万公里，铁路营运里程增长 25%，达到 2.38 万公里。已经过去的十届泛珠三角地区合作论坛，累计签约项目超过 1.9 万项，签约金额超过 3.7 万亿元。

泛珠三角区域合作得到中央领导的高度重视，2014 年全国两会期间，习近平在参加广东代表团审议政府工作报告时曾表示，广东要加大与周边省区及泛珠三角地区经济合作力度，辐射和带动区域发展，在促进东中西合作中发挥积极作用；李克强在 2014 年全国两会政府工作报告中提到，要推进长三角地区经济一体化，深化泛珠三角区域经济合作，加强环渤海及京津冀地区经济协作。在中央领导的关怀下，泛珠三角区域经济合作不断深化，开启了第二个 10 年。

2016 年 3 月 15 日，国务院发布《关于深化泛珠三角区域合作的指导意见》，这标志着泛珠三角区域合作上升为国家战略，与京津冀一体化、长江经济带并列成为三大国家区域发展战略之一。泛珠三角区域合作写入国家“十三五”规划。2016 年 8 月 25 日，第十一届泛珠三角区域经济合作论坛在广州开幕，论坛主题是“深化泛珠合作与自贸区创新推广”，该届泛珠三角区域合作与发展论坛暨经贸洽谈由广东省人民政府、福建省人民政府联合承办。9 月 26 日，第十一届泛珠三角区域市长联席会议在福州开幕，就融入“一带一路”建设、推动泛珠三角区域合作进行交流磋商。2017 年 1 月 20 日，广东省政府印发《广东省深化泛珠三角区域合作实施意见》(粤府[2017]8 号)。

据统计，十几年来，泛珠各省份累计签约项目超 3 万个，总金额达 6 万亿元。2016 年,内地 9 省份与港澳贸易总额近 5 000 亿美元,是 2004 年 1 000 亿元的 5 倍;GDP 达 24 万亿元,是 2004 年 4.6 万亿元的 5.2 倍;高速公路总里程达 4.1 万公里,是 2004 年 1.14 万公里的 3.6 倍;高铁总里程从零公里向 1 万公里冲刺。

第三节　福建区域经济发展实践的持续深化

一、山海协作联动发展

正确处理经济发达的沿海地区同经济欠发达的内陆山区的关系,也就是处理好经济“中心区”与经济“边缘区”的关系,实现区域经济协调发展,是政府必须考虑解决的重大课题。20 世纪 80 年代中期,福建提出“念好山海经”,90 年代进一步提出“沿海、山区一盘棋”以及“山海协作,联动发展”,积极推进山区与沿海之间“山海”对接,直至提出“三条通道”构想,并从财政、金融、基础设施建设、支柱产业培育等相关方面加大对内陆山区的扶持,政府对解决内陆山区与沿海地区经济发展差距问题进行了有益探索。

(一)实施山海协作体现国家区域经济联合与协作管理的基本原则

中央历来强调打破地区封锁,实行全国一盘棋,实行跨地区的经济联合。应当说福建提出“山海协作,联动发展”,符合中央精神,也符合福建的区域具体实际。

(二)实施山海协作是适应当时“入世”和经济全球化形势的必然要求

当代国际经济发展的一个显著特点在于:经济全球化进程日益加快,世界上任何国家及地区的发展都离不开两种资源和两个市场。在这浩浩荡荡的国际潮流面前,我们的方针就是:既要积极参与,又要练好内功、创造条件。这个最基本的条件就是必须理顺内部的发展关系,增强自身的综合经济实力,而实施“山海协作,联动发展”战略,正是为了打造一种能够适应全球化要求的对外竞争实力,争取在全球化进程中处于有利地位。

(三)实施山海协作使得沿海支持山区建设不断深入

有关资料显示,自从福建省委省政府提出“山海协作”以后,该项活动不断向纵深方向发展。2013 年,印发《福建省山海协作共建产业园区规划纲要》,明确到 2015 年,23 个省级扶贫开发工作重点县在本县和对口帮扶县(市、区)建成一个以上共建产业园区;到 2020 年,将产业园区建成功能布局合理、产业特色鲜明、集聚效应明显、生态环境优美的产业共建先行区。全省构筑闽东北欠发达山区共建带、闽西南欠发达山区共建带、沿海发达地区共建带。其中,闽东北欠发达山区共建带 12 个县,以福州大都市为中心,打造成闽东北产业融合、生态和谐的省际产业转移区,重点发展高优农业、特色农产品精深加工、竹木加工业、休闲观光农业等;闽西南欠发达山区共建带 11 个县,以厦门为中心,打造工业化、城市化和农业现代化深度融合的集聚集约发展区,重点发展绿色农业及农产品加工业、机械装备制造业等;沿海发达地区共建带 23 个县(市、区),适当建立产业园区,按各发达地区重点支持的产业目录重点发展。应当说,这一互利互惠、扬长避短的横向经济联合协作政策的出台实施,对于加快山区开发步伐、促进沿海与内陆山区的共同进步发挥了积极作用。

(四)深化山海协作有利于突破体制障碍

地区之间经济差异的长期存在,既有历史的成因,也不排除政策体制的制约影响。长期计划经济体制下形成的垂直分工的地区经济格局和“大而全”“小而全”的地区产业结构体系,过度强化只保一方平安,忽视全局发展的思维定式,人为地把经济活动束缚在按行政隶属关系条块分割的状态中,资源、劳动力、市场间缺乏有机联系,这就必然阻碍各类资源的合理流动与配置,难以形成具有竞争力的综合经济实力。所有这些问题都说明,打破行政区域局限,遵循经济发展的客观规律,从更广阔的时空层面考虑地区间生产力布局的重要性。直面入世后的新形势,通过实施“山海协作”,加快福建内陆山区、革命老区经济建设步伐,逐步实现沿海与山区均衡协调发展,对于增强全省综合经济实力、综合竞争能力具有重要的现实意义和深远的影响。

(五)顺应时势打开山门喜迎八方宾客

内陆山区县市的发展,必须走出狭隘的天地,打开山门,进一步扩大开放;山区地区对外开放要以沿海市县为跳板建立窗口,采取特殊政策、灵活的机制,引进资金、技术和人才,开展合资合作经营、合作开发资源、合作发展旅游业、增加劳动力输出,扩大市场空间,实现优势互补,借此增强当地经济实力,推动山区经济的发展。

应该说,“山海协作”在新时期新阶段仍然重要。合作是有成效的,关键的问题是,如何才能使这一合作少一点政府救助的色彩,多一点市场运作的成分,从而使合作能够持续稳定有后劲,也使沿海地区、企业在合作中共享利益。一是山海协作,政策支持不可少,尤其是对山区发展的政策支持应当坚持,制定必要的特殊政策、倾斜政策。二是山海协作,加速山区地区发展,金融扶持很重要。政府应该出台对山区地区扶持的地区选择性金融援助政策,激励中小企业到受助地区创业发展,对中小企业的财富创造活动进行支持;建立地区发展基金,弥补落后地区企业发展中的资金不足问题。三是加快地方立法,出台地方性法规,为山海协作提供法律保障。四是其他措施,比如在山海协作中涉及的人力、物力、财力、税收政策等方面的问题,政府应当有比较灵活的政策加以解决。

福建山区、老区的发展,山海协作,得到中央领导的重视。2014 年 11 月 1 日至 2 日,习近平在福建调研时指出:“福建山区多、老区多,当年苏区老区人民为了革命胜利和中华人民共和国不惜流血牺牲,今天这些地区有的还比较贫困,要通过领导联系、山海协作、对口帮扶,加快科学扶贫和精准扶贫,办好教育、就业、医疗、社会保障等民生实事,支持和帮助贫困地区和贫困群众尽快脱贫致富奔小康,决不能让一个苏区老区掉队。”

案例研究

山海协作的历史与现实

“山海协作”的口号,自从 20 世纪 80 年代中期提出以来,差不多已经有 20 个年头了。福建省党代会提出构建福建现代化发展“三大战略通道”的思路,赋予了“山海协作”以新的内涵。福建的自然地理特征,决定了山海协作的重要性和紧迫性:福建山多、地少、临海,有“八山一水一分田”之称;如果占 80%的山区地区发展不起来,仅靠沿海狭长地带的发展,无论如何,福建经济的发展水平不可能很高,综合经济实力也不可能太强。因此说,山海协作,谋求共同发展,是实现福建经济社会全面进步的基础,没有这一条,福建经济的发展将难以摆脱地区发展“二元”格局。

冷静分析福建经济的发展现状,在东南沿海省市当中,其经济影响力北不及江浙、上海，南不敌广东，一个重要原因就是福建广大的内陆山区经济发展水平不高，地区发展严重不平衡，这种"二元"格局现状，严重制约了全省经济总体实力的提高。从90年代中期列入"国家八七扶贫攻坚计划"的贫困县情况可以看出：邻省江苏、上海没有，浙江有3个县（文成、泰顺、景宁，均与福建省闽东交界），广东也有3个县（陆河、乳源、阳山，其中陆河在粤东，乳源、阳山在粤北），福建则有8县之多（4个在闽东，寿宁、屏南、柘荣、周宁；4个在闽西，武平、上杭、长汀、连城）。如今，扶贫攻坚计划的实施已经结束，但是，解决山区与沿海之间的发展差距，摆脱地区发展"二元"格局现状的任务仍然严峻地摆在面前，这也反映出福建在解决地区发展问题方面，与邻省相比，任务艰巨得多。

"山海协作"，涉及三个方面，要调动三方面的积极性，实现三大目标："三个方面"是指山区、沿海与全省；三大目标是通过协作实现山区脱贫致富、增强福建沿海地区发展后劲以及提高福建的综合经济实力。因此，应当从有利于这三大目标的实现来统筹考虑山海协作问题。

山海协作问题的研究，如同科学探索，已经有许多学者和实际工作部门的工作者为之进行谋划，探索可行的方案。

诺贝尔物理学奖获得者杨振宁先生，曾经把解决问题看作"非常近似于科学研究"的工作。他说："在科学上，你既要从整体上、战略上考虑问题，也要从局部上、战术上考虑问题。从局部上，你解决小问题，可是要把它们联成整体，这时你就需要一个重要的'思想'。找到这个'思想'，就像拼板游戏中找到那片连接板一样。"

如今，人们对于山海协作在福建经济发展、社会进步中的重要性、必要性的认识已经基本一致，现在关键的问题在于："山海"如何对接，采取什么样的方式进行对接，对接的关节点在哪里。这里的对接，就如同拼板游戏中的那片连接板。很显然，我们现在的任务就是要找到那块连接板。为此，必须立足于以下方面来考虑问题。

1. 从实现山区脱贫致富目标出发，积极挖掘内陆山区的发展潜力

发展山区经济，实现山区经济社会的全面进步，是当前和今后很长一段时间各级政府必须着力研究解决的重大理论和实践问题。邓小平指出：

"一部分地区有条件先发展起来,一部分地区发展慢点,先发展起来的地区带动后发展起来的地区,最终达到共同富裕。"山区解决温饱,只能说是实现了邓小平同志构想的第一步,要实现共同富裕,主要的还是得通过挖掘自身潜力,克服"等、靠、要"思想,加快山区的自身发展来实现缩小地区差距,山区地区各显神通,以已有的基础,借助各方面的帮助,借助市场的力量,借助山海协作的有利时机加快发展自己。

第一,着眼未来,把眼前利益与长远目标结合起来。一般来说,通过努力、借助帮助,只是简单地解决山区群众的温饱,解决山区落后面貌是能够办到的,而且这一目标已经基本上做到或者说正在落实。问题难就难在,如何使整个山区上水平、保持持续稳定发展,在发展中逐步缩小同沿海地区的差距。

在实际工作中,解决温饱、摆脱落后面貌,既是解决长期历史遗留的问题,也是为下一步的发展奠定基础、形成路子、培育机制、积蓄人才;既大大增强山区人口的自我发展能力和经济实力,也大大增强山区的自我发展能力和经济实力,这样把两种利益主体、两方面需求意愿结合在一起,才能够获得更有利于实现地区发展的高效率。

第二,短长并举,把发展县域经济作为突破口。实现山区经济的发展,要从山区市县的具体实际出发,将发展县域经济作为突破口。在经济发展实践中,县域经济是区域经济的重要组成部分,是区域经济与社会发展的有生力量。由于县域经济在产业规模、社会资本和人力资源乃至经济环境上都有着各自的特点,它与大中城市相比,其经济规模、经济社会发展程度以及生产要素禀赋都存在较大差异,各县域必须从当地的实际出发,因地制宜,积极发展包括国有企业、集体工业、商业、粮食生产及加工、供销、乡镇企业等中小型企业;开放市场,健全和完善流通体制,将县域经济的发展纳入区域经济一体化进程当中。

与此同时,发展县域经济必须重视小城镇建设,通过小城镇建设,加快农村富余劳动力的转移、提高农业劳动生产率和综合经济效益。在当前和今后较长一段时间内,要把引导小城镇健康发展,作为山区农村改革与发展的一项重要任务。党的十五届三中全会曾经指出:"发展小城镇,是带动农村经济和社会发展的一个大战略。”推进小城镇建设和发展，无疑是实现农村经济跨越式发展的一大战略举措，是加快城市化进程的必然选择；没有小城镇的发展，就没有山区县域经济的持续快速发展；没有小城镇的发展，就没有城市化，也不可能实现城乡一体化。

省内沿海地区经济发达、生产力水平高，发展速度快，人民生活水平高，一个重要原因就在于沿海城镇化水平高，城镇经济比重大，第二产业、第三产业发达。

第三，顺应时势，打开山门喜迎八方宾客。

2.从增强发展后劲的需要出发，提高沿海地区和企业参与协作的热情

山海协作，沿海地区及企业是一重要因素，如果没有沿海地区及企业的积极参与，协作将无法进行下去。因此，沿海地区及企业的态度如何，将直接关系到山海协作战略实施的成败。现在的问题是，山海协作，山区很迫切，积极性很高，沿海地区及企业是否也有热情？

影响沿海地区及企业积极性的因素，关键在于山海协作能否实现双赢，沿海地区在协作中能否获得实际利益，协作中除了获得社会效益，能否获得实际的经济效益，有无获利空间。

为什么福建省有那么多企业家不远千里到西部地区投资，甚至到国外投资，而不去近在咫尺的闽东、闽西、闽北投资？这里有一个投资回报问题。现在，对于民间投资，往哪里投，政府只能进行引导，不能用行政命令强制，最终决定权在于市场。在这种情况下，政府某些经济政策措施的出台，要能够得到民间社会大众和投资者的支持参与，就要让他们能够获得看得见摸得着的实际利益。

如今，要使山海协作从单纯的政府行为转变成既是政府所倡导的行为，也是受市场所吸引的行为，就必须充分考虑如何促使协作各方包括民间投资者都能够从中受益，从而调动沿海、内地两个积极因素，使各级政府及民间力量都能够积极行动起来，政策措施与经济手段都能够综合应用起来，并激发起沿海地区、企业的协作热情。

3.从提高综合经济实力出发，探索山海协作的方法途径，增强协作针对性和实效性

地区经济的发展是一个有机整体，要求全省一盘棋。有这样一篇文章——《竞争力：中国24城市排名研究》，列入研究的城市中，福建有两个，即福州、厦门。文章指出：从综合竞争力来看，厦门在24个城市中居第5位，福州居第15位：厦门竞争力高在环境力、制度力、开放力；福州竞争力弱在凝聚力、结构力、区位力。总起来看，在24个城市中，福州、厦门的综合经济实力都不强，也不具绝对优势。那么，福建综合经济实力靠什么提升，仅仅靠两个沿海大城市明显难担此重任，关键的问题还在于整体上缩小内陆山区与沿海地区的发展差距，实现省内地区经济均衡协调发展，实现整体水平的提高，而山海协作无疑是实现这一目标的最根本措施之一。

第一，深化地区经济联合与协作，促进沿海与山区优势互补。经济联合与协作是我国经济体制改革的重要内容，对整个国家和各经济区域的产业结构调整及生产力布局、商品生产及流通发展等方面，都起着重大的推动作用。随着改革的深入，横向经济联合与协作将显示出更加强大的生命力。根据福建经济发展的实际，实施经济联合与协作，应当不拘一格，可以跨县市、跨行业，甚至跨省、跨国联合，实行外引内联，通过联合，将局部优势转变为整体优势，共同克服劣势，内外结合，增强综合经济实力。

在联合过程中，要有意识地将联合的内容纳入地区经济的发展规划，强化区域分工，优势互补，突出特色。

地区间的横向经济联合，要按中长期规划确立发展目标，充分发挥各自的优势，以调整结构、提高效益、协调区域关系为重点；在资源开发利用和市场开拓基础上，按照“扬长避短，互惠互利，共同发展”的原则开展联合与协作；坚持企业与企业联合为基本形式，提倡以大中型企业为骨干，以优质名牌产品为龙头，形成紧密型或半紧密型、松散型或半松散型的联合组织形式，有条件的地区，可以组建跨地区跨行业企业集团。通过“多领域、多层次和多形式”的联合协作，使沿海地区充分发挥高梯度区的优势，内陆山区发挥资源丰富及劳动力富余优势，打破所有制、地区、部门界线，在各方联合中促进经济发展、谋求经济效益。特别应当强调的是，沿海地区大中型企业与内地乡镇企业联合，不仅可以获得能源和原材料，建立自己的技术市场和销售市场，增强发展后劲，更重要的是可以扶持和带动内陆地区的初级产业、原材料产业、农副产品加工业的发展，盘活国有资产，带动当地国有或集体企业摆脱困境。在这一过程中，有条件的内陆地区企业，也可以主动同沿海地区中小企业、乡镇企业联合，建立信息窗口和自己的加工工业基地，同时享受沿海地区优势，借助沿海优势为山区服务，发展壮大自己。

第二，继续推进对口支援工作，促进沿海与内地经济共同进步。山海协作的最初形式主要就表现在对口支援方面。通过发达沿海地区对内陆落后地区的支援，进而带动山区地区经济发展和社会进步。今后，这项工作应当继续坚持下去，并逐步扩大对口支援的领域，争取在工业、农业、商贸、科技、人才、文化教育、劳务等各个方面都有所作为，并形成相对稳定的格局；要鼓励沿海地区到山区地区投资办厂，联合开发有地方特色、有较高技术含量、有市场需求的产品。通过对口支援，扩大生产，增加山区商品输出、劳务输出，进而带动山区经济发展，提高人民生活水平。山区地区也应当奋发图强，增强自我发展能力和参与市场竞争能力，形成沿海与山区地区互补互济，共同发展，逐步缩小两地间的发展差距。

随着形势的发展，对口支援要有新的内容，要变片面输血为输血与造血并举，通过对山区输血增强其造血功能。过去我们对山区的扶持主要是以政府为主体，随着市场经济的发展和经济合作的不断发展，对口支援扶持方式也应当转变为“政府全力推动，企业积极参与”的新机制，促使长期以来推行的扶持山区经济发展、实现山区农村奔小康工作迈上新台阶。

在这方面，广东与福建有着相同的发展经历，所面临的任务也有许多相同的地方。2000 年 11 月 21—24 日，广东省政府在清远举办首届珠江三角洲及沿海与山区经济技术合作洽谈会，实行政府搭台，企业唱戏，开展沿海与山区对口经济技术合作，合作洽谈的主要内容包括珠江三角洲地区与山区开展经济技术贸易合作的经验交流；两个地域之间寻求经济技术合作的信息发布；具体合作项目的洽谈以及签约等。洽谈会有别于以往的山区工作会议和扶贫会议，洽谈会上，企业是主体，企业之间的合作、合资、产权转让、收购兼并等，完全由企业按市场规则进行，各级政府不下行政命令，没有行政计划，不搞拉郎配；合作项目也按自愿原则，由市场需求来决定，所涉及的基建、化工、家电、机械、旅游、轻纺、医药、建材、商贸、农副产品加工以及其他工业项目，是沿海地区的优势产业，这其中也有许多属于山区经济发展过程中所迫切需要解决的技术领域。在这次洽谈会上，全省各代表团共签约项目621个，涉及金额达242.47亿元，另有66个劳务输出项目。应该说这种合作，沿海山区各得其所，这种做法无疑是值得借鉴的。

当然，这方面我们也有很成功的经验，比如2001年福建省举办的农业博览会，展示农业技术成果，为各地区农业合作牵线搭桥就是一种很好的形式。这次尝试虽然还主要停留在成果展示阶段，合作的项目不多。不过，毕竟有了一个良好的开端，只要政府有决心，企业有热诚，就一定能够为企业、为沿海与山区合作提供有益的帮助。

第三，积极研究山海协作的政策、规章、措施，在落实上下功夫。客观地讲，福建省委省政府在山海协作、解决山区发展、促进地区经济协调、增强综合经济实力等方面，出台了一系列政策措施，办了许多实事，也取得了明显成效。现在的问题是，必须对长期以来实施的各项政策、措施进行认真的分析总结.对于行之有效的政策措施应当继续执行；好的经验做法应当加以推广，不够完善的加以完善，落后于形势、难以落实或者是无法兑现的政策措施，该废止的就废止，该改进的就改进；某些合作项目执行有困难的应该协助解决。努力提高政策的指导作用以及措施的针对性、有效性。目的只有一个，就是促进山区的发展。

二、“三条战略通道”构想

构筑“三条战略通道”简而言之就是：拓展山海协作通道、对内连接通道和对外开放通道。形象地说就是拓展福建发展空间、增强发展后劲、提高综合竞争力，促进福建奋起直追加快发展的一条新路子。

2001年11月30日，福建省第七次党代会报告正式提出“三条战略通道”构想。报告指出：新世纪初，要着力构建福建发展的战略通道。拓宽山海协作通道，加大对山区开发力度，加快向海洋发展步伐，山海联动，促进福建省区域经济协调发展。拓宽对内连接通道，北承长江三角洲，南接珠江三角洲，发挥地处东南沿海中间地段的作用，西连京九线，东出台湾海峡，增进省际经贸互补，积极参与西部大开发，进一步拓展福建省发展空间。拓宽对外开放通道，密切闽台港澳四地合作，联手加强与世界各国特别是发达国家经济往来和技术交流，合作发展，共赢共荣，增强福建省综合竞争力。通过构建三条通道，完善基础设施，改善创业环境，调整发展布局，扩大经济腹地，吸引和活跃人流、物流、资金流和信息流，促进生产要素优化组合，努力建设海峡西岸繁荣带，使福建经济发展和社会进步迈上新台阶。

对于“三条战略通道”的影响问题，时任福建省社科院副院长林其屏研究员在《“三条战略通道”：福建发展思路的重大创新》一文中做过三点概括。第一，“三条战略通道”的构建，有利于山海联动，促进生产力可持续发展。我省沿海地区作为开放改革的龙头、窗口和前沿阵地，在管理、技术、人才、市场等方面的吸收和创新上取得了巨大成就，可以站在更高的起点上，带动山区的发展，不断放大自身的“扩散效应”，以使沿海和山区的核心优势形成互补关系，以凸显沿海和山区各自的核心优势，加快结构调整的步伐。第二，“三条战略通道”的构建，有利于拓展国内市场，促进生产力可持续发展。拓宽对内连接的通道，实行对内开放，有利于福建省产品在国内拓宽市场，从而促进生产力的可持续发展。第三，“三大战略通道”构建，有利于扩大对外开放，促进生产力可持续发展。在进入 21 世纪之际，为在 WTO 条件下使经济生活能够更快地融入国际经济社会，加入经济全球化进程中去，通过与国外的合作占领国内市场，通过技术与市场的联动以及跨国产学研联动可以将国内外有关资源、各种经济成分融合到福建省高新技术产业的发展中，并得到不断增殖，在此基础上使高新技术产业发展起来，并不断扩大产品出口比例，从而达到占领国际市场的目标。

作为战略通道建设的继续，近几年福建通道建设步伐加快。据 2009 年 7 月 29 日福建省委八届六次全会通过的贯彻落实国务院加快建设海西意见的实施意见，其中，一是以港口建设为平台，加快建设海西三大港口群。围绕发展大港口、大通道、大物流，积极整合港湾资源，加快建设海峡西岸北部、中部、南部三大港口群。北部以福州港为主体，加强福州港和宁德港等的整合，覆盖三都澳、罗源湾、福清湾、兴化湾北岸等主要港湾，推动建设以集装箱和大宗散杂货运输相协调的国际航运枢纽港；中部以湄洲湾港为主体，覆盖湄洲湾、兴化湾南岸、泉州湾等主要港湾，发展成为大宗散货和集装箱运输相协调的主枢纽港；南部以厦门港为主体，覆盖厦门湾、东山湾，加快形成以集装箱运输为主、散杂货为辅的国际航运枢纽港。二是加快实施公路铁路网络建设。构筑以“三纵八横”为主骨架的高速公路网。加快建成和完善京台线、福银线、厦成线、泉南线、长深线、宁上线等国家高速公路福建段，加快沈海线福建段扩建及新建复线，积极推进兴化湾经尤溪至重庆省际的高速公路通道建设。建设大运力快捷铁路运输通道。加快实施纳入国家中长期铁路网调整规划的海西铁路发展项目，推进形成“三纵六横九环”海峡铁路网。尽快建成连接两个三角洲的温福、福厦、厦深铁路和连接中西部地区的向莆铁路；抓紧建设京福、昆厦高速铁路；推进杭州至广州（经南平、三明、龙岩）、浦城至梅州、衢州至宁德、泉州至长汀等铁路项目；规划建设海峡西岸城际轨道交通系统，推动省内铁路网功能整合和扩能提速，使海峡西岸铁路成为国家路网的重要通道和交通枢纽。

目前，福建全省公路通车总里程突破 10.5 万公里，其中海西高速公路网里程 5 020 公里，路网密度居全国前列，人均密度、综合密度超沿海省份平均值，达到发达国家水平；普通公路二级以上里程突破 1 万公里，实现所有县城二级以上公路连接；农村公路实现全省建制村 100%通硬化公路。铁路营业里程 3 196.5公里。全省沿海港口生产性泊位 492 个，其中万吨级以上 168 个，深水泊位占比 34.101，实际通过能力近 7 亿吨，具备停靠世界集装箱船、油轮和散货船最大主力船型条件。

内部提升，对外拓展，使福建区域发展迈上新的台阶。在“一带一路”建设中，中央确定福建作为“21 世纪海上丝绸之路”核心区，福建发展迎来重大历史机遇。

三、海峡西岸经济区建设

海峡西岸经济区建设，是福建区域发展战略的延续和提升，它既是原有战略的继续，又是原有战略的升华，2004 年 1 月，在福建省人大十届二次会议上首次被公开完整地提出。为推进海峡西岸经济区建设，2004 年 8 月中共福建省委七届七次全会批准实施《海峡西岸经济区建设纲要（试行）》，2005 年 1 月福建省人大十届三次会议做出《关于促进海峡西岸经济区建设的决定》，福建省第八次党代会对加快推进海峡西岸经济区建设做出全面部署，进一步明确了海峡西岸经济区建设的内涵、意义和总体部署。

2005 年 10 月，在党的十六届五中全会上，支持海峡西岸经济发展写入《中共中央关于制定国民经济和社会发展第十一个五年规划的建议》；2006 年 3 月，全国人大十届四次会议，支持海峡西岸经济发展分别写入政府工作报告和“十一五”规划纲要；2006 年 10 月，党的十六届六中全会关于构建社会主义和谐社会的决定中，再次重申支持海峡西岸经济发展；2007 年 10 月，“支持海峡西岸经济发展”写入党的十七大报告。2009 年 5 月 6 日，国务院颁布《关于支持福建省加快建设海峡西岸经济区的若干意见》(国发〔2009〕24 号)(以下简称《意见》)，意见提出：充分认识支持福建省加快建设海峡西岸经济区的战略意义，明确总体要求和发展目标；发挥独特的对台优势，努力构筑两岸交流合作的前沿平台；加快现代化基础设施建设，强化发展保障；增强自主创新能力，推进产业结构升级；统筹区域内协调发展，促进互动融合；全面深化改革开放，增强经济社会发展动力活力；加快社会事业发展，促进社会和谐；加快生态文明建设，实现经济社会可持续发展；加强组织领导，落实保障措施，9 方面的工作内容。国务院意见的发布实施，标志着海峡西岸经济区正式从区域性战略上升为国家级战略。

根据《意见》，海峡西岸经济区建设要推动跨省区域合作。加强海峡西岸经济区与长三角、珠三角的经济联系与合作，促进优势互补、良性互动、协调发展，进一步完善沿海地区经济布局。发挥闽浙赣、闽粤赣等跨省区域协作组织的作用，加强福建与浙江的温州、丽水、衢州，广东的汕头、梅州、潮州、揭阳，江西的上饶、鹰潭、抚州、赣州等地区的合作，建立更加紧密的区域合作机制。加强重大项目建设的协调，推进跨省铁路、高速公路、港口等重大基础设施项目统筹规划布局和协同建设，畅通海峡西岸经济区港口与腹地的通道。加强电子、机械、旅游、物流等产业的对接，推动产业集群发展和合理布局，形成产业对接走廊。加强市场开发，建设区域共同市场，促进人流、物流、资金流、信息流的无障碍流动。统筹协调区域内对台交流合作的功能分工，提升海峡西岸经济区与台湾地区的对接能力。

深化区域经济协作创新，促进海峡西岸经济区建设

经济全球化和区域经济一体化是当今世界发展的基本趋势。经济全球化要求冲破地域空间的限制，增强世界经济的整体性，提高区域之间的依存度。与此同时，经济全球化也加剧了地域之间的竞争程度，日益激烈的竞争促使一些地域相近、发展水平相当或者具有相同利益的区域联合起

来进行跨区域合作发展。因此，作为经济全球化的一个重要组成部分，区域经济一体化也随之发展起来。区域一体化促进了区域利益协调机制的形成，强化了区域间的协调与合作发展。我国地域辽阔，区域发展不平衡的问题十分明显，特别是改革开放之后，推行不平衡发展战略，让一部分地区先富起来，区域发展的差距进一步扩大，并日益成为中国社会发展中不可忽视的问题。因此，在全面建设小康社会的进程中，加强区域经济的协作合作，不仅顺应了世界经济发展的基本大势，更是促进区域经济协调发展、增强综合国力、创建和谐社会的必然要求。

1. 区域协作创新是“海西”建设的重要基石

“海西”区域经济协作创新活动包括两个基准点。一是省内的经济协作，即通过加强沿海与内陆山区的协作，充分挖掘、整合省内资源，促进协调发展，增强“海西”核心区的经济实力。二是与毗邻省份的协作，遵循优势互补、互惠互利、共同发展的原则，推动城市之间、地区之间的规划联动、产业联动、市场联动、交通联动和政策法规联动，通过整合区域资源，调整区域产业结构，共同打造经济发展的良好机遇。

第一，深化省内协作，增强核心区实力，扩大辐射能力。福建地处东南沿海，从发展水平来看，沿海地带经济水平高，内陆山区相对滞后。因此，在加快福建经济发展、建设“海西”的进程中，促进沿海与山区之间的相互协作，提高自身聚集生产要素能力，大力发展具有比较优势的山区特色经济，调整优化产业结构，不仅有利于促进山区经济发展，而且对于沿海地区经济的优化升级，促进全省经济的均衡协调发展，增强“海西”核心区域的经济实力具有重要意义。

改革开放以后，福建山区经济同全省一样取得了长足发展，但与沿海发达地区相比在发展质量和水平方面都存在着明显的差距，而且差距有越拉越大之势。山区国内生产总值、财政收入的人均水平明显低于沿海地带。山海之间差距的拉大既受历史、地理条件的约束，也受人文因素的制约，还有政策环境的影响。沿海地区拥有国家开发区，形成了多层次的开放区域，且享有比山区更多的优惠政策，便于吸引海内外资金、引进国内外先进的技术和现代化的经济管理经验，为大规模发展外向型经济提供了先决条件。与此同时，山区与沿海地区的经济基础条件、市场经济观念和竞争意识，相比也要薄弱得多，沿海各项地方性投资政策也较山区灵活、宽松，从而给经济发展创造了比较好的内外部环境条件。

加强沿海与山区的协作，促进共同发展，是欠发达地区加快发展的重要平台，是培育新的经济增长点的有效途径，当然也是"海西"建设的一个基石。福建在1986—1988年，省委省政府曾先后下发了7个文件，制定了包括增加省级财政资金扶贫投入、银行贷款给予倾斜支持、物资分配给予照顾等三个方面67条山区发展政策措施。为贯彻实施国家"八七"扶贫攻坚计划，1994年省政府制定了《关于实施"国家八七扶贫攻坚计划"的意见》，提出包括信贷、财税、经济开发、文教卫生等方面的42条优惠政策措施为山区发展解困。1998年后，省委、省政府出台了《关于进一步加快山区发展的决定》《关于贯彻落实(中共中央、国务院关于进一步加强扶贫开发的决定)的意见》《关于进一步加快山区发展，推进山海协作的若干意见》《关于加快县域经济发展的若干意见》，从加强基础设施建设、调整经济结构、简政放权、扩大开放、推广小额信贷发展种植业、加大财政金融税收扶持、强化沿海山区协作帮扶等方面出台了一系列扶持山区发展的政策措施。多年来，在推进沿海与山区的协作工作中，山区加强与沿海发达地区的互补合作，接受沿海发达地区的经济辐射，有力地推动了山区经济的发展，沿海地区则通过协作不断开拓山区广阔市场腹地，为经济发展扩大了市场空间，从而大大增强了福建区域经济的实力，也为海峡西岸经济区建设奠定了雄厚的物质基础。

第二，突破行政区划界限，实现跨省份跨区域协作。由于经济社会总是不断发展变化的，特别是伴随着经济全球化进程的日益加快，经济活动要求突破空间和时间的局限，这就要求政区设置不断满足经济社会发展的新要求，满足国家统治与管理的新需要。打破政区界限，实现跨区域经济协作和生产要素自由流动，便成为一种客观的必然。

海峡西岸经济区建设，客观上是一个跨省跨区域的经济活动，"海西"建设需要打破现行行政区划地域，进行资源优化组合。为此，必须打破地域界限，在更广阔的地域空间实现生产力的合理布局，比如，建设跨区域大型基础设施和公用设施，走区域经济法律政策趋同的道路，即主动加强区域沟通协作，优势互补，共建交通，构建统一市场，规划产业布局，建设整体开发的行政体制，弱化行政区划概念，拓展经济腹地，借此加强区域资源整合力度和协同发展能力，解决各自为政、低层次重复建设、恶性竞争问题，建立市场的内在联系，发挥市场配置资源功能，优化地域分工，合理配置资源，才有利于“海西”建设。

一般来说，区域协作总是在发达地区与落后地区或是发达地区对接发达地区实现的。经济发达地区有资金、市场、渠道、地缘、技术、经验等优势；而欠发达地区则有自然资源、廉价劳动力资源、发展潜力及后劲、后发性效应等优势。为了解决经济区域发展问题，从 80 年代开始，福建及相邻各省便开始建立经济协作关系。1986 年成立闽浙赣皖九方经济协作区，由福建、浙江、江西、安徽四省毗邻的九市（南平市、金华市、丽水市、衢州市、上饶市、景德镇市、抚州市、鹰潭市、黄山市）组成开放式、全方位跨区域经济联合组织。九方经济区本着“开拓、创新、务实”的精神和“互惠、互利、互助、互补”的原则，开展区域经济联合，促进九方经济协作区的经济社会的持续快速稳定发展。结合各成员市发展的实际需要，推动和促进九市区域间各方、各行业、各层次、多渠道的经济、技术、信息的交流、联合与协作，并进行指导和协调，逐步形成了“长期、稳定、协调、紧密、开放”的区域协作合作关系，促进有特色的区域经济健康发展。90 年代，闽粤赣三省也建立了一系列协作关系，开展了“闽粤赣边区经济技术协作”活动，每年都有一批经济技术合作意向在这一活动中达成协议。江西业已成为闽粤沿海地区的粮食、农副产品、水果、畜禽等产品的主要供应地，而福建、广东则成为江西各地资金、技术的重要来源渠道之一，经济技术发展的巨大互补性，奠定了三方联合协作共谋发展的坚实基础，也为海峡西岸经济区协作发展开辟了宽广舞台。随着汕头、厦门两大经济特区向内辐射先进技术、管理经验，向内陆投资、转移劳动密集型产业、传递信息、进行联合生产经营、参与改造内地老企业、帮助开发出口货源等各项工作的开展，以及赣江流域、汀江流域、东江流域开发的全面展开，逐渐汇集成闽粤赣三边区域经济协作发展的繁荣局面。

经过多年努力，福建省在全力构建海峡西岸经济区的过程中，与周边省份形成了3个省际经济协作区。包括:南平、金华、衢州、丽水、黄山、上饶、鹰潭、抚州、景德镇组成的闽浙赣皖九方经济协作区;厦门、三明、泉州、漳州、龙岩、鹰潭、赣州、抚州、潮州、梅州、揭阳、汕头、汕尾组成的闽粤赣十三地市经济协作区和九江、三明、上饶、宁德、安庆、抚州、南昌、莆田、黄山、景德镇、温州、福州、鹰潭、南平组成的闽浙赣皖十四地市经济协作区。

建立海峡西岸经济区,开展跨省份跨区域协作,有利于密切福建与其周边省份的经济联系,加快福建及其毗邻地区的经济发展步伐,符合国家“鼓励东部地区率先发展的区域发展总体战略”安排。

2. 建立跨区域经济协作机制,促进“海西”经济区建设

海峡西岸经济区建设作为一项重大的区域发展战略抉择,它的建立应当有利于各关联省份各地区之间优势互补,沿海与内陆腹心区域相互促进,城乡互动。区域协作能走多远,成效大小如何,取决于利益协调机制的建立以及利益各方的目标实现程度。因此,有三大因素影响海峡西岸经济区建设进程。一是主体经济实力的增强程度。福建作为海峡西岸经济区建设的主体,无疑是最大的受益者,正是这一预期目标效益,成为福建全力推进“海西”建设的驱动力,直接影响海峡西岸经济区建设的进程。二是利益互动机制的建立及有效运作。区域协作中,协作各方利益能否兼顾,能否从协作中获得最大的实惠,将极大地影响协作各方的积极性和协作热情。国家“十一五”规划纲要就指出:“健全合作机制,鼓励和支持各地区开展多种形式的区域经济协作和技术、人才合作,形成以东带西、东中西共同发展的格局。”三是海峡两岸经贸联系的密切程度以及经贸活动的互补性强弱。“十一五”规划纲要明确:“支持海峡西岸和其他台商投资相对集中地区的经济发展,带动区域经济发展”,这对“海西”建设无疑具有重要影响。

第一,区域经济协作要发挥政府和市场两大推动力。开展跨区域经济协作,是政府大力支持和推动区域发展政策的重要组成部分,因此,政府的支持和推动是区域协作创新发展的主导力量,政府适当采取倾斜的制度供给、体制创新、政策创新、发展战略创新的具体措施,对加强区域协作,促进发展是不可缺少的主导力量。但是,要使区域协作从单纯的政府行为,转变成既是政府所倡导的行为,也是受市场所吸引的行为,区域协作才具有持久的生命力。这就必须充分考虑如何促使协作各方,包括民间投资方都能够从中受益,从而调动相邻各省份的积极因素,使各级政府及民间力量都能够积极行动起来,政策措施与经济手段都能够综合应用起来,并激发起协作各方的协作热情。这就需要借助市场的作用力,尊重市场资源配置的基础性作用、尊重市场的导向作用,从而有效解决区域协调、平等的发展问题。

第二,区域经济协作要克服行政区与经济区的矛盾。在现行行政体制下,行政区之间经济活动彼此割裂。随着经济发展,尤其是经济发展面临来自各方的竞争压力,现存各种经济社会问题的解决,寄希望在更广阔的地域空间范围内寻求合作解决问题的办法与途径。于是,打破地域封锁,超越现行行政区划管辖权力范围的束缚,从更有利于生产要素资源合理流动与配置,更多地从考虑影响区域经济发展和社会进步要求的客观因素出发,进行行政区划调整、促进区域一体化和实现城市网络化,突破城市的行政分割,加速区域整合、重视区域整体协调,寻求区域竞争中的优势互补,积极开展跨地区经济区域协作显得十分重要。

第三,深化区域经济协作,促进省际优势互补。不同省份之间,各自具有各自的优势与不足,实施经济协作,可以将局部优势转变为整体优势,共同克服劣势,内外结合,增强综合经济实力。在联合协作过程中,要有意识地将联合的内容纳入地区经济的发展规划,强化区域分工,优势互补,突出特色。在资源开发利用和市场开拓基础上,按照"扬长避短,互惠互利,共同发展"的原则开展合作与协作;坚持以企业与企业协作为基本形式,提倡以大中型企业为骨干,以优质名牌产品为龙头,形成紧密型或半紧密型、松散型或半松散型的联合协作组织形式,组建跨地区跨行业企业集团。通过"多领域、多层次和多形式"的联合协作,打破所有制、地区、部门界线,在各方联合中促进经济发展、谋求互利互惠。特别应当强调的是,沿海地区大中型企业与内地乡镇企业联合,不仅可以获得能源和原材料,建立自己的技术市场和销售市场,增强发展后劲,更重要的是可以扶持和带动内陆地区的初级产业、原材料产业、农副产品加工业的发展,盘活国有资产,带动当地国有或集体企业摆脱困境。在这过程中,有条件的内陆地区企业,也可以主动同沿海地区中小企业、乡镇企业进行联合,建立信息窗口和自己的加工基地，同时享受沿海地区优势，借助沿海优势为山区服务，发展壮大自己。

第四，研究制定并落实区域协作的政策规章及措施。客观地讲，在海峡西岸经济区建设进程中，福建与相邻各省份之间业已开展了一系列协作活动，彼此之间出台了一系列政策，采取了一系列措施，办了许多实事，也取得了明显成效。现在的问题是，必须对已经制定并实施的各项政策措施进行认真的总结分析，对于行之有效的政策措施应当继续执行；好的经验做法应当加以推广，不够完善的应加以完善，落后于形势、难以落实或者无法兑现的政策措施加以甄别；某些合作项目执行有困难的应该协助解决，努力提高政策的指导作用以及措施的针对性、有效性。区域经济协作，政策支持不可少，尤其是对内地山区发展的政策支持应当坚持，还必须制定跨省份的政策措施，制定必要的特殊优惠政策和鼓励措施。区域经济协作金融扶持很重要，政府应该出台有利于区域经济协作的地区选择性金融援助政策，激励中小企业到受助地区创业发展，对中小企业的财富创造活动进行支持；建立地区发展基金，弥补落后地区企业发展中的资金不足问题。要加快地方立法，出台地方性法规，为区域经济协作提供法律保障。

第五，建立全方位的跨区域经济协作机制。开展跨区域经济协作，涉及方方面面，需要通过建立相关的机制加以协调和规范。为此，必须建立跨省份跨地区跨部门的交通规划协调机制，统筹规划建设跨省市的重大基础设施和运输服务管理体系，协调跨省市公路、港口、内河航道的建设标准，制定相应的政策、制度、法规。调整完善各省市公路水路交通规划，在统一规划布局下推进港口资源整合，推广跨省市高速公路联网收费。发挥各种运输方式优势，促进公路、水路、铁路、民航、管道等多种运输方式协调发展。建立统一的运输大市场，突破地区、行业界限，制定相应的政策、制度、法规，鼓励跨省市投资、建设、经营。在统一标准下搭建信息平台，实现跨地区、跨部门的互联互通和信息共享；鼓励跨地区、跨行业的企业兼并、重组、联盟，组建、扶持和培育若干实力强大、运作规范、有能力跨地区甚至跨国发展的企业集团。建立跨省跨区域多主体的投融资机制，确保稳定的资金来源，用于社会公益性交通基础设施建设；充分发挥市场在资源配置中的基础性作用，建立和完善跨省市、多主体的投融资机制；打破行政区划界限和地区封锁，积极推行投资主体的多元化和建设经营的市场化；鼓励、支持和引导民营资本、异地资本进入交通基础设施建设领域；加强对投融资风险及防范措施的研究。

国务院《关于支持福建省加快建设海峡西岸经济区的若干意见》的颁布实施，表明以福建为主体的海峡西岸经济区建设得到党中央和中央政府的高度重要，也表明在新的历史发展阶段，福建经济发展的区位优势正日益凸显，尤其是把海峡西岸经济区建设成为科学发展的先行区、两岸人民交流合作的先行区，展现出海峡西岸经济区建设的显著优势和光明前景。

第四节　西北地区经济发展实践的产业结构优化

西北地区经济发展实践的产业结构优化需要在现有基础上积极利用自身优势，突出特色，互补互利，避免重复。总体上既要发挥新疆独特的区位优势和向西开放的重要窗口作用，深化与中亚、南亚、西亚等国家交流合作，形成“丝绸之路”经济带上重要的交通枢纽、商贸物流中心。还要发挥陕、甘、宁、青的综合经济优势和民族人文优势，打造西安内陆型改革开放新高地，加快兰州、西宁开发开放，推进宁夏内陆开放型经济试验区建设，形成面向中亚、南亚、西亚国家的通道、商贸物流枢纽、重要产业和人文交流基地。

一、充分利用西北地区的资源优势

资源优势是产业优势的基础，二者相辅相成、密不可分。西北地区拥有丰富独特的资源优势，在融入“丝绸之路经济带”战略发展中，需要充分利用该优势突出产业优势。

资源是个包含多重内涵的概念。马克思在《资本论》中指出“劳动和土地是财富的原始形成要素”，即将自然资源和人力因素同等对待，都视为财富不可或缺的来源。根据这种划分，资源除矿产资产外，还包括土地、水、旅游资源等自然的物化资源，以及劳动力、知识、技术、信息等以人力为主的活化资源，属于一个综合体。资源优势则指一个地区内由于某类资源赋存条件较好所呈现的优越性，要求符合资源赋存数量较大、品质较好、采选比较容易、开采或加工利用所面临的交通、市场条件较好四个条件。实际中，一个地区的资源是否具有优势，可用资源的潜在经济价值指标、数量优势、质量优势、结构优势等方面来评价。

相比其他省区，西北地区地广人稀。2016 年年底，常住人口共计 10 090 万人，国土面积 310.87 万平方千米，平均人口密度每平方千米不到 33 人，远低于全国 143 人/平方千米的平均水平。但作为我国沙漠化、荒漠化和石漠化最严重的地区，西北地区生态环境极其严峻，有些地方甚至陷入“贫困—环境破坏—更加贫困”的恶性循环，并出现“结构性破坏”到“功能性紊乱”的态势，如水土流失严重，森林覆盖率增加同时质量不断下降，生态调节能力弱，天然林、防护林下降速度快，草地面积持续减少等。西北地区的水资源分布不均，青海、新疆人均水资源远超全国平均水平，而陕西、甘肃、宁夏则少很多。与此同时，降水量偏少，再加上不合理的开发，已经在不少地方出现冰雪消融、雪线上升、河流断流、湖泊干涸、天然湿地萎缩、绿洲减少等现象，水资源形势也日益恶化，这些状况对该地区整体协调发展产生制约。基于独特的历史和成矿条件，西北地区还是我国重要的战略资源储备与保障区。秦巴山区、横断山区蕴藏着丰富的生物、矿产资源，受采矿条件、交通条件和资源保护政策的制约，现有开发利用程度较低。随着我国能源对外依存度的增加，西北地区的丰富能源储备可作为全国能源战备储备区，应对日益严峻的能源供应形势给国民经济发展带来的“瓶颈”制约。西北地区已探明的能源与黑色金属的种类与储量十分丰富，见表 6-2 和表 6-3。

表 6-2　2016 年西北各地区已探明的主要能源、黑色金属矿产基础储量

地区	石油（万吨）	天然气（亿立方米）	煤炭（亿吨）	铁矿（亿吨）	锰矿（万吨）	铬矿（万吨）	钒矿（万吨）	原生钛铁矿（万吨）
陕西	38 375.6	7 802.5	126.93	3.97	288.11	—	7.18	—
甘肃	28 261.7	318.03	27.32	3.24	357.52	141.24	112.32	—
青海	8 252.3	1 354.44	12.39	0.03	—	3.68	—	—
宁夏	2 432.4	274.44	37.45	—	—	—	—	—
新疆	59 576.3	10 251.78	162.31	8.26	562.43	42.86	0.16	44.67

表 6-3　2016 年西北各地区已探明的主要有色金属、非金属矿产基础储量

地区	铜（万吨）	铅（万吨）	锌（万吨）	铝土（万吨）	菱镁（万吨）	硫铁（万吨）	磷（亿吨）	高岭土（万吨）
陕西	19.93	36.94	100.53	0.89	—	108.3	0.06	81.1
甘肃	132.45	79.63	304.81	—	—	1	—	—
青海	18.04	43.68	97.79	—	49.90	50.08	0.60	—
宁夏	—	—		—	—	—	0.01	—
新疆	224.76	102.62	196.35	—	—	3 774.87	—	7.84

另外，西北地区还是我国能源理论蕴藏区，秦巴山区、准噶尔盆地等被视为我国极有可能发现能源的储藏地。随着交通发展和现代探矿技术的进步，西北地区有可能发现更多的矿产资源，并在关键时刻解决国家发展能源需要，实现能源战略安全。

西北地区还具有特殊的民族融合历史，这种频频发生的民族融合使其拥有特殊的文化资源，并成为民族瑰宝。目前，该地区已成为阿拉伯文化、伊斯兰文化、中原文化、雪域高原的本地文化等的聚集地，这些文化既独立又交融，成为我国多样性文化的典型传承区域。

总体上，西北地区的各类资源优势需要在“丝绸之路经济带”发展中树立大资源观，正确认识和分析区域内的物化资源和活化资源、显现资源和潜在资源，以及区域外可以共享的资源，并为实现资源内生和资源回流创造条件。

二、支持保障基础产业的发展

基础产业是指为其他产业部门的发展、运营提供必需投入品或服务的产业部门。其发展为其他产业提供保障，是经济社会活动的基础。第一产业属于典型的基础产业，而西北地区农业基础薄弱、生产效率低下，已成为制约该地区经济进一步发展的“瓶颈”。因此，要重视农业基础地位，因地制宜地改善农业生产条件、加大对农业的科技投入，依靠生态经济思路与生态农业技术发展生产，实现西北地区生态与经济可持续发展的农业战略。种植业应在遵循自然规律和市场规律的基础上，发挥区域比较优势，稳定粮食生产，扩大经济作物的专业化、规模化生产，在区域布局上重点依托关中平原、银卫平原、河西走廊、湟水谷地和伊犁河谷，以及水利条件相对比较好的地区，形成五省乃至全国的重要商

品粮基地。同时，西北地区地貌复杂、光热资源充足，生物种类丰富，具有发展多种特色农产品的区域优势，如新疆的棉花特别是天然彩色棉，青海的油菜、甘肃的百合、宁夏的枸杞等，从而实现结合自然资源优势提升农产品市场竞争力。

此外，第三产业既是经济社会发展到一定高度后的产物，也是第二产业发展的基础。从国内区域的对比来看，东西部地区第二产业的差距并不明显，差距在于第一产业和第三产业，第一产业在西北地区有较高比重，使其对应的第三产业比重差距较大，而第三产业的发展才是社会经济发展的关键。"丝绸之路经济带"战略沿线国家服务业发展较为落后，因此，"丝绸之路经济带"的建设与推行必然会存在大量对配套服务的需求，服务业发展既是西北地区产业转型的重要途径，也是基础产业发展的必然支撑体系。整体上应该优化政策环境，推进服务业发展改革进程，改变传统、保守、落后意识，增强服务意识。尤其是金融业方面，更应该提高西北地区在资本市场上的融资能力，为主导产业发展提供殷实的资金保障；建立起人民币跨境结算，开展和沿线国家本币互换业务等，保证贸易和投资资金的畅通；同时，积极发展物流业，形成交通畅通、高效低价的运输渠道，提高物流业运输效率等，从而为"丝绸之路经济带"战略的落实提供切实可靠的保障。

总之，基础产业的发展应该顺应"丝绸之路经济带"需求，加大市场导向力度。产业结构调整的目的在于更好地满足市场需求，提高人民收入。基础产业作为地区发展的保障，其产值提升可以为其他产业提供有效支撑，以市场为导向，积极发展具有区域化、专业化和高效化的基础产业发展模式是西北地区融入"丝绸之路经济带"战略的基础。

三、推行主导产业为核心的产业结构优化政策

"丝绸之路经济带"战略下的产业政策具有充分的经济互动特色，是国家以合理并优化资源配置、弥补市场缺陷、提高经济互动发展策略为目的而对产业的形成和发展进行干预的政策总和。产业结构优化政策则是国家根据中国和"丝绸之路经济带"沿线国家经济互动的现状，按照产业结构演进的一般规律和转型发展需求，对现行产业结构予以规划调整，并分阶段逐步完成的策略目标。政策制定中要根据市场需求的发展趋势来协调产业结构，使产业政策充分发挥作用。由于产业结构体系极其庞杂，结构优化中无法做到样样具备，根据国家

发展方向和需求先行确定主导产业就显得格外重要。

（一）西北地区主导产业选择原则

主导产业是现代经济的增长引擎和助推剂，其快速发展能够迅速波及产业结构内部的其余产业，引起系列连锁反应，从而更好地利用资源优势并发挥产业优势。主导产业选择是政府为了推动产业结构高级化，在区域间争取动态比较优势、促进经济发展，而在一定阶段内根据一定条件从一定范围的产业群体中筛选出来重点投资，并预期在将来一段时期内起主导作用的产业，该选择直接决定着地区发展趋势和成效。对西北地区而言，主导产业的选择需要遵循以下原则：

1. 立足区情实际

西北地区作为我国经济相对落后的欠发达地区，城市化水平低、产业结构层次低，人均收入和三次产业产值都明显落后于东、中部地区，但又拥有地广人稀、资源丰富的特点。因此，发展时需要依靠主导产业整合区域内的优势资源，实现区域内资源的高效配置与经济的整体协调发展；选择主导产业时，既需从本地实际出发、与整体经济发展阶段相适应，还应与区情相吻合，这样才能奠定扎实的发展基础。

2. 发挥各省区比较优势，避免雷同

我国经济发展历程中，主导产业雷同现象较为严重。这种选择的趋同导致地区市场分割、同业恶性竞争，明显降低了区域规模经济合作效应，造成社会资源的浪费。因此. 西北各省区在选择主导产业时，应基于双重比较优势基准——同一区域内的产业优势和同一产业的地区优势，在能充分利用本地区相对丰富的生产要素或资源的基础上选择主导产业，扬长避短，避免过高雷同。与此同时，还应该注重区域协同发展，坚持区际分工与合作，通过产业的联合、重组、协作与竞争，促进产业对经济一体化的积极效用。西北地区作为我国重要的能源和资源基地，既要承担为全国其他地区输送工业原料的重任，又是国家能源战略储备区，更是“丝绸之路经济带”战略推行的必由之地。选择主导产业时，既要兼顾比较优势的发挥与全国区域分工的需要，又要突出产业差异与产业的互动合作。

3. 可持续发展原则

发展经济过程中，实现人与自然的协调、可持续发展已成为当今人们的共识。西北地区不仅经济社会发展相对落后，而且生态环境恶劣，除天然具有的沙漠、戈壁、黄土高坡等相对恶劣的地形地貌，长期以来为求发展而实施的人为破坏和贫困更加剧了恶化。主导产业选择中，应坚持可持续发展原则，将经济发展与生态保护相结合，转变经济增长方式，走集约型发展道路，在承接产业转移时，要拒绝转移具有较大污染的产业，从源头上把好“绿色”关卡，以寻求经济、社会与环境协调发展的最佳路径。

4. 具备少而精的区域主导产业特点

区域主导产业作为区域经济发展中占据支配地位的产业，通常具备以下三个重要特点：一是产业规模较大，具有一定的区内产业增加值比重；二是具有明显的区域外向型特点，生产专门化率较高；三是能有力地带动区内其他产业发展，具有较高的产业关联度。对西北地区而言，主导产业的选择既要考虑国家的战略指向，尽量与“丝绸之路经济带”战略中沿线相邻国家的产业结构相对应，又应该考虑自身的产业特色与优势，遵守全国整体的经济均衡性要求，与“供给侧”改革相结合，数量上不应过多，应能体现资源高度凝练、配套投入有保障的少、精特色。

(二)西北地区主导产业布局重点

学者们普遍认为“丝绸之路经济带”战略下全国领域的产业结构政策可将交通运输、能源建设、基础设施产业链和通商文化作为主导产业，并通过具体战略的执行使现已过剩的产能找到继续发展的空间，以此带动与沿线国家的经济互动。这一要求落实到西北地区，则要求其主导产业的布局政策应注重两方面：一方面是要确保地区分工与当地优势的有效结合；另一方面则是要确保地区分工符合区域经济化要求，使不同地区能够和邻近的“丝绸之路经济带”沿线国家扩大进出口贸易，并借助独特的区位优势扩大对外经贸优势，取得较快发展。

首先，西北地区拥有数量可观的石油、天然气等资源储藏量，可以充分利用该优势，将能源加工产业、石化工业、煤炭工业、有色金属产业等作为主导产业，积极开拓新领域，延长并发展相关产业链，通过开发、引进新技术、新设备，促进上游采矿业和中游冶炼工业等产业的进一步发展，这既可以在一定程度上避免

区域内部的产业结构雷同，还可以有效地提升各地区的产业效益和影响力。比如青海可以选择石油和天然气开采业作为主导产业，而新疆则可以选择石油加工、炼焦及核燃料加工业为主导产业，陕西则可以选择能源化学工业为主导产业，各有侧重地衔接发展。而陕、甘、青、新境内的煤炭企业可以通过重组并购，淘汰小煤矿，实现规模化发展。

其次，依托历史优势，积极发展高端装备制造产业。"三线建设"时期，西部地区就已经布局了航空、电子、机械等装备制造业产业基地，其中陕西省更是重中之重。中华人民共和国成立以来，因国家产业政策建设需要，陕西省已建立起较完备的装备制造业产业基础和研发能力，其装备制造业是国家建设的重点，航空制造业也有着天然发展优势。实际中被分解为电器机械及器材制造业、仪器仪表及文化、办公用机械制造、交通运输设备制造业专用设备制造业等，这些都可以作为今后大力培育的新型主导产业。与此同时，在"丝绸之路经济带"建设中，因覆盖面广阔、涉及国家和地区多，需要彼此快速响应，即时通信、大型运输机具，精准定位和智能化的介入手段有着极大的应用需求空间，北斗系统、大飞机制造、信息安全等企业都有发展空间。充分利用陕西省的历史产业优势，并继续扬长补短，带动西北地区其他省区进行产业链的拓展，将是整个地区利用与沿线产业的互补性，强化优势产业研发能力和市场竞争能力的关键。

最后，培育和壮大新能源等战略性新兴产业的发展。西北地区的特殊地理条件有利于新能源及新能源装备制造业的发展，尤其是风电装备制造和光伏产业。另外，还可以依托西安的中心城市地位，充分发挥教育和科技资源优势，将高新技术产业和环保产业逐渐引入，大力推进航空航天、太阳能光伏、物联网等支柱产业发展，培育新能源汽车、大功率半导体激光器件、有机发光二极管等新兴先导产业，从而带动西北地区工业技术水平的提高。

四、改造传统产业，鼓励优势产能

产业优势是一个地区将资源通过加工利用过程变成社会产品或服务的优势状态，其与资源优势无必然联系。事实表明，资源优势可以为产业优势的发挥提供一定的保障，但具有某种资源优势的地区不一定具有产业优势。产业不仅包括某类产品或服务的完整的生产链条，同时还包括为这类产品或服务提供信息、教育、科技及其他服务的比较系统的整体。一般而言，一个区域不可能普遍地占有所有产业的优势，产业优势与主导产业选择密切相关。

我国经济发展目前已进入新常态的特殊时期，西北地区在“丝绸之路经济带”战略下首先要从过去的注重经济增长数量、扩张规模转为更加注重经济发展质量，从过去依赖要素投入拉动发展转向依赖全要素生产率的提升来拉动，从注重经济效益转向注重经济、政治、社会、文化、生态文明的全面协调发展。从产业产能来看，“丝绸之路经济带”沿线区域主要是新兴经济体和发展中国家，这些国家城镇化程度不高、经济社会发展水平尚不先进，存在较大的基础设施建设需求。因此，对建筑施工、工程机械、电力设施、钢铁建材等需求较大，这就为国内的优势产能如高铁、核电、通信、电力设备、家电制造产业提供了重要机遇。同时，这一区域也是能源储备丰富、开发潜力巨大的地区，能源管道和油气设备制造业也面临较大的机遇。而西北地区恰好可以充分地利用能源加工、装备制造、新能源产业等的主导产业布局，与“丝绸之路经济带”沿线区域进行良好的产业对接。

与此同时，西北地区作为国内的产业转移承接区，还应该在承接东部地区产业转移中利用后发优势，吸取东部地区经验教训，遵循绿色发展理念，在资源环境约束较大的客观条件下探索绿色和低碳的经济发展道路，避免传统发展道路的环境破坏恶果。因此，应该重点发展自身具有优势的技术密集型产业及特色优势产业，利用信息化和先进技术改造传统产业，通过把资源优势转换为经济优势，坚持梯度转移和反梯度转移相结合，实现产业转型升级，构建可持续的内生增长动力，培育与提高全要素生产力为主要特征的发展方式。

另外，西部地区应该高度重视产业园区的辐射带动能力，重点推进西安高新区创业园区、兰州经济技术开发区、兰州高新技术产业开发区、青海国家高新技术产业开发区、银川经济技术开发区、乌鲁木齐高新技术产业开发区等诸多已经运行的经济技术开发区、高新园区、创业园区之类的经济平台，并将其作为经济互动策略的主要发展载体，通过这些平台之间的合作形成产业集群的优势。既要通过政策沟通的协调机制促使各类型产业园区之间的技术合作，甚至是共同开发，以实现优势互补和各生产要素之间的优化配置；又应该支持并继续加大对中亚地区的进出口产业园区建设，支持企业通过园区化经营和集群式发展，以创新方式“走出去”加快境外园区建设，以此来推动贸易便利化，建立贸易绿色通道，大力发展新型贸易；还可以通过试验区和保税区的建设支持经贸合作。

第七章 21世纪区域经济发展的创新模式——“一带一路”

第一节 “一带一路”概述

一、“一带一路”的基本内涵

“一带一路”(英文:the Belt and Road;缩写:B&R;汉语全拼:yidaiyilu),是指“丝绸之路经济带”和“21世纪海上丝绸之路”。“一带一路”不是一个实体和机制,而是合作发展的理念和倡议,是充分依靠中国与有关国家既有的双多边机制,借助既有的、行之有效的区域合作平台,旨在借用古代“丝绸之路”的历史符号,高举和平发展的旗帜,积极主动地发展中国与沿线国家的经济合作伙伴关系,共同打造政治互信、经济融合、文化包容的利益共同体、命运共同体和责任共同体。“一带一路”的建设不仅不会与上海合作组织、欧亚经济联盟、中国—东盟(10+1)等既有合作机制产生重叠或竞争,还会为这些机制注入新的内涵和活力。

二、“一带一路”路线图

2015年我国发布了《推动共建丝绸之路经济带和21世纪海上丝绸之路的愿景与行动》(以下简称《愿景与行动》),这份近9 000字的文件系统勾勒出了“一带一路”路线图,标志着“一带一路”步入全面推进阶段。“一带一路”以互联互通为抓手,以金融合作为前导,激发大市场活力,共享发展新成果。

北线A:北美洲(美国,加拿大)—北太平洋—日本,韩国—日本海—扎鲁比诺港(海参崴,斯拉夫扬卡等)—珲春—延吉—吉林—长春—蒙古国—俄罗斯—欧洲(北欧,中欧,东欧,西欧,南欧)

北线B:北京—俄罗斯—德国—北欧

中线:北京—西安—乌鲁木齐—阿富汗—哈萨克斯坦—匈牙利—巴黎

南线:泉州—福州—广州—海口—北海—河内—吉隆坡—雅加达—科伦

坡—加尔各答—内罗毕—雅典—威尼斯。

中心线:连云港—郑州—西安—兰州—新疆—中亚—欧洲

随着时间的推移和21世纪区域经济的发展,“一带一路”的路线图会更加丰富多彩,将涵盖更多的地区、国家和城市。

在国内,圈定重点涉及的18个省份,包括新疆、陕西、甘肃、宁夏、青海、内蒙古等西北6个省区,黑龙江、吉林、辽宁等东北3个省区,广西、云南、西藏等西南3个省区,上海、福建、广东、浙江、海南等5个省区,内陆地区则是重庆市。此外,《推动共建丝绸之路经济带和21世纪海上丝绸之路的愿景与行动》还提及要发挥我国港澳台地区在“一带一路”中的作用。

《愿景与行动》明确了各省在“一带一路”中的定位及对外合作重点方向。例如,新疆的定位为丝绸之路经济带核心区,主要是深化与中亚、南亚、西亚等国家的交流合作;云南则是建设成为面向南亚、东南亚的辐射中心;东北3省则是建设向北开放的重要窗口。

《愿景与行动》重点提及了多个节点城市,如西安、兰州、西宁、重庆、成都、郑州、武汉、长沙、南昌、合肥。

而沿海的节点城市更是重点。《愿景与行动》强调,加强上海、天津、宁波、舟山、广州、深圳、湛江、汕头、青岛、烟台、大连、福州、厦门、泉州、海口、三亚等沿海城市港口建设,强化上海、广州等国际枢纽机场功能。

在内陆节点城市建设方面,《愿景与行动》强调,支持郑州、西安等内陆城市建设航空港、国际陆港,加强内陆口岸与沿海、沿边口岸通关合作,开展跨境贸易电子商务服务试点。

三、“一带一路”架构的形成背景

2013年9月7日,习近平主席在哈萨克斯坦纳扎尔巴耶夫大学发表重要演讲,首次提出了加强政策沟通、道路联通、贸易畅通、货币流通、民心相通,共同建设“丝绸之路经济带”的倡议;2013年10月3日,习近平主席在印度尼西亚国会发表重要演讲时明确提出,中国致力于加强同东盟国家的互联互通建设,愿同东盟国家发展好海洋合作伙伴关系,共同建设“21世纪海上丝绸之路”。

继承古丝绸之路开放传统,吸纳东亚国家开放的区域主义,“一带一路”秉持开放包容精神,不会搞封闭、固定、排外的机制。“一带一路”不是从零开始,而是现有合作的延续和升级。有关各方可以把现有的、计划中的合作项目串接起来，形成一揽子合作，争取产生“一加一大于二”的整合效应。

与此同时，“一带一路”倡议的地域和国别范围也是开放的，古代陆、海丝绸之路上的国家、中国的友好邻国都可以参与进来。中亚、俄罗斯、南亚和东南亚国家是优先方向，中东和东非国家是“一带一路”的交会之地，欧洲、独联体和非洲部分国家也可融入合作。未来“一带一路”进程中的很多项目涉及的国家和实体可能更多，开放性也更强。

历史上的丝绸之路主要是商品互通有无，“一带一路”交流合作范畴要大得多，优先领域和早期收获项目可以是基础设施互联互通，也可以是贸易投资便利化和产业合作，当然也少不了人文交流和人员往来。各类合作项目和合作方式，都旨在把政治互信、地缘毗邻、经济互补的优势转化为务实合作、持续增长的优势，目标是物畅其流、政通人和、互利互惠、共同发展。

2014 年 11 月 8 日，习近平在“加强互联互通伙伴关系”东道主伙伴对话会上的讲话中提出了五点建议：

(1)以亚洲国家为重点方向，率先实现亚洲互联互通。“一带一路”源于亚洲、依托亚洲、造福亚洲。中国愿意通过互联互通为亚洲邻国提供更多公共产品，欢迎各邻国搭乘中国发展的列车。

(2)以经济走廊为依托，建立亚洲互联互通的基本框架。“一带一路”兼顾各国需求，统筹陆海两大方向，涵盖面宽，包容性强，辐射作用大。

(3)以交通基础设施为突破，实现亚洲互联互通的早期收获，优先部署中国同邻国的铁路、公路项目。

(4)以建设融资平台为抓手，打破亚洲互联互通的瓶颈。中国将出资400 亿美元成立丝路基金。丝路基金是开放的，欢迎亚洲域内外的投资者积极参与。

(5)以人文交流为纽带，夯实亚洲互联互通的社会根基。未来 5 年，中国会为周边国家提供 2 万个互联互通领域培训名额。

第二节　“一带一路”的顶层设计

一、时代背景

当今世界正发生复杂深刻的变化，国际金融危机的深层次影响继续显现，世界经济缓慢复苏、发展分化,国际投资贸易格局和多边投资贸易规则酝酿深刻调整,各国面临的发展问题依然严峻。共建"一带一路"顺应世界多极化、经济全球化、文化多样化、社会信息化的潮流,秉持开放的区域合作精神,致力于维护全球自由贸易体系和开放型世界经济。共建"一带一路"旨在促进经济要素有序自由流动、资源高效配置和市场深度融合,推动沿线各国实现经济政策协调,开展更大范围、更高水平、更深层次的区域合作,共同打造开放、包容、均衡、普惠的区域经济合作架构。共建"一带一路"符合国际社会的根本利益,彰显人类社会共同理想和美好追求,是国际合作以及全球治理新模式的积极探索,将为世界和平与发展增添新的正能量。

共建"一带一路"致力于亚欧非大陆及附近海洋的互联互通,建立和加强沿线各国互联互通伙伴关系,构建全方位、多层次、复合型互联互通网络,实现沿线各国多元、自主、平衡、可持续的发展。"一带一路"的互联互通项目将推动沿线各国发展战略的对接与耦合,发掘区域内市场的潜力,促进投资和消费,创造需求和就业,增进沿线各国人民的人文交流与文明互鉴,让各国人民相逢相知、互信互敬,共享和谐、安宁、富裕的生活。

当前,中国经济和世界经济高度关联。中国将一以贯之地坚持对外开放的基本国策,构建全方位开放新格局,深度融入世界经济体系。推进"一带一路"建设既是中国扩大和深化对外开放的需要,也是加强和亚欧非及世界各国互利合作的需要,中国愿意在力所能及的范围内承担更多责任义务,为人类的和平与发展做出更大的贡献。

二、共建原则

恪守联合国宪章的宗旨和原则。遵守和平共处五项原则,即尊重各国主权和领土完整、互不侵犯、互不干涉内政、和平共处、平等互利。

坚持开放合作。"一带一路"相关的国家基于但不限于古代丝绸之路的范围,各国和国际、地区组织均可参与,让共建成果惠及更广泛的区域。

坚持和谐包容。倡导文明宽容,尊重各国发展道路和模式的选择,加强不同文明之间的对话,求同存异、兼容并蓄、和平共处、共生共荣。

坚持市场运作。遵循市场规律和国际通行规则,充分发挥市场在资源配置中的决定性作用和各类企业的主体作用,同时发挥好政府的作用。

坚持互利共赢。兼顾各方利益和关切，寻求利益契合点和合作最大公约数，体现各方智慧和创意，各施所长，各尽所能，把各方优势和潜力充分发挥出来。

三、框架思路

“一带一路”是促进共同发展、实现共同繁荣的合作共赢之路，是增进理解信任、加强全方位交流的和平友谊之路。中国政府倡议，秉持和平合作、开放包容、互学互鉴、互利共赢的理念，全方位推进务实合作，打造政治互信、经济融合、文化包容的利益共同体、命运共同体和责任共同体。

“一带一路”贯穿亚欧非大陆，一头是活跃的东亚经济圈，一头是发达的欧洲经济圈，中间广大腹地国家经济发展潜力巨大。丝绸之路经济带重点畅通中国经中亚、俄罗斯至欧洲（波罗的海）；中国经中亚、西亚至波斯湾、地中海；中国至东南亚、南亚、印度洋。21世纪海上丝绸之路的重点方向是从中国沿海港口过南海到印度洋，延伸至欧洲；从中国沿海港口过南海到南太平洋。

根据“一带一路”的走向，陆上依托国际大通道，以沿线中心城市为支撑，以重点经贸产业园区为合作平台，共同打造新亚欧大陆桥、中蒙俄、中国—中亚—西亚、中国—中南半岛等国际经济合作走廊；海上以重点港口为节点，共同建设通畅安全高效的运输大通道。中巴、孟中印缅两个经济走廊与推进“一带一路”建设关联紧密，要进一步推动合作，取得更大进展。

“一带一路”建设是沿线各国开放合作的宏大经济愿景，需各国携手努力，朝着互利互惠、共同安全的目标相向而行。努力实现区域基础设施更加完善，安全高效的陆海空通道网络基本形成，互联互通达到新水平；投资贸易便利化水平进一步提升，高标准自由贸易区网络基本形成，经济联系更加紧密，政治互信更加深入；人文交流更加广泛深入，不同文明互鉴共荣，各国人民相知相交、和平友好。

四、合作重点

沿线各国资源禀赋各异，经济互补性较强，彼此合作潜力和空间很大。以政策沟通、设施联通、贸易畅通、资金融通、民心相通为主要内容，重点在以下方面加强合作。

1. 政策沟通

加强政策沟通是“一带一路”建设的重要保障。加强政府间合作，积极构建多层次政府间宏观政策沟通交流机制，深化利益融合，促进政治互信，达成合作新共识。沿线各国可以就经济发展战略和对策进行充分交流对接，共同制定推进区域合作的规划和措施，协商解决合作中的问题，共同为务实合作及大型项目的实施提供政策支持。

2. 设施联通

基础设施互联互通是“一带一路”建设的优先领域。在尊重相关国家主权和安全关切的基础上，沿线国家宜加强基础设施建设规划、技术标准体系的对接，共同推进国际骨干通道建设，逐步形成连接亚洲各次区域以及亚欧非之间的基础设施网络。强化基础设施绿色低碳化建设和运营管理，在建设中充分考虑气候变化的影响。

抓住交通基础设施的关键通道、关键节点和重点工程，优先打通缺失路段，畅通瓶颈路段，配套完善道路安全防护设施和交通管理设施设备，提升道路通达水平。推进建立统一的全程运输协调机制，促进国际通关、换装、多式联运有机衔接，逐步形成兼容规范的运输规则，实现国际运输便利化。推动口岸基础设施建设，畅通陆水联运通道，推进港口合作建设，增加海上航线和班次，加强海上物流信息化合作。拓展建立民航全面合作的平台和机制，加快提升航空基础设施水平。

加强能源基础设施互联互通合作，共同维护输油、输气管道等运输通道安全，推进跨境电力与输电通道建设，积极开展区域电网升级改造合作。

共同推进跨境光缆等通信干线网络建设，提高国际通信互联互通水平，畅通信息丝绸之路。加快推进双边跨境光缆等建设，规划建设洲际海底光缆项目，完善空中（卫星）信息通道，扩大信息交流与合作。

3. 贸易畅通

投资贸易合作是“一带一路”建设的重点内容。宜着力研究解决投资贸易便利化问题，消除投资和贸易壁垒，构建区域内和各国良好的营商环境，积极同沿线国家和地区共同商建自由贸易区，激发释放合作潜力，做大做好合作“蛋糕”。

沿线国家宜加强信息互换、监管互认、执法互助的海关合作，以及检验检疫、认证认可、标准计量、统计信息等方面的双多边合作，推动世界贸易组织《贸易便利化协定》生效和实施。改善边境口岸通关设施条件，加快边境口岸“单一窗口”建设，降低通关成本，提升通关能力。加强供应链安全与便利化合作，推进跨境监管程序协调，推动检验检疫证书国际互联网核查，开展“经认证的经营者”（AEO）互认。降低非关税壁垒，共同提高技术性贸易措施透明度，提高贸易自由化便利化水平。

拓宽贸易领域，优化贸易结构，挖掘贸易新增长点，促进贸易平衡。创新贸易方式，发展跨境电子商务等新的商业业态。建立健全服务贸易促进体系，巩固和扩大传统贸易，大力发展现代服务贸易。把投资和贸易有机结合起来，以投资带动贸易发展。

加快投资便利化进程，消除投资壁垒。加强双边投资保护协定、避免双重征税协定磋商，保护投资者的合法权益。

拓展相互投资领域，开展农林牧渔业、农机及农产品生产加工等领域深度合作，积极推进海水养殖、远洋渔业、水产品加工、海水淡化、海洋生物制药、海洋工程技术、环保产业和海上旅游等领域合作。加大煤炭、油气、金属矿产等传统能源资源勘探开发合作，积极推动水电、核电、风电、太阳能等清洁、可再生能源合作，推进能源资源就地就近加工转化合作，形成能源资源合作上下游一体化产业链。加强能源资源深加工技术、装备与工程服务合作。

推动新兴产业合作，按照优势互补、互利共赢的原则，促进沿线国家加强在新一代信息技术、生物、新能源、新材料等新兴产业领域的深入合作，推动建立创业投资合作机制。

优化产业链分工布局，推动上下游产业链和关联产业协同发展，鼓励建立研发、生产和营销体系，提升区域产业配套能力和综合竞争力。扩大服务业相互开放，推动区域服务业加快发展。探索投资合作新模式，鼓励合作建设境外经贸合作区、跨境经济合作区等各类产业园区，促进产业集群发展。在投资贸易中突出生态文明理念，加强生态环境、生物多样性和应对气候变化合作，共建绿色丝绸之路。

中国欢迎各国企业来华投资。鼓励本国企业参与沿线国家基础设施建设和产业投资。促进企业按属地化原则经营管理，积极帮助当地发展经济、增加就业、改善民生，主动承担社会责任，严格保护生物多样性和生态环境。

4. 资金融通

资金融通是“一带一路”建设的重要支撑。深化金融合作，推进亚洲货币稳定体系、投融资体系和信用体系建设。扩大沿线国家双边本币互换、结算的范围和规模。推动亚洲债券市场的开放和发展。共同推进亚洲基础设施投资银行、金砖国家开发银行筹建，有关各方就建立上海合作组织融资机构开展磋商。加快丝路基金组建运营。深化中国—东盟银行联合体、上海合作组织银行联合体务实合作，以银团贷款、银行授信等方式开展多边金融合作。支持沿线国家政府和信用等级较高的企业以及金融机构在中国境内发行人民币债券。符合条件的中国境内金融机构和企业可以在境外发行人民币债券和外币债券，鼓励在沿线国家使用所筹资金。

加强金融监管合作，推动签署双边监管合作谅解备忘录，逐步在区域内建立高效监管协调机制。完善风险应对和危机处置制度安排，构建区域性金融风险预警系统，形成应对跨境风险和危机处置的交流合作机制。加强征信管理部门、征信机构和评级机构之间的跨境交流与合作。充分发挥丝路基金以及各国主权基金的作用，引导商业性股权投资基金和社会资金共同参与“一带一路”重点项目建设。

5. 民心相通

民心相通是“一带一路”建设的社会根基。传承和弘扬丝绸之路友好合作精神，广泛开展文化交流、学术往来、人才交流合作、媒体合作、青年和妇女交往、志愿者服务等，为深化双多边合作奠定坚实的民意基础。

扩大相互间留学生规模，开展合作办学，中国每年向沿线国家提供 1 万个政府奖学金名额。沿线国家间互办文化年、艺术节、电影节、电视周和图书展等活动，合作开展广播影视剧精品创作及翻译，联合申请世界文化遗产，共同开展世界遗产的联合保护工作。深化沿线国家间人才交流合作。

加强旅游合作，扩大旅游规模，互办旅游推广周、宣传月等活动，联合打造具有丝绸之路特色的国际精品旅游线路和旅游产品，提高沿线各国游客签证便利化水平。推动 21 世纪海上丝绸之路邮轮旅游合作。积极开展体育交流活动，支持沿线国家申办重大国际体育赛事。

强化与周边国家在传染病疫情信息沟通、防治技术交流、专业人才培养等方面的合作，提高合作处理突发公共卫生事件的能力。为有关国家提供医疗援助和应急医疗救助，在妇幼健康、残疾人康复以及艾滋病、结核、疟疾等主要传染病领域开展务实合作，扩大在传统医药领域的合作。

加强科技合作，共建联合实验室（研究中心）、国际技术转移中心、海上合作中心，促进科技人员交流，合作开展重大科技攻关，共同提升科技创新能力。

整合现有资源，积极开拓和推进与沿线国家在青年就业、创业培训、职业技能开发、社会保障管理服务、公共行政管理等共同关心领域的务实合作。

充分发挥政党、议会交往的桥梁作用，加强沿线国家之间立法机构、主要党派和政治组织的友好往来。开展城市交流合作，欢迎沿线国家重要城市之间互结友好城市，以人文交流为重点，突出务实合作，形成更多鲜活的合作范例。欢迎沿线国家智库之间开展联合研究、合作举办论坛等。

加强沿线国家民间组织的交流合作，重点面向基层民众，广泛开展教育医疗、减贫开发、生物多样性和生态环保等各类公益慈善活动，促进沿线贫困地区生产生活条件改善。加强文化传媒的国际交流合作，积极利用网络平台，运用新媒体工具，塑造和谐友好的文化生态和舆论环境。

五、合作机制

当前，世界经济融合加速发展，区域合作方兴未艾。积极利用现有双多边合作机制，推动“一带一路”建设，促进区域合作蓬勃发展。

加强双边合作，开展多层次、多渠道沟通磋商，推动双边关系全面发展。推动签署合作备忘录或合作规划，建设一批双边合作示范。建立完善双边联合工作机制，研究推进“一带一路”建设的实施方案、行动路线图。充分发挥现有联委会、混委会、协委会、指导委员会、管理委员会等双边机制的作用，协调推动合作项目实施。

强化多边合作机制的作用，发挥上海合作组织（SCO）、中国—东盟“10＋1”、亚太经合组织（APEC）、亚欧会议（ASEM）、亚洲合作对话（ACD）、亚信会议（CICA）、中阿合作论坛、中国海合会战略对话、大湄公河次区域（GMS）经济合作、中亚区域经济合作（CAREC）等现有多边合作机制的作用，相关国家加强沟通，让更多国家和地区参与“一带一路”建设。

继续发挥沿线各国区域、次区域相关国际论坛、展会以及博鳌亚洲论坛、中国—东盟博览会、中国—亚欧博览会、欧亚经济论坛、中国国际投资贸易洽谈会，以及中国—南亚博览会、中国阿拉伯博览会、中国西部国际博览会、中国—俄罗斯博览会、前海合作论坛等平台的建设性作用。支持沿线国家地方、民间挖掘“一带一路”历史文化遗产，联合举办专项投资、贸易、文化交流活动，办好丝绸之路（敦煌）国际文化博览会、丝绸之路国际电影节和图书展。倡议建立“一带一路”国际高峰论坛。

第三节　“一带一路”的理论研究与实践成果

一、“一带一路”的理论探索

对“一带一路”倡议的认识和研究是逐渐深入的。早期讨论较多的是“一带一路”的内涵、意义、影响，目前则深入合作机制的顶层设计和政策体系的构建等方面。这既符合理论研究的规律，也与实践进程的需要相契合。6 年多来，“一带一路”理论研究取得了一系列成果。

(1)深入研究“一带一路”建设的丰富内涵。“一带一路”倡议刚提出时，就有不少外国学者意识到，中国是世界经济增长的发动机，各国通过参与“一带一路”建设，可以加快自身发展。但也有外国学者存在认识误区，认为随着经济地位的上升，中国将通过“一带一路”建设挑战现有国际秩序、打造自己的势力范围。真理愈辩愈明。中国学者深入阐释了“一带一路”建设有利于扩大世界市场空间、有利于为世界发展提供中国机遇、有利于构建中国全方位开放新格局、有利于实现互利共赢等观点。6 年多的实践也证明，“一带一路”建设不是要替代现有地区合作机制，而是要在现有基础上推动沿线国家实现发展战略相互对接、优势互补。

目前，国际学术界已经形成基本共识：“一带一路”建设是中国向国际社会提供的一项制度性公共产品，它将沿线各国的发展战略有机衔接起来，在较大区域范围内深化合作，从而实现各方互利共赢，携手打造利益共同体、命运共同体和责任共同体。

(2)深入研究“一带一路”建设的基本属性。6 年多来，学者们深入研究和解读了“一带一路”建设的基本属性：

一是历史性。“一带一路”借用古代丝绸之路的历史符号，发扬丝绸之路精神，并结合现代世界经济发展和国际政治关系特点进行了适当调整。

二是系统性。“一带一路”建设不局限于某个领域，而是全方位的，覆盖了经济、政治、文化、社会等各个领域。

三是开放性。“一带一路”建设不是封闭的，而是秉持开放的区域主义原则。除了沿线的域内国家，域外国家和国际组织也可以参与，不设门槛、没有壁垒。

四是共赢性。“一带一路”建设遵循市场规律和国际通行规则，以企业为主体，由政府营造良好市场环境和政策环境，使参与各方均能获得收益，以保持合作发展的持续性。

(3)深入研究“一带一路”建设的核心指向。2016年，习近平主席在乌兹别克斯坦最高会议立法院的演讲中，把“一带一路”概括为绿色丝绸之路、健康丝绸之路、智力丝绸之路、和平丝绸之路。学者们认为，提出绿色、健康、智力、和平四大指向，既消除了部分国家对中国转移过剩产能的疑虑，又符合沿线国家和地区发展的现实需要。生态恶化、疾病传播、人才匮乏、战乱频发是困扰部分沿线国家和地区的突出问题。共同繁荣发展与绿色、健康、智力、和平的指向和理念一道，为“一带一路”建设描绘了美好愿景、指明了前进方向。

(4)深入研究“一带一路”建设的基本原则。学者们对“一带一路”建设坚持的共商、共建、共享原则进行了较深入的研究，认为这一原则将保证“一带一路”建设是开放包容、统筹内外、点面结合的。“开放包容”体现了经济全球化背景下区域合作的多样性和开放性；“统筹内外”明确了“一带一路”建设不仅是一项新型国际合作机制，而且是中国建设开放型经济新体制、为世界经济增长增添更大动力的战略牵引；“点面结合”表明“一带一路”建设需要多层次、多渠道、全方位推进，选择条件比较成熟的“点”优先建设，选择有广泛共识的“面”大力推进，两者不可割裂，而应相互支撑、相得益彰。共商、共建、共享的原则体现了自愿性、民主性和公平性，是凝智聚力、合作务实推进“一带一路”建设必须坚持的基本原则。

(5)深入研究“一带一路”建设坚持的义利观。学者们认为，“一带一路”建设向世人表明，海陆复合不是更大的地缘战略，而是经济全球化背景下各国实现共赢发展的必由之路。“一带一路”建设秉持开放的区域主义，超越了以往大国战略的狭隘性和自利性。它坚持正确义利观，深化中国同发展中国家的务实合作,实现同呼吸、共命运、齐发展;倡导扩大开放、优势互补,开放包容、不附加任何政治条件的合作理念,使其区别于以往超级大国的冷战博弈思维;主张国家不分大小、贫富、强弱,都是国际社会的平等成员,都应相互尊重、和平相处、互利合作、共同发展。这是对既往国际贸易投资规则和利益失衡格局的反思、调整和矫正。

(6)深入研究如何补齐"一带一路"建设的机制短板。"一带一路"建设是大范围、宽领域、多层次的区域经济合作,其重要性已在国际社会取得广泛共识。随着"一带一路"建设的深入推进,国内外学者逐渐认识到加强顶层设计和政策体系构建的重要性。该区域相关合作机制虽多,但尚无一个覆盖沿线国家的综合机制来处理共同规划制订、合作建设、收益分配和纠纷解决等问题。中国学者提出,应加强合作机制的顶层设计,尽快建立沿线国家共商合作、统筹协调机制,如建立"一带一路"协调委员会等机制,有力支撑共商、共建、共享原则的深入实施。

二、"一带一路"的早期成果

"一带一路"建设从双边和单个项目做起,然后向次区域和多边延伸。目前,各领域建设均取得明显进展,渐成燎原之势。

(1)推进政策沟通:"一带一路"成为各国发展战略和规划对接的纽带。目前,已有 100 多个国家和国际组织参与其中,40 多个国家和国际组织同中国签署合作协议。2016 年 3 月,联合国安理会通过了包括推进"一带一路"倡议内容的第 S/2274 号决议。同年 11 月 17 日,第七十一届联合国大会协商一致通过关于阿富汗问题第 A/71/9 号决议,欢迎"一带一路"等经济合作倡议,敦促各方通过"一带一路"倡议等加强阿富汗及地区经济发展,呼吁国际社会为"一带一路"建设提供安全保障环境,得到 193 个会员国的一致赞同。

第一届"一带一路"国际合作高峰论坛于 2017 年 5 月 14 日至 15 日在北京举行,29 个国家的国家元首、政府首脑与会,全球 130 多个国家和 70 多个国际组织的 1 500 多名代表参会。第二届"一带一路"国际合作高峰论坛于 2019 年 4 月 25 日至 27 日在北京举行,来自 150 多个国家和 90 多个国际组织的代表约 5 000 位外宾与会,其中包括 37 位国家元首、政府首脑以及联合国秘书长和国际货币基金组织总裁。

(2)推进设施联通:“一带一路”为大批项目建设助力。巴基斯坦喀喇昆仑公路二期、卡拉奇高速公路开工建设,拉合尔轨道交通橙线等一批重点项目完成融资,巴基斯坦恰希玛和卡拉奇核电项目进展顺利。中吉乌铁路“安格连—帕普”铁路隧道项目(乌境内)竣工通车,塔吉克斯坦“瓦赫达特—亚湾”铁路通车。雅万高铁进入全面实施阶段,中老铁路建设进展顺利,中国境内玉溪—磨憨铁路项目正在加快施工。另外,中塔公路二期、中国—中亚天然气管道D线等项目正在加快推进,莫斯科至喀山高铁、中泰铁路等项目建设有序推进。

(3)推进贸易畅通:“一带一路”为国际合作提供广阔市场。中国完成了与东盟自贸区的升级谈判,正加快与海合会自贸协定的磋商进程,区域全面经济伙伴关系协定(RCEP)谈判也进入最后阶段。中国与“一带一路”其他沿线国家的贸易在中国对外贸易中的占比超过1/4,增速高于总体对外贸易增速。双向投资持续增长,截至2016年7月,中国对“一带一路”沿线伙伴国的投资累计已达511亿美元;与沿线国家新签承包工程合同1.25万份,累计合同额为2 790亿美元。目前,中国企业在相关国家建设的经贸合作区达56个,已为东道国创造了近11亿美元的税收和18万个就业岗位。

(4)推进资金融通:“一带一路”金融合作惠及参与各方。中国设立了丝路基金,主导筹建了亚洲基础设施投资银行、金砖国家新开发银行,设立的各类双边、多边产能合作基金规模已经超过1 000亿美元,中国人民银行与20多个沿线国家央行签订了双边本币互换协议。我国金融服务业正在积极“走出去”,与东南亚、南亚、中东欧等区域的国家开展合作。

(5)推进民心相通:“一带一路”友好交流不断深化。一批国际影响力较强的“一带一路”交流平台相继建立。比如,2016年9月分别在敦煌和西安召开了首届丝绸之路国际文化博览会和致力于推动中华文明与其他文明交流互鉴的“一带一路”国际研讨会。旨在促进沿线国家政府、智库、企业交流的“丝路国际论坛”已举办三届,会议规模和层次不断提升。民间交往与教育合作更加密切。“十三五”期间,预计中国将为“一带一路”沿线国家输送1.5亿人次游客,为当地创造2 000亿美元的旅游收入,每年向“一带一路”沿线国家公派留学生2 500人,每年资助1万名沿线国家新生来华学习或研修。此外,中国还向“一带一路”沿线国家提供了大量的无偿援助和优惠贷款,并且力度还在不断加大。

三、"一带一路"的发展前景

在古代丝绸之路沿线，提出类似国际合作倡议的不只中国，但其他倡议大多因该区域地缘政治复杂、宗教文化多样等原因，要么止于概念，要么折戟沉沙，唯有"一带一路"倡议被广泛认可和接受，取得超预期进展。这一方面是由于"一带一路"倡议顺应时势，尊重各国主权，倡导各国平等，符合现实需要；另一方面得益于中国的海陆大国属性和身体力行的引领推动。

展望未来，"一带一路"建设前景光明美好。"一带一路"建设已成为魅力无穷的"集体舞"，不是中国单打独奏。中国已与诸多经济体达成战略对接协议，如欧盟的"容克计划"、哈萨克斯坦的"光明之路"计划、蒙古的"草原之路"、俄罗斯主导的"欧亚经济联盟"、老挝的"变陆锁国为陆联国"战略、印度尼西亚的"全球海洋支点"发展规划、韩国的"欧亚合作倡议"、澳大利亚的"北部大开发"计划以及英国的"北部经济引擎"计划，等等。战略对接协议的达成，将为"一带一路"建设提供更广阔的发展空间，为世界繁荣与和平发展提供更强劲的动力。"一带一路"沿线国家更加渴望紧密合作。

2016 年世界"黑天鹅"事件频出、贸易保护主义盛行，尤其是一些发达国家出现了较强的逆经济全球化思潮，国际经济合作面临严峻挑战。而正处于工业化、城镇化中前期的大多数发展中国家急需借助国际资本、技术、人才加快发展进程。在难以依赖发达国家的背景下，诸多发展中国家与中国开展经济合作的期望增强，"一带一路"建设提供的合作平台和制度框架正当其时，许多域外国家和国际组织具有强烈的参与意愿。

"二战"后由发达国家主导形成的全球治理体系，在维护国际秩序和推动世界经济发展方面曾发挥了重要作用。但随着时代的发展和世界经济格局的变化，现有全球治理理念和治理体系表现出诸多不适应性。比如，一些发达国家的干涉政策扰乱了发展中国家的发展秩序，过度强调自身安全而无视他方安全的联盟扩张模式遭遇强烈抵制，等等。面对这些问题，一些发达国家要么拒绝做出相应改革，要么奉行本国优先战略，逃避国际责任，导致国际矛盾更加突出。而中国坚持和平共处五项原则，坚持亲诚惠容、互利共赢，努力推动经济合作，积极发挥大国作用，受到越来越多域外国家和国际组织的赞赏和拥戴，"一带一路"朋友圈不断扩大。

新技术革命和创业创新活动为“一带一路”建设注入了新的活力。信息技术、物联网和大数据的广泛应用，使大范围、宽领域、远距离精准高效合作成为可能。跨境电子商务、在线支付、私募共享等新型商业模式使商业的渗透力、带动力、影响力显著增强。交通运输技术尤其是高铁技术的出现，为打破“内陆锁定”、实现陆海统筹提供了有力支撑。各领域技术的跨界融合和集成创新将不断催生区域经济合作新模式。

“得道多助，失道寡助”。古代丝绸之路的成就彪炳史册，在繁荣经济、深化友谊、文明互鉴等方面发挥了重要作用。在中国大力推动、各伙伴国及友善国际组织积极参与下，“一带一路”建设将在促进沿线国家繁荣、维护地区稳定、捍卫世界和平及推动人类文明进步等方面发挥更大作用。

第四节 “一带一路”发展与建设的典型案例

一、中欧班列

中欧班列是指按照固定车次、线路等条件开行，往来于中国与欧洲及“一带一路”沿线各国的集装箱国际铁路联运班列。中欧班列铺划了西中东3条通道：西部通道由我国中西部经阿拉山口（霍尔果斯）出境，中部通道由我国华北地区经二连浩特出境，东部通道由我国东南部沿海地区经满洲里（绥芬河）出境。

截至2018年6月底，中欧班列累计开行量已突破9 000列，运送货物近80万标箱，国内开行城市达48个，到达欧洲14个国家42个城市，运输网络覆盖了亚欧大陆的主要区域。

（一）基本情况

自2011年3月19日首列中欧班列（重庆—杜伊斯堡，渝新欧国际铁路）成功开行以来，成都、郑州、武汉、苏州、广州等城市也陆续开行了去往欧洲的集装箱班列，截至2014年8月1日，国内各地开往欧洲的集装箱班列共计开行239列。

2013年7月18日到2016年3月30日，近3年的时间，郑欧班列累计开行班数达300班，累计货值超14亿美元。

2017年5月13日，2017年第1 000列中欧班列（X8024次，义乌—马德里）满载小商品、服装等货物从义乌西站鸣笛驶出。

2018年4月27日，中欧班列首次抵达维也纳。

2018年3月7日，满载中国制造品的X8001次中欧班列从西安新筑车站驶出，成为2018年陕西开行的第100列中欧班列。

2018年7月31日22时29分，编组50辆、满载电子元器件、饮料、食品等产品的X8011/2次列车从武汉吴家山车站开出，驶往德国杜伊斯堡。其中部分车辆及货物要在杜伊斯堡转乘开往英国伦敦的货运列车，这是中欧班列（武汉）首次延伸至英国伦敦。这趟列车是武汉2018年开出的第90列中欧班列。继开通武汉至法国里昂班列后，这是中欧班列（武汉）物流线路的又一延伸，拓展了班列的服务半径和范围。

（二）中欧班列线路开通情况

（1）中欧班列（重庆—杜伊斯堡）。从重庆团结村站始发，由阿拉山口出境，途经哈萨克斯坦、俄罗斯、白俄罗斯、波兰至德国杜伊斯堡站，全程约11 000公里，运行时间约为15天。货源主要是重庆本地生产的IT产品，2014年已开始吸引周边地区出口至欧洲的其他货源。首列于2011年3月19日开行，截至2016年6月，据国家海关统计，重庆市开出的渝新欧班列班次数量占全国中欧班列数量的45%左右，其货值占所有从新疆阿拉山口出境的中欧班列货值总量的85%。2017年3月23日，中欧班列（重庆）开行6年后突破1 000列，成为中国首个突破千列的中欧班列。2018年6月28日，一列满载电子产品的列车从重庆沙坪坝区团结村中心站驶出，标志着中欧班列（重庆）累计开行量达到2 000列。

（2）中欧班列（成都—罗兹）。从成都城厢站始发，由阿拉山口出境，途经哈萨克斯坦、俄罗斯、白俄罗斯，至波兰罗兹站，全程共计9 965公里，运行时间约为14天。货源主要是成都本地生产的IT产品及其他出口货物。首列于2013年4月26日开行，截至2018年12月31日，共开行3 088列。

（3）中欧班列（郑州—汉堡）。从郑州圃田站始发，由阿拉山口出境，途经哈萨克斯坦、俄罗斯、白俄罗斯、波兰至德国汉堡站，全程共计10 245公里，运行时

间约为15天。货源主要来自河南、山东、浙江、福建等中东部省市。货品种类包括轮胎、高档服装、文体用品、工艺品等。首列于2013年7月18日开行。

（4）中欧班列（苏州—华沙）。从苏州始发，由满洲里出境，途经俄罗斯、白俄罗斯至波兰华沙站，全程共计11 200公里，运行时间约为15天。货源为苏州本地及周边的笔记本电脑、平板电脑、液晶显示屏、硬盘、芯片等IT产品。首列于2013年9月29日开行。

（5）中欧班列（武汉—捷克、波兰）。从武汉吴家山站始发，由阿拉山口出境，途经哈萨克斯坦、俄罗斯、白俄罗斯到达波兰、捷克等国家的相关城市，全程共计10 700公里左右，运行时间约为15天。货源主要是武汉生产的笔记本电脑等消费电子产品，以及周边地区的其他货物。首列于2012年10月24日开行。

（6）中欧班列（长沙—杜伊斯堡）。始发站为长沙霞凝货场，具体实行“一主两辅”运行路线。“一主”为长沙至德国杜伊斯堡，通过新疆阿拉山口出境，途经哈萨克斯坦、俄罗斯、白俄罗斯、波兰至德国，全程共计11 808公里，运行时间为18天，2012年10月30日首发。“两辅”之一是经新疆霍尔果斯出境，最终抵达乌兹别克斯坦的塔什干，全程共计6 146公里，运行时间为11天；“两辅”之二是经二连浩特（或满洲里）出境后，到达俄罗斯莫斯科，全程共计8 047公里（或10 090公里），运行时间为13天（或15天）。

（7）中欧班列（义乌—马德里，即义新欧班列）。作为铁路中欧班列的重要组成部分，中欧班列（义乌—马德里）的首发线路贯穿了丝绸之路经济带，从义乌铁路西站到西班牙马德里，通过新疆阿拉山口口岸出境，途经哈萨克斯坦、俄罗斯、白俄罗斯、波兰、德国、法国至西班牙，全程共计13 052公里，运行时间约为21天。首趟中欧班列（义乌—马德里）有41节列车，运载了82个标准集装箱，全长550多米，于2014年11月18日上午11点多首发，是当前中国史上行程最长、途经城市和国家最多、境外铁路换轨次数最多的火车专列。

与其他中欧班列相比，义新欧班列创下了五个第一：

一是运输线路最长。比原来线路最长的苏满欧班列（全程共计11 200公里）长1 852公里，是所有中欧班列中最长的一条。

二是途经国家最多。除了中国、哈萨克斯坦、俄罗斯、白俄罗斯、波兰、德国外，还增加了法国、西班牙，共计8个国家，几乎横贯整个欧亚大陆。

三是国内穿过省份最多。从浙江出发横贯东西，经过安徽、河南、陕西、甘肃，在新疆阿拉山口口岸出境，共计 6 个省份。

四是境外铁路换轨次数最多。其他中欧班列在哈萨克斯坦、波兰两次换轨，义新欧班列还需在法国与西班牙交界的伊伦进行第三次换轨。

五是与第一批列入中欧班列序列的重庆、成都、郑州、武汉、苏州这些城市相比，义乌是一个开通中欧班列的县级城市。

上述班列开行初期，各地政府通过补贴等措施培育市场，为保证班列稳定开行、树立中国至欧洲铁路国际联运品牌和“一带一路”建设实施提供了有力支撑。

(8)中欧班列(哈尔滨—俄罗斯)。2015 年 2 月 28 日，一列满载石油勘探设备的集装箱货运班列从哈尔滨香坊火车站开出，10 天后到达俄罗斯中部比克良火车站。这标志着中国最北省份黑龙江省首趟中欧班列正式上线运营，将成为深化对俄全方位交流合作、带动黑龙江沿边开放升级的新引擎。

该班列全程运行 6 578 公里，经滨洲铁路 1 004 公里到达满洲里口岸站出境，再经俄罗斯西伯利亚大铁路 5 574 公里到达比克良站。通过铁路国际货物班列运输货物，从黑龙江省到达俄罗斯中部地区比空运可节省运费 3/4 左右，较普通零散运输，运到时间可缩短 2/3 以上，运费可节省 25%以上。

(9)中欧班列(哈尔滨—汉堡，即哈欧班列)。2015 年 5 月 25 日上午，哈欧国际物流有限公司(简称哈欧公司)筹备大会召开。为实现黑龙江省委在经济工作会议上提出的“利用满洲里至绥芬河铁路通道，打造一条起自黑龙江通达俄罗斯和欧洲腹地的新‘丝绸之路’”的目标，黑龙江省引进北京长久国际物流公司、美国 UTI 国际物流集团、大连港集团与哈尔滨铁路局共同合作开通哈欧班列。哈欧班列东起哈尔滨，经满洲里、俄罗斯后贝加尔到赤塔，转入俄罗斯西伯利亚大铁路，经俄罗斯的叶卡捷琳堡和莫斯科到波兰的马拉舍维奇至终点德国汉堡，全程共计 9 820 公里。凭借“距离近、速度快、成本低”的优势，哈欧班列已经引起国际关注。德国大汉堡地区、巴伐利亚州、下萨克森州政府都希望与哈欧公司合作。法国、瑞士等国家的铁路运营公司也表示愿意就哈欧班列欧洲延伸段与哈欧公司开展合作。

(10)中欧班列(保定—白俄罗斯明斯克，即冀欧班列)。2016 年 4 月 26 日上午首发，是国内首列开往中白工业园的货运班列，也是华北地区第一条直达欧洲的陆运通道。从保定始发，由满洲里出境，途经俄罗斯，最后抵达白俄罗斯明斯克，全程约9 500公里，用时12～14天。货源主要来自京津冀地区，货品种类包括塑料制品、汽车及配件、橡胶及其制品、服装皮革毛皮制品、日用电器、有机玻璃制品、毛巾等日常生活用品，等等。

(11)中欧班列(西宁—安特卫普)。2016年9月8日上午，青藏高原首趟中欧班列从青海省西宁市双寨铁路物流中心发出，前往位于比利时的欧洲第二大集装箱港口安特卫普，运行全程约需12天，主要运输藏毯、枸杞等青海当地特色产品。

(12)中欧班列(广州—莫斯科)。2016年8月29日开通，从广州大朗站始发，由满洲里出境，直达俄罗斯莫斯科。全程共计11 500公里，用时15天到达目的地。现每周准时发运，为珠三角地区的中欧对外贸易商提供了更加便捷稳定的运输通道，同时弥补了华南地区电子类、日用商品类出口贸易在运输时效上的不足，为中国商品出口欧洲、欧洲产品进入中国开辟了一条安全、高效、便捷的国际进出口贸易绿色通道。

(13)中欧班列(青岛—莫斯科)。2017年6月24日，在青岛海关的监管下，装载41个集装箱的班列从青岛多式联运海关监管中心出发，经满洲里口岸出境，直达俄罗斯莫斯科，这标志着中欧班列(青岛)正式开通。集装箱内装有青岛当地的机械装备、轮胎橡胶、家电等货物。班列全程共计7 900公里，运行时间约为22天，比海运运输节省约30天。青岛胶州建有全国沿海首家多式联运海关监管中心，在海关等口岸单位的推动下，已开通中亚、中蒙等国际班列。随着中欧(青岛)班列的开通及线路的延伸，北达俄蒙、南连东盟、东至日韩、西到欧洲的国际物流通道网络逐步形成。

(14)中欧班列(长春—汉堡)。2017年10月13日，满载汽车零部件和纺织品的中欧国际货运班列从长春国际港驶出，42节车厢货物从满洲里出境发往德国汉堡。随着长春到汉堡的中欧班列首发，长春国际港也正式开通。班列由中铁集装箱运输有限责任公司运营，首发途经俄罗斯、白俄罗斯、波兰、比利时、德国等欧洲国家的多个城市，最高时速为120公里，全程共需12～15天，主要运输吉林省和华北地区部分企业的汽车零部件、电子机械设备、阀门和服装等货物，远期常态化运营将达到每周5出2进。

(15)中欧班列(南昌—莫斯科)。2018年4月20日，南昌地区首趟中欧班列在南昌向塘铁路口岸鸣笛起航，标志着南昌至莫斯科中欧班列正式开行。

(16)中欧班列(唐山—比利时)。2018 年 4 月 26 日，发往比利时安特卫普的国际集装箱班列从唐山港京唐港区驶出。该班列由唐山港京唐港区始发，经北京、呼和浩特、包头、哈密、乌鲁木齐，由阿拉山口口岸出境，途经哈萨克斯坦、俄罗斯、白俄罗斯、波兰、德国到达比利时安特卫普，全程约 11 000 公里，运行时间约为 16 天。

(17)中欧班列(成都—维也纳)。2018 年 4 月 12 日，首列直达奥地利首都维也纳的中欧班列从成都发车，穿越亚欧 6 国，于 2018 年 4 月 27 日抵达目的地，全程共计 9 800 公里。这趟班列装载的货物包括电子配件、LED 灯具和睡袋等。

(18)中欧班列(武汉—汉堡，即襄汉欧班列)。2018 年 3 月 28 日，首趟襄汉欧国际货运班列搭载着神龙汽车有限公司襄阳工厂等企业生产的发动机、汽车零部件、轴承及仪表等货物，从湖北襄阳北站出发，此后在武汉临空港中铁联集铁路中心站加挂汉欧班列，经阿拉山口出关，驶往 12 000 公里外的德国汉堡。这标志着中欧武汉班列首次开通襄汉欧国际货运班列。

(19)中欧班列(内蒙古自治区—伊朗东南部城市巴姆)。2018 年 9 月 4 日，中欧班列在沙良物流园整装待发。从内蒙古自治区始发的又一条国际货运铁路线开通。首发列车装载着 41 个集装箱的总价值约 1 000 万元的货物从呼和浩特东南部的沙良物流园驶出，15 天后抵达 9 000 多公里外的伊朗东南部城市巴姆。

(20)中欧班列(乌鲁木齐—杜伊斯堡)。2016 年 5 月 28 日，首趟乌鲁木齐至杜伊斯堡国际货运往返班列驶出乌鲁木齐站台。首发班列单程共需约 10 天时间，总里程为 8 000 公里，从乌鲁木齐出发后，从亚欧大陆桥桥头堡阿拉山口口岸出境，经哈萨克斯坦、俄罗斯、波兰至德国杜伊斯堡。去程班列主要搭载新疆本地生产型企业的产品；回程货物则以生活消费品和工业产成品为主，包括食品、保健护理品、家居产品和机电类产品。

(三)中欧班列开通的意义

1. 中欧班列成为国际物流陆路运输骨干

亚欧之间的物流通道主要包括海运通道、空运通道和陆运通道，中欧班列以其运距短、速度快、安全性高的特征,以及安全快捷、绿色环保、受自然环境影响小的优势,已经成为国际物流中陆路运输的骨干方式。中欧班列物流组织日趋成熟,班列沿途国家经贸交往日趋活跃,国家间铁路、口岸、海关等部门的合作日趋密切,这些有利条件为铁路进一步发挥国际物流骨干作用,在"一带一路"建设中将丝绸之路从原先的"商贸路"变成产业和人口集聚的"经济带"起到了重要作用。

2. 打造铁路国际联运货物运输品牌

为适应日益增长的中欧班列沿线各国间国际联运货物运输需要,进一步提高运输质量和效益,打造"快捷准时、安全稳定、绿色环保"的铁路国际联运货物运输品牌,铁路部门按照"六统一、两保障"的原则,即统一品牌标志、统一运输组织、统一全程价格、统一服务标准、统一经营团队、统一协调平台以及强化机制保障和装备保障的原则,拟定了《中欧班列组织管理暂行办法》和中欧班列品牌标志设计方案,不断优化班列组织方案。在 2014 年 7 月 1 日调整的列车运行图中,中国铁路总公司以市场和客户为导向,从与口岸、海关作业无缝衔接入手,按班列早晨到达口岸倒排运行图,平均压缩国内段运行时间 1 天左右。同时,中国铁路总公司进一步加强班列服务团队,提升班列服务质量,由集装箱公司全面推进中欧班列服务平台建设,设立单证中心和客户服务中心,统一向中欧班列客户提供单证服务,定点定时向客户推送班列追踪信息和客户服务,加强境内外营销组织,为客户提供优质的全程物流服务。中国铁路总公司正按照全程统一编制运行图,基本满足每天 1 列、日行 1 000 公里、全程运输时间在 12 天左右,在做好整列直达组织的基础上,逐步推进按成组集结、零散中转等运输组织方式的目标,不断深化中欧班列建设。

铁路部门相关负责人表示,为全面释放丝绸之路经济带物流通道的潜能,铁路部门将本着贴近市场的原则,加强中欧班列的运行组织,确保按图正点运行,努力提升中欧班列运行品质;优化完善中欧班列客户服务中心工作流程和制度办法,为客户提供良好的信息查询、信息定制及推送、投诉建议受理等服务;优化完善中欧班列单证中心工作流程和质量标准,努力为客户提供优质的国际联运单证预审、制单和打单等相关服务;全面敞开为各地政府和企业服务,逐步扩大中欧班列市场。在既有各地开行中欧班列的基础上,对有运输需求的地方,只要有货源支撑,铁路部门将积极组织,不断拓展中欧班列的服务范围。

二、中巴经济走廊

目前，中国60%的能源补给来自中东，80%的石油进口都要经过由美国、新加坡势力控扼的马六甲海峡，这是我国海上石油通道安全的最大隐患，因而寻找更加便利可靠的入海口显得迫在眉睫。

2016年，首支中巴经济走廊试点商贸车队从中国新疆喀什出发，沿着中巴经济走廊一路南行了3 000余公里抵达瓜达尔港并将货物装船发往海外，标志着中巴经济走廊正式贯通。

2016年11月13日，瓜达尔港开航揭幕仪式在巴基斯坦瓜达尔港举行，首批中国商船从瓜达尔港出海，这是中国西部和阿拉伯海之间的贸易联系的一部分，也是中国在巴基斯坦460亿美元项目的关键。2013年2月，巴基斯坦政府确认了中国海外港口控股有限公司对瓜达尔港的运营权，并于2015年11月正式向中国移交瓜达尔港自贸区2 281亩土地的使用权，租期为43年。这个港口2030年将会全面投入运营，有望创造100多万个就业机会，大部分将留给当地人。

中巴经济走廊以瓜达尔港为起点，向北穿越巴基斯坦，用铁路和公路连通中国新疆。此走廊一旦建成，中国从中东进口原油货物就不必远洋跋涉经印度洋、马六甲海峡、南海运回，只要在瓜达尔港上岸，即可通过走廊直达国内，省去2/3路途并减少风险，将把中国目前绕经马六甲海峡的石油运输航程缩短85%。

瓜达尔港位于巴基斯坦西南边陲，靠近伊朗边境，距离“全球石油生命线”霍尔木兹海峡400公里。瓜达尔港不仅是途经东亚、太平洋地区数条重要航道的咽喉，也将中东石油产区与南亚人口密集地区紧密连接起来，具有天然地缘优势。优越的地理位置和地形条件使得瓜达尔港一方面可以为船舶提供很好的停靠港，另一方面也可以为巴基斯坦与其他各国之间的商贸往来提供便捷的条件，中巴经济走廊的建设让瓜达尔港的区位优势得以显现。

从经济上看，石油运输成本的缩减和建成新疆最近出海口的价值完成了“一带一路”的初步构想，而瓜达尔港的正式开启也将为巴基斯坦带来巨大的经济利益。

瓜达尔港开航也是中国倡议的“一带一路”合作的一部分，目前中巴36个合作项目已经先后启动，巴基斯坦驻华参赞阿巴斯先生接受记者采访时说：“中巴经济走廊，在巴基斯坦眼中，不仅带来的是经济、民生的利好，更是浓浓的中国情。中巴经济走廊是本地区（瓜达尔港）发展的重要里程碑，瓜达尔港开航既是走廊作为‘一带一路’示范和先行项目传出的重大捷报，也预示着巴基斯坦经济发展的光明前景。同时，广阔的南亚和中亚地区同中东、东南亚等印度洋沿岸地区，也通过中巴经济走廊历史性地联结在一起，有利于维持巴基斯坦的社会稳定，实现共同繁荣，还让中巴及周边国家的友谊更加紧密。”

中巴经济走廊作为中巴两国命运共同体的一个重要载体，自提出以来，就被巴基斯坦各界视为千载难逢的重大机遇并被寄予厚望，他们希望搭上走廊快车实现经济发展。中巴经济走廊的联通，大大增强了各方对走廊未来的信心。巴基斯坦高官也期盼瓜达尔港复制“渔村变成大都会”的奇迹，成为印度洋上的“另一个迪拜”。

2017年11月21日，中巴经济走廊联合合作委员会第七次会议（以下简称“联委会”）在巴基斯坦伊斯兰堡召开。双方对接共建“一带一路”倡议与巴基斯坦“2025愿景”，始终按照以走廊为中心，以瓜达尔港、能源、交通基础设施、产业合作为重点的“1＋4”合作布局，稳步有序地推动走廊建设，取得了积极进展。

这次会议由走廊联委会中方主席、中国国家发展改革委副主任王晓涛和走廊联委会巴方主席、巴基斯坦内政部长兼规划发展和改革部长伊克巴尔共同主持。王晓涛副主任与伊克巴尔部长签署了《中华人民共和国国家发展和改革委员会与巴基斯坦伊斯兰共和国规划发展和改革部关于签署〈中巴经济走廊远景规划（2017—2030年）〉的协议》《第七次中巴经济走廊联合合作委员会会议纪要》，并见证双方代表签署了相关工作组会议纪要及瓜达尔新国际机场项目实施协议。

国家发展改革委有关负责人列举了各项工作取得的成果。一是在远景规划领域，中巴双方完成了《中巴经济走廊远景规划（2017—2030年）》并通过两国政府批准，为下一步走廊整体稳步发展提供了重要的宏观指导。二是在能源领域，合作成果丰硕，萨西瓦尔、卡西姆等燃煤电站顺利投产，标志着走廊能源合作取得快速发展。三是在交通基础设施领域，喀喇昆仑公路升级改造二期（塔科特至哈维连段）、卡拉奇至拉合尔高速公路（苏库尔至木尔坦段）及拉合尔橙线项目稳步推进。双方就1号铁路干线升级改造及新建哈维连陆港项目

(MLI)签署了有关协议,完成了初步设计,并将加快推进实施。四是在产业合作领域,双方成立了联合专家组,对中巴园区合作进行深入研究。五是在瓜达尔港领域,瓜达尔港自由区起步区近期将举行开园仪式,瓜达尔东湾快速路及30万千瓦燃煤电站项目正式启动建设。六是在人文交流领域,中国红十字援外医疗队进驻瓜达尔港,由新疆克拉玛依市政府捐助的气象站也已建成使用。走廊民心相通建设取得积极成效,2017年以来,走廊联委会双方秘书处为巴基斯坦政府公务员及一线职工举办了五期共计200多人的培训,不但提升了巴基斯坦方官员和工人的业务能力,也增进了两国人民的深厚友谊。

在两国领导人的亲自关怀下,中巴在交通、能源等基础设施领域的合作取得了令人瞩目的成绩。双方正在就巴沙大坝项目合作事宜保持接触。中国企业在取得瓜达尔港经营权后,为扭转瓜达尔港持续亏损局面,进行了大量投入,自由区起步区、东湾快速路等项目都已启动建设,中国红十字援外医疗队已进驻瓜达尔港,由中方援建的法曲儿小学、气象站也已建成使用。中巴双方始终按照共商、共建、共享原则,稳步推进瓜达尔港整体发展,其成效得到了两国领导人和中巴经济走廊联委会双方主席的高度赞赏。为积极稳妥地推进走廊建设,2018年中巴双方会继续携手努力,推进落实首届"一带一路"国际合作高峰论坛成果,进一步深化各领域务实合作,行稳致远,让走廊建设更多、更好造福两国人民。

中巴经济走廊不仅是"一带一路"建设的旗舰项目和样板工程,而且是联通"一带"与"一路"的交汇点与枢纽。当前对中巴经济走廊的研究已有很多成果。有观点认为,中巴经济走廊有利于进一步加强中巴两国的战略互信,能够有效促进两国"全天候战略合作伙伴关系"的提升。

三、蒙内铁路

蒙巴萨—内罗毕标轨铁路(蒙内铁路)全长约480公里,东起肯尼亚东部港口蒙巴萨,西至肯尼亚首都内罗毕。这条肯尼亚独立以来的首条新铁路由中国企业承建,全线采用中国标准。

蒙内铁路从2017年6月1日开通运营以来,不仅方便了当地人民群众出行,而且极大地改善了铁路沿线的投融资环境,为肯尼亚及东非经济可持续发展和繁荣起到了引擎作用。蒙内铁路是落实"一带一路"倡议和中非合作论坛约翰内斯堡峰会“十大合作计划”的重要早期收获。它连接着内罗毕和东非最重要的港口蒙巴萨，是中非“三网一化”和产能合作的标志性工程，被称为肯尼亚的“世纪铁路”。

蒙内铁路是集设计、施工监理、融资、装备采购和运营管理为一体的“中国标准”全产业链项目。中国不仅“授人以鱼”，而且还要“授人以渔”。中国已与肯尼亚签署了10年运营及维护合同，把中国铁路管理经验引入非洲，为蒙内铁路安全、良好发挥大动脉作用传经送宝和奠定基础。

蒙内铁路不论是在建设中，还是在开通运营后，都为当地人民群众创造了不少就业机会，建设时期有4万多名肯尼亚人在蒙内铁路项目工作，当地员工占比超过90%。开通运营后，有超过1 500名当地人参与蒙内铁路运营。这些使他们的工资收入有了保障，生活水平直线提升。

正是蒙内铁路的开通，极大地改变了铁路沿线的投融资环境，为铁路沿线的发展带来了强劲动力，使铁路沿线各类产业逐步发展壮大起来，并为地区经济产业结构调整建立了平台。蒙内铁路的开通，将会使铁路沿线特别是每一个车站成为商贸集散地，也会为城镇化快速发展奠定基础。当然，交通畅通也会带动旅游业快速发展，众所周知，旅游业是一个集餐饮、住宿、商贸、景点服务、交通运输等为一体的产业，不仅能够提供很多就业岗位，而且能够激活地区发展潜力，从而促进地区产业结构转型升级。

蒙内铁路的开通畅通了地区物流通道。蒙巴萨港是连接东非地区和印度洋的重要交通枢纽，也是东非第一大港。2016年该港吞吐量达到2 736万吨，在蒙内铁路开通前，港口货物主要靠公路等运输，由于运力有限，经常发生货物压港现象，蒙内铁路开通后，到港货物随时疏解到各个地区，提高了港口利用率。另外，蒙内铁路的开通也加快了物资的流通速度，压缩了物资的在途时间，货物运输时间从原来10多个小时缩短至4个多小时，物流成本降低了40%以上，从而提高了企业的竞争能力，也为当地人民群众提供了物美价廉的商品。

蒙内铁路的开通更是为当地人民群众畅通了出行通道、创造了良好的出行条件。蒙内铁路的火车不仅准时而且高效，同公路交通相比更加安全，列车运行平稳，车厢宽敞明亮，乘客在完成旅行的同时，还可以欣赏沿途国家公园的美景，出行体验更加美好。

蒙内铁路正在激活非洲的发展动力，是非洲人民的幸福之路和繁荣之路，也是一条合作共赢之路。

四、中蒙俄经济走廊

2014 年由中国国家主席习近平提出的中蒙俄经济走廊这一概念至今已经有 5 年多的时间。这 5 年多的时间内，中蒙俄三国协同努力，在经贸、人文、过境运输、旅游、科技、救灾减灾等领域取得积极进展和成果。

1. 经贸方面

中蒙俄经济走廊从字面上看就是经济合作，因此，三国之间的经贸合作是中蒙俄经济走廊建设的重要基础。满洲里综合保税区已于 2016 年 12 月封关运营，协议引进项目 17 项，总投资约 28 亿元。批复设立鄂尔多斯综合保税区，签约入区项目 8 个，总投资 146.3 亿元，达成意向项目 5 个。中俄最大陆路口岸城市——内蒙古自治区满洲里市的中俄互市贸易区于 2017 年 8 月正式封闭运营。其中，经过一年多免税区试运行，交易商品达 2.2 万吨，交易额累计 1.7 亿元。2017 年 5 月 12 日，蒙古总理额尔登巴特来华出席“一带一路”国际合作高峰论坛期间，中蒙双方共同签署《中华人民共和国商务部和蒙古国对外关系部关于启动中国—蒙古自由贸易协定联合可行性研究的谅解备忘录》，宣布启动自贸协定联合可行性研究，正式开启双边自贸区建设进程。综合保税区、中俄互市贸易区、双边自贸区等多个开放载体政策叠加，有助于进一步促进中蒙俄三国整合优势资源、提升发展水平，增强经贸合作，更能加快推进中蒙俄经济走廊的建设进程。

2. 人文方面

自中蒙俄经济走廊提出之后，中蒙俄三国已分别在蒙古国乌兰巴托、中国满洲里和俄罗斯布里亚特卡班斯基区成功举办了三次中俄蒙国际老年人运动会，且参赛人数逐年递增。2017 年 5 月，中蒙两国签署成立中蒙人文交流共同委员会，希望通过两国人文领域的交流合作，夯实双方友好社会基础。此外，中国内蒙古与俄蒙两国有着天然地缘政治优势，它们彼此之间展开密切的活动。粗略统计，长期在二连浩特留学、生活的蒙古国公民有 800 多人。我国内蒙古每年各级医院接待蒙古国、俄罗斯等境外患者 1.5 万多人，组织蒙医专家赴蒙古国开展义诊，接待患者 5 000 多人次。推动人文交流，可以加强中蒙俄三国人民相互了解，促进三国民心相通。

3. 过境运输方面

2017年，经满洲里出境的“苏满欧”“津满欧”“粤满欧”等国际货物班列线路已达41条，二连浩特口岸2017年全年运行中欧班列线路14条，2017年1月至11月，内蒙古累计进出境中欧班列1 688列，同比增长54%，货值12.3万标箱，到发中欧班列基本实现常态化运行。同期由内蒙古组织开行中欧(中亚)班列75列(返程11列)，累计运送货物6 744标箱，货值1.9亿美元，开行班列数量已超过2016年全年的两倍。开展过境运输，不仅能够减少货物运输时间，还可以带动运输路径的沿线城市的经济增长，随着运输量的增加，其带动的经济增长也会更高。

2017年9月，从沈阳出发，途经蒙古国、俄罗斯，终到波兰的“沈连欧”货运班列也已经正式启动运行，此外，2017年7月，从北京开往俄罗斯只运输旅客及其携运的国际邮件的K19次国际联运列车也完成首次搭载一般贸易货物出境。这一改变也为中俄快速货运创造了更多的条件。除铁路运输外，2016年8月，中蒙俄国际道路货运试运行活动也圆满成功。此次运输沿亚洲公路网3号公路，从中国天津经蒙古国终到俄罗斯乌兰乌德，仅历时7天，且卡车运输的成本低、速度快，可装载的货物种类多，更有助于中蒙俄三国之间的贸易往来。

4. 旅游方面

在第二届中蒙博览会上，启动了内蒙古旅游暨“万里茶道”国际旅游推介活动，内蒙古2017年全年共接待中外旅游者1.16亿人次，其中，接待入境旅游者184.83万人次。近几年来，俄蒙两国来华游客均有增长，虽然在2015年俄罗斯受卢布大幅度贬值影响而导致出境游客锐减，访华游客也随之减少，但在2016年又重回增长趋势。随着中蒙俄三国游客互访的增多，可以帮助旅游城市带动更多的经济增长点，增加地方财政收入。

5. 救灾减灾方面

2016年，内蒙古锡林郭勒盟遭遇旱灾，中国内蒙古草原和蒙古国草原就进行了有效对接。蒙古国对中国内蒙古出口饲料，缓解了中国内蒙古的灾情，也增加了蒙古国的财政收入。加强三国在减灾救灾方面的互帮互助，既可以减轻受灾程度，还能增进三国友谊，推动三国政治互信。

参考文献

[1]钱运春.论浦东模式[J].上海经济研究,2010,(8):87-93.

[2]全广明.浙江沿海现代农业的发展及经验含义[J].浙江学刊,2000,(6):63-67.

[3]山东省东营市人民政府.东营:探索资源型城市的可持续发展之路[J].环境经济,2007,(3):52-55.

[4]尚勇敏,鲁春阳,曾刚.区域经济发展模式的阶段适用性研究[J].经济问题探索,2015a,(9):80-87.

[5]尚勇敏,曾刚,倪外,等.中国典型城市经济增长方式的特征与选择[J].经济与管理研究,2015b,36(2):3-10.

[6]尚勇敏,曾刚.国内外碳排放与经济增长关系研究进展[J].中国城市研究(第七辑),2014a,12:35-50.

[7]尚勇敏,曾刚.老工业区产业结构转型与用地结构转型互动机制及优化路径——以上海市宝山区为例[J].地域研究与开发,2014b,33(5):44-49.

[8]尚勇敏,曾刚.区域经济发展模式内涵、标准的再探讨[J].经济问题探索,2015c,(1):62-67.

[9]尚勇敏,曾刚,海骏娇.基于低碳经济目标的中国经济增长方式研究[J].资源科学,2014c,36(5):937-944.

[10]尚勇敏,何多兴,杨庆媛,等.基于DEA法的重庆市农村土地市场绩效评价[J].中国土地科学,2012,(5):30-36.

[11]沈红芳.东亚主要发展中经济体经济发展模式研究[D].厦门大学,2006.

[12]沈利生."三驾马车"的拉动作用评估[J].数量经济技术经济研究,2009,

(4):139-151,161.

[13]沈雯雯.江浙两省R&D效率的DEA方法比较分析[J].北方经贸,2009,(2):34-36.

[14]施端宁,陈乃车.制度创新与区域经济发展——温州模式和苏南模式的比较分析[J].江西社会科学,2000,(9):88-90.

[15]史安娜,马铁群.苏浙两省经济增长——环境污染效应实证分析——“苏南模式”与“温州模式”的比较研究[J].南京社会科学,2011,(4):8-15,22.

[16]宋杰鲲,李殿伟.油矿城市转型及可持续发展初步研究——以山东省东营市为例[J].中国石油大学学报(社会科学版),2006,22(1):36-39.

[17]宋立.经济发展方式的理论内涵与转变经济发展方式的基本路径[J].北京市经济管理干部学院学报,2011,26(3):3-8.

[18]宋学宝.“苏南模式”和“温州模式”的比较研究[J].管理科学文摘,2001,(9):133-37.

[19]宋雪清.对我国工业发展阶段的划分[J].统计研究,1993,(3):43.

[20]苏红健.空间分工理论与中国区域经济发展研究[D].北京交通大学,2012.

[21]孔翔,杨宏玲.基于生态文明建设的区域经济发展模式优化[J].经济问题探索,2011,(7):38-42.

[22]李富强,董直庆,王林辉.制度主导、要素贡献和我国经济增长动力的分类检验[J].经济研究,2008,(4):53-65.

[23]李丽.论区域经济发展模式及其优势定位[J].内蒙古社会科学,2003,24(3):158-160.

[24]李丽纯,李灿.关于当前我国二元经济结构转型困境的几个理论问题分析——对拉尼斯费景汉模型的重新诠释与修正[J].湖南省社会主义学院学报,2004,(3):52-54.

[25]李丽萍.大连发展国际性城市的环境经济模式[J].城市发展研究,2001,8(3):42-46.

[26]李美娟，陈国宏，陈衍泰. 综合评价中指标标准化方法研究[J]. 中国管理科学，2004，(12)：45-48.

[27]李琼. 现阶段发达资本主义国家的经济发展模式[J]. 经济社会体制比较，1994，(6)：42-44.

[28]李若谷. 世界经济发展模式比较[M]. 北京：社会科学文献出版社，2009.

[29]李伟. 金融危机背景下的中国区域经济发展模式变迁——对长三角、珠三角和环渤海地区的比较分析[J]. 经济问题，2009，(11)：119-122.

[30]李小建，李国平，曾刚，等. 经济地理学[M]. 北京：高等教育出版社，2006.

[31]李远. 政策导向与外向型经济发展[M]. 北京：中国经济出版社，2006.

[32]李月，邓露. 有效经济增长与中国经济发展阶段再判断——从日本与我国台湾地区的经验谈起[J]. 南开经济研究，2011，(2)：100-117.

[33]李岳峰，张军慧. 区域经济发展模式的形成机理及其类型比较[J]. 开发研究，2008，(1)：29-33.

[34]李忠民. 发展经济学中国经验[M]. 北京：高等教育出版社，2011.

[35]梁炜，任保平. 中国经济发展阶段的评价及现阶段的特征分析[J]. 数量经济技术经济研究，2009，(4)：3-18，44.

[36]梁兴辉，王丽欣. 中国县域经济发展模式研究综述[J]. 经济纵横. 2009，(2)：123-125.

[37]国家信息中心"一带一路"大数据中心等. "一带一路"贸易合作大数据报告(2017). 2017.

[38]世界银行著. 2009 年世界发展报告：重塑世界经济地理[M]. 胡光宇，等译. 北京：清华大学出版社，2009.

[39]马颖忆，陆玉麒，柯文前. 泛亚高铁建设对中国西南边疆地区与中南半岛空间联系的影响，地理研究，2015，34(5)：825-837.

[40]刘宇，吕郢康，全水萍. "一带一路"战略下贸易便利化的经济影响——以中哈贸易为例的 GTAP 模型研究，经济评论，2016，(6)：70-83.

[41]王德占.2017年中欧班列的主要特点与存在问题及2018年中欧班列发展建议.大陆桥视野,2018,(2):31-36.

[42]曹扬.中部地区开放型经济发展评价与对策研究.经济问题,2018(1):97-103.

[43]尚勇敏.绿色·创新·开放:中国区域经济发展模式的转型[M].上海:上海社会科学院出版社,2016.

[44]吴乔一康,吴兴南.区域经济发展的创新路径:对福建省发展的路径探讨[M].北京:社会科学文献出版社,2018.

[45]王爱新.区域经济发展理论[M].北京:经济管理出版社,2015.

[46]高洪琛.区域经济学[M].北京:中国人民大学出版社,2019.

[47]陈永奎.西北区域经济发展研究:基于"丝绸之路经济带"视角[M].北京:中国社会科学出版社,2019.

[48]刘洋."一带一路"倡议下中俄蒙区域经济合作研究[D].天津:天津工业大学,2018.

[49]齐海山."一带一路"战略下中俄蒙经济贸易合作研究[J].经贸广场,2015(11):14-15.

[50]宋冬林,齐文浩.东北区域经济一体化演变的社会网络分析[J].吉林大学社会科学学报,2018,58(4):97-107.

[51]王浩,任彪.河北省人口经济结构对区域经济发展影响的研究[J].统计与管理,2012(4):10-12.

[52]杨汭.基于和谐社会视角的河北省经济结构研究[D].天津:天津财经大学,2007.

[53]王璐.经济走廊建设下的中蒙俄经贸合作研究[D].保定:河北大学,2018.

[54]徐振宇,社会网络分析在经济学领域的应用进展[J].经济学动态:2013(10):61-72.

[55]马翠,许茅方,周先东.重庆区域经济联系结构研究——基于社会网络分析

[J]. 重庆理工大学学报(自然科学),2018(10):190-197.

[56]Bagchi-Sen S, Pigozzi B W. Occupational and industrial diversification in the United States: implications of the new spatial division of labor [J]. Professional Geographer, 1993, 45(1):44-54.

[57]Bathelt H, Zeng G. Strong growth in weakly-developed networks: producer-user interaction and knowledge brokers in the Greater Shanghai chemical industry [J]. Applied Geography, 2012 , 32(1) : 158-170.

[58]Harris R. Models of regional growth: past, present and future [J]. Journal of Economic Surveys, 2011, 25(5) : 913-951.

[59]Kwasnicki W. Logistic growth of the global economy and competitiveness of nations [J]. Technological Forecasting and Social Change, 2013, 80 (1) : 50-76.